本书获教育部人文社会科学研究青年基金

"社会转型期我国妇女有序政治参与研究"项目
（项目批准号：10YJC810011）资助

ABSENCE AND

PRESENCE:

缺席与在场

The Orderly Political Participation of
Contemporary Chinese Women

当代中国妇女的有序政治参与

付翠莲◎著

社会科学文献出版社
SOCIAL SCIENCES ACADEMIC PRESS (CHINA)

目 录

第一章　绪论

政治参与作为民主政治的基本特征和政治文明的重要标志，在西方民主理论分析框架中占有十分重要的地位。列宁曾经精辟地说过："民主意味着在形式上承认公民一律平等，承认大家都有决定国家制度和管理国家的平等权利"①。公民的政治参与广度和程度是衡量政治民主化程度和政治文明程度的重要内容之一，社会主义政治文明体现为公民的有序政治参与。中共十八大报告重申了"从各层次各领域扩大公民有序政治参与"，而扩大公民有序政治参与是当前中国政治发展和政治现代化面临的重大课题，也是顺应民主的时代潮流、不断完善人民当家做主的民主制度的重要体现。妇女的政治参与状况是衡量一个国家民主政治建设状况和社会文明进步的重要尺度。占总人口约一半的我国女性的政治参与状况与政治参与水平显示出我国妇女在国家政治生活中所处的地位。与历史上相比，改革开放以来我国妇女政治参与状况有了根本性的变化和发展，但妇女在公共领域中缺席的状况仍未得到根本改变，非制度化政治参与也有泛化的趋势。当前我国妇女政治参与状况仍然是公民政治参与中的薄弱环节，是扩大公民有序政治参与的难点。通过探索扩大妇女有序政治参与的路径，实现女性在政治领域从边缘到中心的回归、从缺席到在场的转变，是当今中国民主政治建设的重要课题之一。

---

① 《列宁全集》（第二版）第 31 卷，人民出版社，1985，第 96 页。

一　研究背景与研究价值

公民有序政治参与是在建设社会主义民主政治、推进政治文明大背景下提出来的，是党和国家领导人对社会主义民主政治的重要性和必要性有充分认识和深刻思考的情况下提出的。作为公民有序政治参与的一个重要组成部分，扩大妇女有序政治参与符合党的十八大报告重申的"从各层次各领域扩大公民有序政治参与"执政理念的新要求，是多形式、多渠道地对妇女参与社会和国家事务管理进行制度化规范和引导的重要途径，也是我国社会主义民主政治发展的必然要求。

（一）研究背景

新中国成立伊始，国家通过意识形态、政治运动和行政干预，在法律上确立了妇女与男子完全平等的社会地位，"男女平等"被写入了新中国的第一部宪法（"五四宪法"）。妇女的地位以法律的形式确定并体现出来后，在法律上就享受到了与男子平等的参政权、受教育权、工作权、同工同酬等权利，我国妇女的地位开始逐渐提高，"男女平等"因社会革命而获得意识形态上的合法性，并通过各种运动在社会生活中深入人心。在"男女平等"的"动员型"的国家话语建构下，广大妇女参与政治、经济、文化活动的热情日益高涨，特别是她们的政治参与意识不断加强，管理国家和社会事务的积极性不断提高，妇女政治参与从历史上的"缺席"开始向"在场"迈进。随着改革开放的继续深入和社会转型向纵深发展，社会利益格局的重新分化与调整加快，各种利益主体的自主权不断扩大，极大地冲击着公民的传统观念和行为方式，不同社会群体和阶层的权利意识逐渐被不断唤醒和强化。扩大妇女有序政治参与正是基于社会转型的深刻背景和当前妇女政治参与状况而提出的。

第一，妇女的有序政治参与是在当前中国社会结构不断转型、社会利益深刻调整的大背景下提出来的。社会转型（social transformation）一词来源于西方发展社会学理论和现代化理论。在我国，社会转型是指改革开放以来，当代中国从传统社会向现代社会、从农业社会向工业社会和信息社会、从封闭性社会向开放性社会、从同质的单一性社会向异质的多样性社会的变化与发展。社会转型包括结构转换、机制转轨、利益调整、价值观念转变，以及社会政治、经济和文化体制及其运行机制的重新选择与更替。中国的社会转型使国家和社会生活发生巨大变化。一方面，随着经济社会体制改革的不断深化，国民经济持续、快速发展，人民生活水平普遍提高；另一方面，在全球化与城市化双重进程的影响下，随着市场化进程的逐步推进、社会结构的分化，促成了社会利益格局的重新分化和调整，新的利益群体的形成，"社会经济变迁已导致了一种新的社会阶层结构的出现"[1]，所有制结构的调整和人们利益观念的转变，社会的政治和文化结构也发生了极大的变革，整个社会呈现出多元化的趋势愈益明显。社会群体在多元格局的趋势下利益分化日益加快，传统一元化的利益结构趋于瓦解，多元化的利益格局逐渐形成，社会公平和公正问题日益凸显。而社会利益格局的不断重新分化与调整，对妇女产生了双重影响——全球化和城市化给妇女带来的益处和风险并非均衡分配。一方面，如果利用全球化带来的机会促进性别平等，妇女可以从中受益；另一方面，由于世界各地都存在两性不平等和歧视，妇女受到全球化的不利影响程度超过男性。[2] 社会结构调整、资源重新配置带来的性别利益分层愈来愈严重，在市场经济体制下妇女被迫沦为弱势的边缘的劳动力。随着社会转型向纵深发展，自20世纪80年代中期至今，新的妇女问题悄然涌现：男女两性就业、失业与再就业比例存在差距；等级化的劳动性别分工，女性就业

---

[1] 邱仁宗主编《中国妇女与女权主义思想》，中国社会科学出版社，1998，第4页。

[2] 祝平燕：《社会转型期妇女参政的社会支持系统研究》，华中师范大学博士学位论文，2006，第14页。

层次普遍较低，妇女就业和再就业形势较男性严峻，下岗失业女性比例较大且年龄偏低，女大学生存在就业难现象；一些单位不愿录用女性或隐性提高女性录用标准，两性收入差距有扩大趋势；妇女参政比例下降；等等。这诸多方面的问题凸显出转型期传统的女性群体分化与分层日益明显，妇女已经不再仅有因性别而产生的一致性利益，在城乡之间、区域之间、不同群体之间妇女地位的提高处于不平衡状态。这种不平衡主要表现在女性内部已经分化出引人注目的强势群体与弱势群体：强势群体是那些在社会流动中凭借自身实力占据较高社会位置者，主要包括高层领导干部、高级知识分子、企业家、外资企业的"白领"、私营业主以及少数妇女干部等；跌入弱势群体的有失业妇女和下岗后未能实现再就业的妇女，有自己或家人残疾、患重病的妇女，有贫困的单身母亲，有无收入或退休后收入少、丧偶或丧失生活自理能力的老年妇女，以及农村一些因外嫁而失地的"外来媳"。① 妇女内部阶层的分化导致因其所处阶层、地域、年龄等不同而产生利益差异甚至利益冲突，阶层与性别交织在一起，"阶级、种族和性别的等级制是同时发生且相互约束的系统，……有的时候，性别差异的重要性要低于阶级差异的影响"②，处于弱势群体里的底层妇女利益表达诉求日益强烈，而制度化参与渠道的缺失使她们有序的政治参与被梗阻。

在社会主义市场经济快速发展过程中，市场配置资源的作用与领域不断增大，社会利益的分化、社会关系的不断重构，新的利益主体和利益诉求不断出现，而人们的自主意识和自发倾向也在不断增强，推动了中国社会和利益格局深刻调整。受利益格局的多元化与分配机制滞后的影响，一部分人的利益得到增强，而另一部分人的利益则受到了损害，导致由利益分配不均而激起的

---

① 王小波：《试析中国女性群体的分化与分层》，《妇女研究论丛》2005 年第 5 期。

② 〔美〕简·盖洛普：《通过身体思考》，杨莉馨译，江苏人民出版社，2005，第 137 页。

不同人群之间强烈的利益诉求和利益期望随之增长。从妇女整体层面来看，虽然改革开放政策使广大妇女迎来史无前例的机遇，但同时，她们的境遇也在若干方面遇到前所未有的挑战，有些方面甚至似乎倒退了，使她们好不容易获得的与男子几乎平等的地位受到了空前的威胁；在"男女平等"的框架中看似已经得到解决的一系列妇女问题，在改革开放发展生产力的大背景下又被催生出来。例如，在社会主义市场经济的发展过程中，原有的性别平等政策正在削弱，妇女正在越来越多地失去其原有的福利待遇，而传统的性别分工模式正在抬头，特别是在市场经济的效益和利益的驱动下男女同工不同酬、升迁管道不平等；在求职中常常男性优先，而下岗中却女性优先；社会重要岗位常常优先考虑男性，而家庭主要家务却优先想到女性，无论公共领域还是私人领域，"男高女低""男主外、女主内"的观念根深蒂固，实际上，在市场经济体制下"两性不平等地位并没有得到根本改善，男性控制着大部分资源，掌握着社会权力与经济命脉，而占全人类半数的女性却占有很少的资源。虽然她们也在社会上就业，但经济收入远远低于男性。事实上妇女成为市场经济的最大受害者，自由竞争的市场机制只考虑经济原则，而不过问平等与社会公正原则"①。有学者敏锐地指出，改革开放之前的30年是通过推动妇女成为"社会人""单位人"而建构出"男女平等"的社会条件与空间，以公共领域淡化甚至抹杀性别差异的"实质平等"来带动私人领域的性别秩序的变革，从而来消弭两性之间的权力等级关系；而新时期之后，妇女问题实际上更多被当作妇女自身的问题，实现"平等"的预期更多是落在妇女个体生存能力的提升上，因而事实上已经被替换成一种以"现代"市场所提供的"机会"为前提、以强者（实质上为男权）为普适性标准、以个人奋斗为主要方式的丛林法则式的"形式平等"。② 当前，在我国现实生活中，

① 邱仁宗主编《女权主义与公共政策》，中国社会科学出版社，2004，第362页。
② 董丽敏：《"性别"的生产及其政治性危机》，《开放时代》2013年第2期。

男女之间确实仍然存在着许多事实上的不平等，在转型过程出现了诸多的性别"落差"，诸如在婚姻和生育、教育和就业、社会保障、分配、同工同酬、家庭和社会地位等方面仍然存在着很多问题。随着社会主义市场经济的发展，以公平竞争和效率优先并伴有性别偏见的市场话语使妇女更多地承受了改革的负面影响：男女两性的收入差距在拉大，就业和市场化的压力使女性以高于男性的速度退出劳动力市场；传统的女性群体日益分化，利益关系也变得日益复杂，而缺乏社会资源的弱势群体的妇女则处于相对被剥夺的地位，被排斥在发展与资源再分配之外，其地位并没有随着市场经济的发展而提高，反而在利益格局的调整中整体下降。以农村妇女为例，在市场经济浪潮的冲击下，处于转型期的农村妇女面临着现实当中由于社会变化和改革催生的性别分化乃至性别歧视的挤压，在村级事务参与和管理方面、劳动力向城镇化转移方面，甚至婚姻家庭方面的困境明显多于男性。随着我国农村妇女在社会经济发展中所发挥作用的增强，她们自身的政治意识也逐渐复苏与增强，对村民自治的参与度也有了一定程度的提高。在农村宅基地、"农嫁女"土地权益、土地分配和征收、房屋拆迁赔偿等涉及妇女自身利益的问题上，广大农村妇女认识到必须通过自身政治参与与政治体系发生联系，才能维护自身的实际利益。因此，在利益分化背景下，农村妇女的权利意识和利益表达需求也不断增强，政治参与意识也随之逐渐高涨。但在政治领域，一个不容忽视的事实是，无论是在基层还是在高层，女性决策者始终聚集在副职岗位和非核心部门，处于权力结构的边缘。决策机构中女性的缺席和边缘化，导致女性的利益难以在决策层有效地表达，更难以融入各项社会经济发展政策之中。① 在广大农村地区，大多数妇女只能通过村民自治的途径和方式参与基层民主和政治活动。作为农村中的弱势群体，妇女在民主选举、民主决策、

---

① 谭琳主编《1995~2005年：中国性别平等与妇女发展报告》，社会科学文献出版社，2006，第18~19页。

民主管理、民主监督等村级治理的政治资源分配中处于弱势地位。因此，转型期利益的日益多元化使扩大公民有序政治参与日益成为中国政治发展面临的严峻课题，研究社会各个阶层有序政治参与成为当前紧迫的议题。而扩大妇女有序政治参与是扩大公民有序政治参与的题中应有之义，也为妇女政治参与指明了发展的方向，引导我国妇女政治参与朝着有序化的方向发展。

第二，妇女有序政治参与是在社会主义民主政治不断发展、公民政治参与日益扩大的形势下提出的。对利益的追求和权利的保护是公民政治参与的重要推动力。与转型期出现的各种问题相呼应，在全球化浪潮冲击下，利益分化和利益重组日益加快，极大地冲击着公民的传统观念和行为方式。随着我国政治制度化程度不断提升，我国妇女整体的女性主体意识不断被唤醒和强化，对自身利益关切度也日益高涨，女性的民主参与意识、利益意识和法律意识得到显著提高，表达自身愿望、维护自身权益、参与社会事务的人数和行为也逐渐增多。她们试图通过更多的渠道来介入并影响现实政治，以表达、谋求和维护自己利益。但受传统落后观念的影响和自身素质的限制，再加上当今国家层面的制度供给总体上滞后于公民不断高涨的政治参与需求，妇女通过合法渠道进行利益表达不充分。因此，在涉及女性权益和利益受损的情况下，由于妇女参与政治的渠道还非常有限，政治参与机制不完善、政策及法律不健全，致使广大妇女的许多建议和意见无法通过正常合法的渠道来表达，由此引发了大量无序化、非理性化、非制度化政治参与事件的发生，对社会稳定造成一定程度的威胁和挑战。在政治上为女性赋予权利，增加女性对公共政策的影响力，消除女性政治参与中的制度性障碍，确保女性公民正当权利的实现，改变现实中女性处于弱势的地位，实现广大妇女真正能够当家做主，是保障妇女权益、推进社会主义民主政治的关键环节。

第三，妇女有序政治参与是在当前大量无序政治参与和非制度化参与的现象泛化情况下提出的。扩大公民政治参与对社会政治稳定有两方面的影响。一方面，当政治参与的扩大同时伴随着相应的规范和秩序时，就能够促进社会的长久稳定。广大妇女要通过合法的渠道，在宪法和法律赋予公民的民主权利的范围内进行政治活动，利用法律手段来维护自身的各项权利，选择合理合法的方式来表达愿望和要求、参与国家政治生活，这符合党和国家机关的政治合法性的基础，对维护政治稳定、促进社会整体协调发展具有重大作用。另一方面，政治参与的急剧增加会引起政治的不稳定，也就是出现"参与的危机"。如果政治参与的水平高，而政治制度化的水平低，那就会造成政治动乱，影响政治稳定。① 当前我国公民政治参与的迅速扩大也隐藏着危险和消极因素。当前我国市场经济的发展虽然极大地激发了公民包括广大妇女利益表达的愿望和政治参与的热情，但目前我国政治体制改革总体上滞后于经济发展的速度，政治体制的弹性不足，长期形成的民主体制还很不完善，短期内无法提供满足公民日益高涨的参与要求的制度化渠道，使公民的各种要求不能通过更加广泛的制度化的利益表达、沟通与协调渠道来满足，由此而引发的公民无序参与、非制度化参与或非常态政治参与日益增多。当前，由于受传统落后观念的影响和自身素质的限制，再加上国家层面的制度供给滞后于广大妇女的政治参与需求，妇女参与政治的渠道还非常有限，政治参与机制不完善、政策及法律不健全，致使广大妇女的利益诉求无法通过正常合法的渠道来提出。近年来，在发生下岗再就业、农村宅基地、土地分配和征收、房屋拆迁赔偿等涉及妇女利益的纠纷和矛盾时，妇女参与越级上访、集体上访、聚众闹事等消极参与、非制度化政治参与泛化现象不断出现，其消极影响不容忽视。当前，我国公民的政治参与机制存在诸多不完善的方面，在政治参与过程中公民有可能以非法的或非制度化的方式来参与。而无序政治参与的大量存在阻碍了民主政治生活的进一步发展。非制度化参与是突破现有制度规范、没有法律依

---

① 徐大同、马德普主编《现代西方政治思想》，人民出版社，2003，第505~506页。

据甚至是违法的政治参与行为，如农村中多数妇女对参与政治生活和村级公共事务缺乏兴趣，对涉及村级公共事务的管理决策反应冷淡，或者在村民自治民主选举过程中，故意使选票作废，或出卖选票等；部分妇女以非制度化参与、抗议性参与和暴力参与的方式来进行，如越级上访、群体申诉、直接对抗等，个别妇女还使用暴力攻击干部和执法人员，甚至冲击国家机关和政府部门等。这些非制度化政治参与就是寻求制度外渠道表达自己愿望与要求而产生的结果。当前社会转型期政治参与的急剧增加所引发的无序化参与导致社会不稳定性增加，会对现行的政治秩序和社会秩序构成一定的冲击。因此，扩大妇女有序政治参与，是在当前大量无序政治参与和非制度化政治参与泛化背景下提出的。扩大妇女有序政治参与渠道，促使政府加强制度化建设，真正使广大妇女参与到政治生活中，提升其政治参与意识，并唤起其民主意识和主人翁的责任感，改变妇女普遍的政治冷漠态度，才能使广大妇女获取更多的机会融入社会事务的管理决策层，更好地维护自身的权益。

亨廷顿认为，政治参与扩大是政治现代化的标志。扩大公民有序政治参与是当前政府和学界的共识，符合党的十八大报告提出的"从各层次各领域扩大公民有序政治参与"的新要求。因此，扩大妇女有序政治参与是妇女参与国家和社会事务管理的重要途径，也是妇女社会地位提高的表现之一。

（二）研究价值

"政治参与"是当今政治学界研究的一个热点问题。政治参与是妇女政治权利得以实现的重要方式，也是保障妇女经济利益和社会地位的重要方式。妇女政治参与的广度和深度是衡量妇女政治地位的一个侧面。而历史和现实中妇女在权力结构中的缺席地位，凸显了研究妇女政治参与具有十分重要的意义。妇女的有序政治参与是公民有序政治参与的一个重要组成部分，妇女通过合法的、制度化的参与，通过理性化、有层次的和适度的参与，持续推动妇女合法有序的政治参与，在制度框架内进行理性的博弈，将进一步推动我国政治民主化进程，对于贯彻男女平等基本国策、推进社会主义民主政治以及构建公平正义的社会主义和谐社会都具有十分重要的意义。

第一，本书进一步总结了妇女政治参与实践的历史经验，有利于弥补政治学界对这一理论问题研究的不足。改革开放前受"左"的教条主义思潮的影响，学界对公民通过政治参与来实现民主政治权利的研究极少，群众性的政治参与活动也因缺乏必要的法律保障而难以制度化。特别是"文化大革命"前后的群众性的、无序的政治参与带给我们的教训是非常深刻的，需要我们对这一时期政治参与过程中出现的"参与危机"或"参与爆炸"的教训予以深刻总结。改革开放后我国政治参与研究取得了一些成果，如政治参与的作用、意义及实现途径等，但对妇女的政治参与进行全面、系统的研究还较少。对转型期为什么要扩大妇女的政治参与，妇女有序政治参与的制约因素，如何实现妇女有序的政治参与等问题在理论上缺乏深入细致的探讨。国内理论界对女性政治参与的研究大都借用西方女权主义的政治理论从女性学的视角加以研究，对妇女政治参与所面临的问题及原因缺乏深层次的分析，缺少理论升华，没有形成宏观的妇女政治参与研究理论体系，特别是关于妇女有序政治参与的研究尚属空白。本书拟从理论上弥补上述不足，侧重于用社会性别与发展的理念，从社会性别的角度去观察分析，并引入公民政治参与质性的研究方法，关注妇女政治参与缺失的制度性根源，综合运用社会性别分析的方法与视角来考察分析在资源、责任和权力分配方面存在的性别不平等方面的议题，进一步丰富社会性别理论的研究视角，增强妇女政治参与研究的学术性，以进一步探索拓宽妇女政治参与学术研究的范畴，有助于推动西方女权主义政治学理论的本土化。

第二，本书符合新时期党的执政理念，对于扩大我国妇女有序参与的协商民主实践具有重要意义。扩大公民有序政治参与是中国政治发展道路必须直面的重大课题之一。妇女有序政治参与符合马克思主义妇女理论的基本要求，符合党的十八大报告重申的"从各层次各领域扩大公民有序政治参与"执政理念的新要求。我国宪法赋予女性参与国家政治生活、管理国家事务、对国家大事发表见解的政治权利。但由于各种主客观原因，在社会政治领域，对女性的偏见和排斥仍比较普遍，轻视或歧视妇女的现象仍不同程度地存在，妇女参与国家和社会事务管理决策的程度还不高，妇女参政比例偏低，以至于出现了女性参与公共生活不能实现与男性同等晋升的"玻璃天花板（glass ceiling）"① 效应。当今我国面临利益多元的政治背景和社会现实强化了妇女政治参与难度，有必要引入新兴的协商民主理念，建立健全公众政治参与的机制与平台，使广大群众有足够的政治机制、渠道和平台来表达自己的利益愿望和意见，建立"为政治生活中的理性讨论提供基本空间的民主政府"②，进一步推进社会管理创新，并结合我国的政治环境进行扩大妇女有序政治参与的实践。本书有助于推进政府决策的科学化民主化进程，有助于完善社会治理结构，促使党和政府从社会公正的原则出发，采取有效的公共政策，确保女性公民正当权利的实现，改变现实中妇女处于弱势的地位，维护和实现其当家做主的权利，避免政府重大决策的失误，促进国家与社会关系良性互动，提高政府治理公共事务的能力与绩效。

第三，本书对于维护和实现妇女当家做主的权利、推进社会主义政治文明建设具有重要意义。在社会转型期，国内环境的变化使扩大公民有序政治参与日益成为中国政治发展面临的严峻课题。政治文明的一个重要的评价指数就是民众政治参与的普遍性和有效性，即政治民主化的程度。占总人口近一半的妇女的政治参与状况是反映我国民主进程的重要指标之一，其政治参与的广度和深度理应成为衡量一个社会、一个国家政治文明程度的重要

---

① "玻璃天花板"是喻指女性所遭遇的在工作中及晋升的机会上遇到的一种无形的晋升屏障，使女性不能获得较高的职位。

② 付翠莲：《结构耦合：以基层党建创新引领社会管理创新》，人大复印报刊资料《中国共产党》2013 年第 1 期。

标尺，甚至是考察整个社会文明进程的尺度，妇女政治参与理应成为政治文明外延的一个重要组成部分。在全球化背景的推动下，社会主义市场经济导致的利益分化，促使妇女自身的政治意识不断复苏与增强，也提高了其政治参与的积极性。当前我国妇女整体的女性主体意识已经觉醒，参与精神不断增强，女性的民主意识、政治参与意识有所增强，表达自身愿望、维护自身权益、参与社会事务的人数和行为逐渐增多。她们试图通过更多的渠道来介入并影响现实政治，以表达、谋求和维护自己的利益。广大妇女的政治参与能够扩大政治统治的基础，可以改变妇女长期处于被动的、单纯的政治客体的地位，使她们的政治主体性得以提升，推动其政治行为向更加有序的方向发展。一定数量的女性进入立法和决策层，有助于实现我们党提出的依法治国、建立社会主义法治国家的基本治国方略。女性领导者为自己的切身利益考虑，促使党和政府从社会公正的原则出发，采取有力的政策措施，确保女性公民正当权利的实现，改变现实中女性处于弱势的地位，实现广大妇女当家做主的权利。这有助于维护政府政治统治的合法性，也是维护和实现广大妇女当家做主权利的有效途径。广大妇女只有获得充分的政治参与，性别平等在公共政治领域和整个社会领域才能获得充分的实现。妇女的有序政治参与是公民有序政治参与的一个重要组成部分。持续推动广大妇女通过合法的、制度化的参与，通过理性化、有层次和适度的有序的政治参与途径，确保广大妇女的正当权利能在制度框架内进行理性的博弈，改变现实中妇女在政治和生活中的弱势地位，维护和实现其当家做主的权利，将进一步推动我国政治民主化进程，对于贯彻男女平等原则、推进社会主义民主政治和社会主义政治文明的进程都具有十分重要的意义。

二　文献梳理与综述评介

"政治参与"这一思想源于西方民主理论的进步，是当代政治学界一个理论研究热词，国内外学者通过大量的理论研究和实证分析，从不同角度、不同侧面对政治参与的相关问题进行了广泛、深入的研究，提出了一些颇有价值的见解。他们的诸多观点和看法，对我们后续更广泛、更深入地研究相关问题提供了重要的参考。

（一）国外相关研究文献检视

政治参与作为现代西方政治学理论研究和经验研究中的一个核心概念，在西方民主理论分析框架中占有十分重要地位。"二战"后，西方政治学界对政治参与给予了高度的关注，就政治参与的内涵、政治参与的动因、政治参与的方式、政治参与途径、政治参与程度，以及政治参与对政治过程的作用等诸多问题，从各个层面都进行了深入的探讨。政治参与研究自 20 世纪 50 年代末成为政治发展中的一个主要的研究领域以来，迄今已经有 50 多年的历史了。特别是 20 世纪 60 年代末 70 年代初，政治参与成为美国政治发展研究中一个热门的研究课题，进入 20 世纪 90 年代末这一研究领域全面升温。这期间国外出版了大量专门研究政治参与的专著，代表性的著作有：美国学者格林斯坦、波尔斯比的《政治学手册精选》，塞缪尔·P. 亨廷顿、琼·M. 纳尔逊的《难以抉择——发展中国家的政治参与》，亨廷顿的《变化社会中的政治秩序》，罗伯特·达尔的《多头政体——参与和反对》，加布里埃尔·A. 阿尔蒙德的《公民文化——五个国家的政治态度和民主制》和《比较政治学：体系、过程和政策》，玛格丽·康维的《美国的政治参与》，丹尼斯·凯沃内夫的《政治科学和政治行为》，贝蒂·多布拉兹的《21 世纪政治参与的社会视角》，肯尼斯·格迪斯汀的《美国的利益集团、游说和政治参与》，英国学者盖伦特·派瑞等的《英国的政治参与和民主制度》，日本学者蒲岛郁夫的《政治参与》等。概括起来，学者们主要从以下几个方面展开研究。

1. 关于政治参与研究相关问题

关于政治参与概念及内涵的论争。西方学者对政治参与概念

接民主和政治参与。卢梭从主权在民的政治理念出发，认为国家主权永远属于公民，它是不可代表的，他率先对公民参与社会政治过程进行了理性思考。托克维尔进一步对政治参与作了历史和经验的深入研究。他们的契约论思想为政治参与提供了理论依据。

现代西方政治学理论从方法论视角对社会民众参与政治的原因做出解释。公共选择理论认为公民参加投票是政治参与的核心要素，是公民个人在相互竞争的政策或候选人之间表示其偏好的行动。投票是一个公共选择的过程，即政治市场决策的过程。公共选择学派从市场经济理性人的基本假设出发，认为投票人类似于市场过程的消费者，选票类似于货币，个人无论作为消费者还是投票者，无论是在经济市场还是在政治市场，其行为动机和目标都是一致的，都是追求个人利益最大化，即都作为理性的经济人进行经济活动或政治活动，即所谓的"理性投票人假说"——选民是理性的，选民参与投票的目的是通过参与政治获得预期效用最大化。罗伯特·达尔认为，政治心理也直接影响着政治参与行为。他较系统地总结了心理因素对政治参与的影响，认为公民政治参与有六大因素：一是介入政治的报酬因素，"如果你认为同可以期望从其他活动中得到的报酬相比，从政治介入中得到的报酬价值较低，你就不大可能介入政治"；二是政治选择的差异性因素，"如果你认为你所面临的各项选择之间没有什么重大差异，因此你的所作所为就无足轻重，那么你就不大会介入政治了"；三是公民个人效能感的因素，"如果你认为你的所作所为无足轻重，因为你无论如何不能有效地改变结果，那你就不大会介入政治"；四是对政治结局满意评估的因素，"如果你认为没有你的介入结局也会相当满意，你就不大会介入政治"；五是公民个人的政治知识因素，"如果你觉得你的知识太有限了，不能有所作为，你就不大会介入政治"；其六是参与政治的障碍阻隔因素，"你遇到的障碍越大，你就越不大会介入政治"①。达尔认为，民主不意味着大多数

---

① 〔美〕罗伯特·达尔：《现代政治分析》，上海译文出版社，1987，第131~137页。

人在某项政策制定上能够形成一致决定，而是各种利益集团、社会组织能够参与决策的稳步的妥协过程。而各种相对独立的团体的存在，并能有效地参与决策过程，是维持民主政治的重要条件。

当代结构—功能学派代表阿尔蒙德在其著作《公民文化》一书中，认为不同国家政治文化的差异会影响到公民的政治参与水平，主文化倾向于政治参与的国家，政治参与的水平就会高些，主文化倾向于政治冷漠的国家，政治参与的水平会低些。公民通过积极的政治参与不断提高参与意识和技能，对政治决策产生累积性的影响。公民参与对于政治体系来讲，参与将影响政治体系的合法性和效能，这样民主政治体系可以从参与中获益，从而保持政治稳定。G. 帕里（Parry）认为，政治参与的状况和水平由方式、程度、质量三个变量决定的。三者之间相互关联、相互影响，从不同的方面规定和反映着一个社会政治参与的具体样式和水平。政治参与的形式对政治参与的程度和质量产生着重要影响：参与的层次越高，对政治过程的影响就越大，越有可能取得预期的政治结果；参与的人数越多，频率越高，对政治决策产生的压力和影响也就越大。

关于政治参与的方式和层次分类。政治参与是公民实现其政治权利的行为，政治参与方式是指大众参与政治所采取的形式。随着社会结构的变化和社会政治发展的影响，加上政治参与自身发展的要求和科学技术发展的推动，公民政治参与的方式愈来愈多种多样。

诺曼·H. 尼和西德尼·伏巴在《政治参与》一文中，把大多数公民的政治参与活动划作四种类型：投票、竞选活动、公民主动的接触和合作活动。蒲岛郁夫的《政治参与》一书认为，政治参与的形态是多种多样的，他将政治参与方式划分为投票、选举活动、地区活动、个别接触、暴力等几种。[①] 其一，关于投票。诺

---

① 〔日〕蒲岛郁夫:《政治参与》，解莉莉译，经济日报出版社，1989，第 7~10 页。

曼·H. 尼和西德尼·伏巴认为投票是公民最常参加的活动，投票可以迫使领导人调整政策来赢取选票。蒲岛郁夫将投票看成是公民中参加人数最多的政治活动。虽然投票作为表达政治意愿的手段尚存在很多问题，但投票给政治家的压力颇为强大，投票的结果将影响所有人，而与其他政治活动比较，投票所付出的参与代价较低。其二，关于选举活动。选举也是统治获得合法性的基本依据。选举可以评判和产生官员，还可以训练公民的政治能力。蒲岛郁夫认为选举活动还包括如委托熟人和朋友投票支持自己如意的候选人，向候选人和政党捐资或募捐，协助开展竞选活动。但选举活动和投票相比，压力并不强大。其三，关于地区活动。地区活动包括参加公民运动和居民运动过程中开展的社会活动。社团活动主要是围绕单一问题焦点进行的，所包含的政治信息量很大，产生的政治效果不仅涉及该社团，往往也波及群众。其四，关于个别接触。个别接触指的是为了本人和家族的利益接触官僚和政治家。虽然个别接触信息量也很大，但这种委托纯粹出于个人原因，其压力的强度较低，带来的影响范围也窄。其五，关于暴力接触。暴力接触是指用物理方式损坏他人或个人的财产，并影响政府决策的行为，属于"体制以外"的暴力政治参与，往往发生在尚未充分享受政治参与权利的政治体制中，或即便享有这种权利，但社会上的少数派，以及具有强烈的政治欲望的人们容易采取这种行为。暴力行为包括以颠覆领导人为目的的政变和暗杀，旨在影响政府决策的骚乱和暴动，企图颠覆政治体制的革命等行为。此外，亨廷顿、纳尔逊在《难以抉择——发展中国家的政治参与》一书中，将公民政治参与的方式划分为选举活动、院外活动、组织活动、接触和暴力五种。他们认为投票活动是一种普遍的现象；选举是"钝刀式"的控制手段，"虽然选举是公民控制政府官员的重要手段，但却是刀刃颇不锋利的控制工具"[1]；院

---

① 〔美〕塞缪尔·亨廷顿、〔美〕琼·纳尔逊：《难以抉择——发展中国家的政治参与》，汪晓寿、吴志华等译，华夏出版社，1989，第 5 页。

外活动是指个人或团体通过与政府官员和政治领导人进行接触，而在涉及许多人的问题上试图影响政府官员和政治领导人的决定的活动。组织活动是指某一组织中的成员或骨干的参与活动，这种组织的基本和明确的目标是影响政府决策。①

对于政治参与层次的划分，在借鉴吸收其他学者研究成果的基础上，拉什（M. Rush）提出了一份颇具总结性的政治参与等次表。他认为政治参与依其程度和形式的不同，可分为十个不同的等次，顺序依次是：一是担任政治的或行政的职务；二是寻求政治或行政职务；三是政治组织的积极成员；四是准政治组织的积极成员；五是参与政治集会；六是游行示威活动等；七是政治组织的消极成员；八是准政治组织的消极成员；九是参与非正式的政治讨论；十是选举投票。也就是说，最高层次的参与形式是进入政治领域或政府部门担任职务，通过掌握和行使政治权力对政治过程施加影响。而最低层次的参与则是选举投票。这是因为投票仅仅是一种"暂时性行为"，一旦选举过程结束，也就意味着参与过程的终止。拉什所提出的等次表不仅涵盖了各种形式的政治参与，也适用于不同类型的政治共同体。公民的政治参与方式和层次与他们在社会经济活动中的地位密切相关，决定着参与的目标和走向。②

从上述西方学者对政治参与的论述，我们可以看出西方国家的政治参与制度化水平和参与质量都领先于其他社会。在当代西方国家，公众的政治参与形式和程度呈现出"两头小、中间大"的特点，也就是说完全不关心政治和热衷于参与政治的人数相对较少，大多数公众是在低水平上一般地参与政治。这也充分说明了一个亘古不变的道理——政治仅仅是少数人的活动。

关于影响政治参与行为的因素分析。政治参与的发生要受到

---

① 〔美〕塞缪尔·亨廷顿、琼·纳尔逊：《难以抉择——发展中国家的政治参与》，汪晓寿、吴志华等译，华夏出版社，1989，第13页。

② 魏星河：《当代中国公民有序政治参与研究》，人民出版社，2007，第34~35页。

种种因素的影响，处于不同社会背景和层次中的人们也不可能获得同样的参与条件或机会。西方学者对于影响政治参与的变量也做了大量分析。

一般认为，社会经济发展水平和政治参与呈正相关关系。亨廷顿在《政治发展》一文中提出，在大多数情况下，经济发展水平与政治参与水平成正比：经济发展水平越高，政治参与的水平也越高，自主参与对动员参与的比例也越高。他认为社会经济现代性的增加和政治参与的扩大是并肩前进的。① 他从五个方面分析了原因：一是政治参与的水平随社会经济地位的不同而异。经济发展扩大了社会中地位较高那部分的比例，更多的人成为有文化、受过教育、经济上较富裕的中产阶级。社会地位增高，增强了他们的政治效能感，促使参与扩大化。二是社会经济发展促进政治参与，是因为它导致各种组织和协会成倍增加及大量的人参加这些团体。有组织的参与，提高了政治参与的质量，增强了参与效果。三是经济和社会现代化在社会集团中制造紧张，新的集团产生了，业已确立的集团受到威胁，地位低的集团抓住各种机会来改善自己的命运。剧烈或持久的冲突或者对集团生存的挑战这类经历可能加强集团认同感，产生政治参与的持久格局。持久的高水平集团认同感和政治参与也许也需要持久的外部冲突。四是经济发展在某种程度上需要，在某种程度上促成政府扩大其职能。政府活动的规模受社会经济发展水平影响最深，同时也受社会中占主导地位的政治价值和意识形态的影响，政府职能大小与政治参与大小直接相关。五是社会经济现代化通常在国家发展的范围内发展。社会经济现代化所包含的政治文化，在某种程度上使政治参与合法化，从而也为之创造了条件。② 但亨廷顿也进一步说

---

① 〔美〕塞缪尔·亨廷顿、乔治·I. 多格明斯：《政治发展》，载〔美〕格林斯坦、波尔斯比编《政治学手册精选》（下卷），储复耘译，商务印书馆，1996，第189页。

② 〔美〕塞缪尔·亨廷顿、乔治·I. 多格明斯：《政治发展》，载〔美〕格林斯坦、波尔斯比编《政治学手册精选》（下卷），储复耘译，商务印书馆，1996，第189~195页。

明，政治参与同个人的流动机会、组织化程度呈反比，但是与经济发展和社会平等间是复合多变的关系，有时经济发展水平的提高和社会地位平等会促进人们的参与，有时反而会阻止其参与。在有些国家，参与水平远远高出一定社会经济发展阶段所似乎应有的水平；而在另一些国家，参与水平却远远低于应有水平。对于一个国家的群体来说，情况同样如此。而且，在一些群体或国家中，参与率会突然下降，参与形式也会发生戏剧性变化。社会经济发展或现代化与政治参与之间的关系是复杂的，两者间存在着许多中间变量。① 亨廷顿总结出，"政治参与"是一个伞状概念，是一整组变量的全称；每一项变量都符合政治参与的核心定义，但每一项变量多少又有些不同的原因和后果，它与社会和经济发展趋向也有不同的联系。② 诺曼·H. 尼和西德尼·伏巴也认为，"社会经济水平与参与之间关系的力度方面……是最令人感兴趣的一个谜，"但一般来讲，"处于较高社会经济层次的公民较之较低层次的公民在政治上更积极"，因为"较高的社会经济地位带来的一系列动机使得个人更有可能成为参与者。受的教育越多，越富裕，就越有可能对政治感兴趣，越有可能具有政治效益意识"③。

政治参与既受社会行为的制约，也受个人行为的影响。米尔布拉思和戈尔两位学者认为，个人的政治参与行为主要受政治刺激、社会地位、个性特征、政治环境四个方面因素的影响。此外，个人所拥有的技能、资源和信仰也是影响政治参与的重要变量。个人所受的政治刺激越多、越强烈，政治参与的可能性就越大，参与的层次就越高；不同的社会身份同样会影响公众的参与态度和参与形式，但是人们的社会特征同政治参与之间的关系并非是

---

① 〔美〕塞缪尔·亨廷顿、琼·纳尔逊：《难以抉择——发展中国家的政治参与》，汪晓寿、吴志华等译，华夏出版社，1989，第1页。

② 〔美〕塞缪尔·亨廷顿、琼·纳尔逊：《难以抉择——发展中国家的政治参与》，汪晓寿、吴志华等译，华夏出版社，1989，第16页。

③ 〔美〕诺曼·H. 尼、西德尼·伏巴：《政治参与》，载〔美〕格林斯坦、波尔斯比编《政治学手册精选》（下卷），储复耘译，商务印书馆，1996，第343页。

绝对的。如帕里和莫依瑟经过调查后发现，在今天的英国，男女之间在政治参与行为方面的差别已微乎其微，"相对而言，女性在政党竞选及投票之类的集体行动中，显得比男性更为积极"①。西方学者对男女性别意识对政治参与的影响很早就产生了兴趣。如美国政治学家诺曼·H. 尼和西德尼·伏巴在 1972 年研究美国的政治参与时发现，"男人在不积极分子中多少是代表不足，而妇女则有点过多"……"在大多数国家，男人在完全积极分子中代表过多和妇女在不积极分子中代表过多的现象，比美国要明显得多"②。此外，个性特征也在一定程度上影响着一个人的政治参与行为。一般说来，外向型、自主型性格的人更倾向于政治参与。上述西方学者对影响政治参与的个人因素的分析很细致，但缺陷是没有能够同具体的社会背景联系起来加以考察，缺乏对政治参与各变量的动态分析。

政治文化对人们的政治参与发挥着导向作用。政治文化一般是指一国国民在一定时期所形成的对政治的相对稳定的看法、态度和观念体系。政治文化对人们的政治行为起到一定的导向作用，公民不同的政治文化认同表现出相异的政治行为倾向。首先，不同的公民文化衍生出不同的参与型文化。阿尔蒙德认为，如果公民处于前现代的臣民文化中，并且工作、生活在缺乏公民意识的群体中，那么他们的政治参与意识和行为就会受到一定的限制；反之，如果公民生长于公民文化中，就容易形成公民政治参与的意识和行为，因为"公民文化创造了一种较适宜于公民卷入和参与的政治环境"③。其次，不同类型的政治文化孕育了不同的政治参与方式。以整体主义或群体主义占主导地位的政治文化，一般

---

① Parry, G. and Moyser, G. "A map of political participation in Britain," *Government and Opposition*, Vol. 19, 1990, p. 159.

② 〔美〕诺曼·H. 尼、西德尼·伏巴：《政治参与》，载〔美〕格林斯坦、波尔斯比编《政治学手册精选》（下卷），储复耘译，商务印书馆，1996，第 335～337 页。

③ 〔美〕加布里埃尔·A. 阿尔蒙德、西德尼·维巴：《公民文化》，徐湘林等译，华夏出版社，1989，第 527 页。

不鼓励人们参与政治，而以个人主义或自由主义占主导的政治文化，一般鼓励人们通过政治参与来争取、实现并维护自身的利益。在后一种政治文化中的公民，能够利用自己掌握的政治资源参与政治过程，能够有机会获取更多的政治知识和信息介入政治事务，如亨廷顿所言，在这种政治文化中，"公民权概念超越了社会阶层和社区群体之间的界限，从而为大众性政治参与奠定了基础……这种政治文化观念在某种程度上使政治参与合法化，并因此促进政治参与"①。

亨廷顿对影响政治参与的诸多要素总结最为全面具体，他提出影响政治发展的主要变量包括：一是发展的传统、过渡和现代诸阶段；二是文化、社会、经济和政治诸因素；三是内部和外部环境；四是现代化的时间是早还是晚；五是同时或序列变革的程度，如果是后者，序列的性质以及现代化诸成分变革的速度。②

关于政治参与的功能和价值评价。国外很多学者将政治参与视为民主的本质内容，认为公民政治参与既是民主政治发展的本质要求，又是维系民主政治的基本条件和衡量民主政治的重要尺度。有学者就把关于民主的理论划分为强调公民参与的民主理论和限制公民参与的民主理论两类。如卡尔·科恩就指出，民主是一种社会管理体制，在该体制中社会成员大体上能够直接或间接地参与或可以参与影响全体成员的决策。③ 罗伯特·达尔也认为，民主的实际意义在于群众的广泛参政，是实现公民权利的基础。美国学者艾伦·科恩近年来在对6个国家进行的关于民主的调查中，认为政治参与是公民权利的重要内容。法国学者图雷纳认为，民主是对当政者的自由选择，应对公民的政治参与作为合法的、制度化的秩序给予高度重视。蒲岛郁夫认为政治参与影响了政治

① 〔美〕塞缪尔·亨廷顿、琼·纳尔逊：《难以抉择——发展中国家的政治参与》，汪晓寿、吴志华等译，华夏出版社，1989，第48页。
② 〔美〕塞缪尔·亨廷顿、乔治·I. 多格明斯：《政治发展》，载〔美〕格林斯坦、波尔斯比编《政治学手册精选》（下卷），储复耘译，商务印书馆，1996，第165~166页。
③ 〔美〕卡尔·科恩：《论民主》，聂崇信等译，商务印书馆，2005，第10页。

民主化进程。公民在政治参与的过程中能够形成民主意识，提升参与的技巧，从整体上有利于政治体系的民主运行。蒲岛郁夫指出，公民通过政治参与可以学习如何发挥自己的政治作用，变得关心政治，增强对政治的信赖感，并感到自己是社会的一员，正在发挥着正确的政治作用，从而得到一种满足感。也就是说，通过政治参与，公民提高了对政治体制的归属感，并具备了宽容精神。

西方学者普遍倾向于政治参与的发展对于实现国家的良性治理具有重要的价值与功能。美国学者波考克认为，人们"通过参与政治，公民实现了作为人的价值，知道自己过去是什么以及将要成为什么。除了政治外，没有其他的行为模式可以让他这样并且知道自己过去是什么"①。帕里（G. Parry）认为政治参与的形式对政治参与的程度和质量产生着重要影响，政治参与的方式、程度、质量三者之间是正相关的关系：参与的层次越高，对政治过程的影响就越大，也就越有可能取得预期的政治结果；参与的人数越多，频率越高，对政治决策产生的压力和影响也就越大；反过来讲，如果参与的质量不高，大众的政治参与长期不能获得预期的结果，必然会挫伤人们的参与热情，降低人们对政治参与的期望值，从而导致参与人数的减少和参与频率的降低。② 帕里进一步说明了政治参与不仅具有维护和增进公民利益和权利的工具性价值，而且还具有提升参与者道德和人生境界的发展性或教育性功能。③

政治参与的价值内涵一方面是指通过某种可选择的参与方式来实现某种利益，另一方面也包括各领域的参与主体在实现其价值追求中的意志自由，以及其利益得到应有的尊重，其最终主体的地位真正被确认和实现。有效的政治参与能促进公共领域和私

① 〔美〕波考克：《古典时期以降的公民理想》，载许纪霖主编《共和、社群与公民》，江苏人民出版社，2004，第36页。

② 参见孔德元《西方学者政治参与理论述评》，《烟台师范学院学报》（哲学社会科学版）2005年第4期。

③ 〔英〕基兰特·帕里：《政治参与》，载〔英〕戴维·米勒、韦农·波格丹诺编《布莱克维尔政治学百科全书》，邓正来等译，中国政法大学出版社，2002，第64页。

人领域价值追求的实现。亨廷顿认为政治参与对社会抑或对公民个人来说在多数情况下都具有很高的价值，认为"每个公民都能胜任政府的日常工作，……政治参与有益于社会——它使民主史富有意义、使政府更加负责；政治参与也有益于个人——它使个人成为一个有道德的人、一个尽责的社会公民"①。政治参与的目的价值就是使参与者在参与政治活动过程中使政治参与主体在实现其价值追求的过程中的主体地位得到肯定。

政治参与活动通常被用于维护政治系统的合法性和政治稳定。以罗尔斯为代表的政治自由主义理论主张，民众广泛的政治参与可以提高公民对政治体系的认同感，具有促进政治体系稳定的作用。罗尔斯认为，公民享有平等的政治权利，包括参与政治的权利，这样才能构成良序的社会，发挥出参与的极大值。蒲岛郁夫也认为，"在自由主义民主模式当中，政治参与是社会的经济发展、社会的经济平等、政治稳定的函数。同时，政治参与为政治的稳定发挥重要的作用"②。

综上所述，西方学者对政治参与理论进行了广泛而深入的研究，各自从不同的研究视野出发挖掘政治参与的内核和精髓，使政治参与成为民主政治的内核，丰富了民主的内涵，并揭露了西方代议制民主的某些弊端，为人们认识、评价政治参与奠定了深厚的理论基础，其研究成果无论是研究方法还是成果都有许多值得我们借鉴的地方，为我们了解把握社会政治体系的结构及其运行规律提供了比较有价值的视角。但是，由于国情特征、意识形态、研究视角、文化传统乃至风俗习惯等方面的差异，对政治参与的理解在各国的具体内容必然存在差别。西方关于政治参与的研究明显带有西方制度优越主义的倾向和方法论上的缺陷，导致他们对政治参与的研究存在明显的不足。一方面，西方学者很多都以偏概全地认为发展中国家民众政治参与水平不高，政策制定

① 〔美〕塞缪尔·亨廷顿、琼·纳尔逊：《难以抉择——发展中国家的政治参与》，汪晓寿、吴志华等译，华夏出版社，1989，第20页。
② 〔日〕蒲岛郁夫：《政治参与》，解莉莉译，经济日报出版社，1989，第45页。

权掌握在少数人手中，缺乏民主运作。这种说法有一定道理，但并不绝对。这些学者中也有少数人认识到发达资本主义国家仍然存在较大比例的"政治冷漠者"，这些国家也存在扩大政治参与的问题。一些西方学者希望发展中国家照搬照抄发达国家政治参与模式，扩大政治参与程度和水平。但他们考虑问题过于简单，不同的国情以及彼此的社会历史背景不同，照搬西方政治参与理论使发展中国家出现"水土不服"的现象。另一方面，西方学者们研究政治参与的方法也存在明显的缺陷，如有些政治学行为主义者重客观、重动态、重过程研究，信奉"价值中立"原则，并以此来研究一些国家和地区的政治参与问题，这实际上是根本不可行的。不论是哪个国家，参与者参加政治过程本身就带有明显的价值偏好，研究政治问题而不问政治价值是行不通的，导致其研究结果往往是偏离客观、真实。因此，我们应在本国国情和文化传统的基础上，借鉴和吸收西方政治参与研究中的精华部分，有必要建构与我国民主政治同步协调发展的中国化的政治参与模式。

2. 女权主义政治理论中的妇女政治参与思想

西方女权主义政治理论成果非常丰富，其中涉及妇女政治参与的研究成果也比较多。女权主义在关于政治以及妇女与政治的关系等问题上有许多独特的观点，拓展了人类对政治问题的认识视野，极大地丰富了政治理论的内容。从众说纷纭对"女权主义"的定义及对其含义的鉴定中，核心内容就是"使妇女获得权力或得到解放这样一个目标"[1]。女权主义的定义包括政治、理论和实践三个层面的含义。从政治上说，女权主义是一种社会意识形态的革命，是一场提高女性政治地位的斗争；从理论上看，女权主义是一种强调两性平等，对女性进行肯定的价值观念、学说和方法论原则；从实践上讲，女权主义是一场争取妇女解放的社会运动。[2] 从实践

---

[1] Ann Ferguson：《女权主义哲学及其未来》，载邱仁宗主编《女权主义哲学与公共政策》，中国社会科学出版社，2004，第3页。

[2] 付翠莲：《在平等与差异之间：女性主义对自由主义的批判》，社会科学文献出版社，2013，第10页。

的角度而言，女权主义是一种政治，女权主义从一开始就是一种旨在改变社会中男性与女性之间现存权力关系的政治。正如女权主义学者瓦勒里·布赖森（Valerie Bryson）所言，"一切政治理论如果忽略了女权主义的思想，将不可避免地成为片面的和贫困的政治理论"[1]；她认为，女权主义政治理论提出一个质询：为什么一切已知社会中的男性都拥有凌驾于女性之上的权力？怎样才能改变这种状况？她认为这一问题对于政治理论及实践是至关重要的。由此可见，女权主义政治理论又是一种政治参与的理论，它所追求的是去理解社会，以便向它提出挑战，并对其加以改变；它的目标不是抽象的知识，而是那种能够被用来指导和造就女权主义政治实践的知识。[2]

西方关于女性政治参与的理论与实践可以追溯到 18 世纪开始的为争取自由、平等权的三次女权主义运动。女权主义政治理论在三波女权主义运动高潮中不断发展和丰富，并日臻成熟。在欧洲大陆，女权运动的源头来自启蒙运动和法国大革命自由平等思潮的影响。但同男子一起积极参加法国大革命的妇女很快发现，革命胜利后验收成果时，女性还是处于无权地位，那些被国民议会所承诺并通过的所谓自由、平等、民主等"天赋人权"所保障的公民权利，却仅及于男人，并不属于妇女。1790 年哲学家孔多塞在《论妇女的公民权》中首次提出"给妇女以政治的和法律的平等权利"的主张。著名的女权活动家奥伦比·德·古日（Olympe de Gouges）于 1791 年发表《女权宣言》，倡导妇女生来就是自由人的自由观，主张自由平等的公平权利不能仅限于男性。1792 年，英国女权运动中最著名的领导人、被称为世界妇女运动的鼻祖——玛丽·沃斯通克拉夫特（Mary Wollstonecraft）主张男

---

① Valerie Bryson, *Feminist Political Theory*, London: Macmillan Press Ltd., 1992. 参见李银河主编《妇女：最漫长的革命——当代西方女权主义理论精选》，三联书店，1997，第 7 页。

② Valerie Bryson, *Feminist Political Theory*, London: Macmillan Press Ltd., 1992. 参见李银河主编《妇女：最漫长的革命——当代西方女权主义理论精选》，三联书店，1997，第 2 页。

女享有平等的受教育权、就业权、政治权。她明确提出妇女在政治权和公民权方面的平等要求，认为两性的价值平等必然会导致两性的权利平等。① 在这些理论家的呼吁和倡导下，女权主义的第一次浪潮（目前理论界普遍认为其起止时间是 1840～1925 年）随着自由主义理论的不断成熟以及自由主义女权主义在理论上和实践中得到发展而开展起来，提出的主要目标是女性的选举权、受教育权和就业权与男性平等。

英国著名的自由主义政治理论家约翰·密尔（或译作穆勒）（Joan Stuart Mill）在《妇女选举权的授予》《代议制政府》中为两性政治平等的原则辩护。在 1869 年的《妇女的屈从地位》一书中，他同样提出妇女参政权是保障自身权利的主要手段，建议把选举权扩大到妇女，认为"妇女要求选举权就是为了保证她们得到公正平等的考虑"②。1848 年 7 月 19 日，在美国田纳西州塞尼卡·福尔斯村的韦斯安卫理公会教堂召开的美国第一届妇女权利大会，通过了由美国女权运动创始人之一伊丽莎白·斯坦顿（Elizabeth Stanton）起草的《权利和意见宣言》，大会还通过了要求给予妇女以选举权的决议，说明这一时期的女权运动从为黑人争取权利的社会运动中分离出来，标志着美国女权运动的正式开始。1920 年美国宪法第 19 条修正案规定妇女享有选举权和被选举权，1928 年英国妇女也相继享有选举权和被选举权。之后西方各主要资本主义国家的妇女都连续获得政治权利。第一波女权主义浪潮中在政治领域的斗争所取得的重大胜利是女性的选举权在法律文本中被确认。到 1984 年，全球绝大多数妇女获得选举权（见表 1－1）。这一时期代表性的著作主要有孔多塞的《论妇女的公民权》（1790），玛丽·沃斯通克拉夫特的《女权辩护》（1792），约翰·密尔的《妇女选举权的授予》（1853）、《妇女的屈从地位》（1869）等。

---

① Bryson, V. *Feminist Political Theory*, The Macmillan Press Ltd., 1992, pp. 22－23. 参见李银河《女性权力的崛起》，中国社会科学出版社，1997，第 99 页。

② 〔英〕玛丽·沃斯通克拉夫特/〔英〕约翰·斯图尔特·穆勒：《女权辩护 妇女的屈从地位》，王蓁/汪溪译，商务印书馆，1995，第 304 页。

表 1－1 各国妇女获得选举权的时间表（1883～1984 年）

年份	国家	年份	国家
1883	新西兰	1946	罗马尼亚
1902	澳大利亚		越南
1906	芬兰	1947	阿根廷
1913	挪威		委内瑞拉
1915	丹麦		墨西哥
	冰岛	1948	比利时
1918	爱尔兰		以色列
	奥地利	1949	南斯拉夫
	波兰		中国
	俄国		智利
	德国	1950	秘鲁
1919	卢森堡		印度
	荷兰	1952	玻利维亚
1920	美国		希腊
1921	瑞典		象牙海岸
1928	英国	1954	叙利亚
1930	南非	1956	埃及
1931	西班牙	1957	哥伦比亚
	葡萄牙	1959	马达加斯加
1932	泰国	1960	圣马力诺
1933	土耳其	1961	巴拉圭
1934	巴西	1962	摩纳哥
1937	菲律宾	1963	伊朗
1944	法国		肯尼亚
	保加利亚	1964	约旦
1945	意大利	1971	瑞士
	日本	1984	列支敦士登
	阿尔巴尼亚		
	匈牙利		
	印度尼西亚		

资料来源：参见王国敏《20 世纪的中国妇女》，四川大学出版社，2000，第 32～33 页。

　　西蒙娜·德·波伏娃（Simone de Beauovir）所写的被称为女权主义的圣经的《第二性》（*The Second Sex*）对女权运动第二次浪潮的兴起起了推动作用。她振聋发聩地指出："女人并不是生就的，而宁可说是逐渐形成的"[1]，认为女人的身体和心理都是被建构出来的，是被建构成"他者"的。1963 年贝蒂·弗里丹（Betty Friedan）发表了被称为"女权主义运动的里程碑"的《女性的奥秘》（*The Feminine Mystique*）一书，成为美国女权运动第二次高潮的起点。该书通过对弗洛伊德"生理就是命运"的父权制妇女理论的激烈批判，引发了人们对传统贤妻良母女性角色的重新思考，重新唤起了妇女的自我意识，成为轰轰烈烈的第二波女权主义运动的纲领性文件。此外，在 20 世纪 60 年代，自由主义女权主义还组织了一些妇女权利小组，如美国的"全国妇女组织"（National Organization for Women，NOW），弗里丹任第一任主席，成员达到 200 万人，成为西方最大的妇女团体。该组织组织了各种活动，如争取"平等权利修正案"等等。诸如此类这种群众型的女性组织为推动女性解放运动做出了巨大贡献。到 20 世纪 70 年代，西方许多中产阶级妇女冲破各方面阻力，大批量进入传统上由男性主导的领域，在实践中为女性争取了许多权益，使大批女性在高等教育、就业、参政诸多领域获得了更多的平等权利。这一时期妇女解放运动以呼吁女性能够获得和男性真正意义上的平等为主要特征，但同时指出妇女在法律和政治上的平等并不意味着妇女已经获得了和男性同等的社会地位。这一时期代表性的著作主要有西蒙娜·德·波伏娃的《第二性》，贝蒂·弗里丹的《女性的奥秘》（1963），朱丽叶·米切尔（Juliet Mitchell）的《妇女：最漫长的革命》（1966），凯特·米利特（Kate Millet）的《性的政治》（1970），舒拉米斯·费尔斯通（Shulamith Firestone）的《性的辩证法》（1970），等等。

---

[1]　〔法〕西蒙娜·德·波伏娃：《第二性》，陶铁柱译，中国书籍出版社，1998，第 309 页。

到 20 世纪 90 年代以后，西方女权主义进入多样化阶段，即女权主义的第三次浪潮兴起。这一时期后现代女权主义面对当前的妇女生存状况和妇女问题，在反思现代女权主义并吸收后现代主义的理论观点的基础上，试图发展出一套不依赖传统哲学基础的新的女权主义社会批判范式。女权主义者不仅要使在父权制下受压迫的女性群体解放出来，而且要创造一种全新的女性文化和女性话语。后现代女权主义代表琳达·奥尔克芙（Linda Alcoff）指出，我们应当从女性的"地位"方面探讨全球女权主义者联合起来的可能性。首先，妇女地位是不稳定的，随着经济条件、政治斗争、文化制度、意识形态背景不断地变化。其次，妇女地位给她们提供了合作的理由，因为她们都在寻求改变自己的地位。妇女的共同性并不在于她们的本质，而在于她们在政治权利方面受到的限制。[①] 第三波女权主义开始考虑差异性，从女性的视角出发，开始把身体和化身（也叫情境化的身体）作为政治理论发展的核心。女权主义者盖顿斯认为，尽管政治参与一直以排斥女性身体的方式来建构和界定，但女性在生理上没有多少不适合参与政治的特征。[②] 女权主义者埃尔希坦也指出，"吸引人的地方是，对权力在历史上所形成的、具有性别特色的观点"，"男性是官方的制度性权力和统治力的运用者，女性则是非官方的（因此，有潜在的和不可控制性）、'非政治性'权力的源泉"[③]。男性的权力是正式的、体系化的、系统的、强制的、合法的和集中的，通常是在公共领域内，它被包含在国家主权之内；与此相反，女性的权力通常表现为非正式的形式，被包含在私人领域中，或者说是被包含在"日常生活的政治"中。基于这一认识，女权主义认为，参与政治不能仅仅被定义为充当领导人与管理者，不能仅仅享有

①　肖巍：《女性主义伦理学》，四川人民出版社，2000，第 18 页。
②　〔加〕巴巴拉·阿内尔：《政治学与女性主义》，郭夏娟译，东方出版社，2005，第 298 页。
③　Jean B. Elshtain, "Feminist Inquiry and International Relations", Michael W. Doyle & G. JohnIkenberry, ed. , *New Thinking in International Relations Theory*, Westview Press, 1997, p. 86.

选举权和被选举权，政治活动存在于社会活动的各个层面，每个人都处于权力关系和权力结构之中，从事各种各样的政治活动。对于传统的政治理论忽视了妇女的政治活动及其对于政治理论的创造及女性被排除在权力政治之外，辛西娅·艾罗致力于研究妇女是如何卷入政治的。她认为，并不是妇女不在政治中，她们在政治中扮演了主要角色，例如廉价的劳动力和外交家的妻子，只是传统理论认为这些活动与政治家的活动比起来不那么重要。① 女权主义者阐释了权力的性别属性，试图确立"日常生活的政治"模式，认为权力概念本应涵盖妇女的兼容、合作与共情等社会性别特征，虽然她们也认识到权力不仅存在于正式政治机构中，但这些机构仍然是最重要的斗争场所。如果女性希望真正地挑战男性统治，就必须进入正式的政治场所，② 如果女权主义者局限于非正式政治，女性仍然还被继续边缘化。这一时期代表性的著作主要有卡罗尔·帕特曼的《性契约》（1991），苏珊·欧金的《正义、性别与家庭》（1989），毛瑞·盖顿斯的《力量、身体与差异》（1992），安妮·勒克莱尔的《女性的话语》等等。

综上所述，在已经过去的 20 世纪，女性在政治权利上取得了显著的成绩，多数国家的妇女享有和男子一样的选举权和参政权，并参与国家的政治生活和政府的管理工作，100 多年来女权运动过程中提出的关于妇女政治权利的呼声及行动纲领日益转向实际，表现出从个体解放转向全面发展，从本国转向世界的鲜明特征。国际妇女参政运动和女权主义思潮凸显了人类追求社会公平公正的轨迹，其实践过程中面对的许多问题可以引发我们深入思考中国的实际情况，借鉴国际妇女参政运动理论和女权主义政治参与思想，并结合我国实际消化吸收，从理论上厘清当前我国

① Rofel, Lisa. *Other Modernities*: *Gender Yearnings in China after Socialism.* Trans. Huang Xin. Nanjing: Jiangsu People's Press, 2006. 参见吴小英《从国家到市场：全球化时代性别话语的转变对工作女性的影响》，http://www. docin. com/p - 492659993. html，访问日期：2014 年 8 月 10 日。

② 〔英〕简·弗里德曼：《女权主义》，雷艳红译，吉林人民出版社，2007，第 44～45 页。

政治参与遇到的新的困惑和问题，在社会主义市场经济下切实实现性别平等，为全球化背景下社会治理问题注入了鲜活的内容，有助于补足我国关于妇女解放和性别平等的理论研究和实践过程中存在的问题，对我国妇女政治参与的实践有重要指导作用。国际妇女运动与女权主义思潮为中国妇女政治参与实践奠定了理论根基。受女权主义政治理论的影响，西方许多妇女组织和研究人员对女性政治参与问题进行了深入研究，主要从历史、文化、制度及社会机制等不同视角分析女性政治参与缺失的原因。如美国学者法瑞娜·班丽（Farzana Bari）的《女性政治参与的问题与挑战》归纳了影响女性政治参与的五大因素，即：性别角色定型的观念形态，公共政治对女性的排斥，社会文化对女性生产、再生产的期待，经济资源的匮乏，社会资本和政治能力的欠缺等。[①]这些影响因素是由于正式制度和非正式制度的相互作用而导致的结果。

3. 关于对中国妇女政治参与的研究

国外学者对中国女性的政治参与问题研究成果总体上看来不多。改革开放以来国外一些学者从社会性别的分析方法开始关注中国妇女的政治参与问题。如美国罗丽莎的《另类的现代性——改革开放时代中国性别化的渴望》一书作为最早探讨社会性别现代性与权力之间关系的人类学名著之一，着重考察了中国自社会主义革命以来所进行的交叉重叠的现代性项目以及社会性别在其中的中心地位。她将社会性别作为分析中的首要因素，在考察了中国这种不同于欧美源发地的"另类的现代性"的过程中发现，"关于女性气质和男性气质及其在各种社会实践中如何体现的论争成为后毛时代关于现代性论争的中心话题"，而"后毛时代成长起来的年青代群接受的则是一种对于权威和劳动漠不关心的政治"，"她们倾向于一种身体政治，接受天生的女性气质、婚姻、母性等概念"，因此，罗丽莎将这种"对社会性别的自然化"视为"后毛

---

① 李晓广：《当代中国性别政治与制度公正》，南京大学出版社，2012，第10页。

时代寓言"的主旨。① 有学者深入分析了中国女性政治参与缺失的原因，如加拿大的罗森·斯坦莉（Rosen Stanley）在《中国的女性政治参与》中调查了当代中国女性在政治参与中的角色，比较了女性在重要权力机构如中央政治局、人民代表大会中与男性的比例差异，以及不同时期女性的比例差异，并进一步分析了造成这一状况的各种影响因素。② 美国学者杰克·维斯特（Jackie West）在《中国的妇女：经济与社会转型》（1999）中分析了中国 20 世纪 80 年代干部人事制度改革对女性参政的冲击。澳大利亚学者李木兰也分析探讨了中国改革开放以来废除了女性参政保障制度给女性带来的权力领域政治参与的缺失等问题。英国学者伊丽莎白·克罗尔（Elisabeth Croll）著有《中国的女性主义与社会主义》（London：Routledge and Kegan Paul，1978）、《中国妇女变化中的身份》（1995）等著作。克罗尔考察了革命时期（1949～1978）和改革开放时期中国的性别修辞，认为毛泽东时代的性别修辞不仅规定了男人和女人之间的平等，也通过摧毁男性和女性的类别而否认了二者之间差异的存在，而改革开放时期一个最明显的特征，就是"公开承认平等修辞与女性的不平等经验之间的不符"，克罗尔指出，改革开放时期对女性或女性气质与男性或男性气质之间差异的重新强调，是对革命时期男人定义的那种被迫的女性形象的反抗。③ 英国学者祖德·豪厄尔（Jude Howell）在《努力撑起中国女性参政半边天》一文中阐述了至 21 世纪初中国的权力领域仍然为男性所主宰，女性继续处于边缘化的地位，自新中国成立以

① Rofel，Lisa. *Other Modernities：Gender Yearnings in China after Socialism.* Trans. Huang Xin. Nanjing：Jiangsu People's Press，2006. 参见吴小英《从国家到市场：全球化时代性别话语的转变对工作女性的影响》，http：//www. docin. com/p－492659993. html，访问日期：2014 年 8 月 10 日。
② 李晓广：《当代中国性别政治与制度公正》，南京大学出版社，2012，第 10 页。
③ Croll，Elisabeth. *Changing Identities of Chinese Women：Rhetoric，Experience and Self-perception in Twentieth-century China.* Hong Kong：Hong Kong University Press，1995. 参见吴小英《从国家到市场：全球化时代性别话语的转变对工作女性的影响》，http：//www. docin. com/p－492659993. html，访问日期：2014 年 8 月 10 日。

来的国家女权主义虽极力支持女性政治地位的提升，但在改革开放后因经济建设的负累，而暂时无暇给予提升女性政治地位更多的关注。[①] 一些学者主要从社会性别的视角，对农村基层民主政治、特别是对村委会选举中的妇女参与问题进了探讨。澳大利亚人类学家杰华在《中国城市中的农村女性：性别、迁移和社会变化》（2006）一书中指出，"在毛泽东时期妇女解放尤其在农村只是一个'未完成的'或者'被延迟了的'革命，存在着根本性的问题，包括劳动的性别分工和不平等报酬、双重负担，以及婚姻实践和家庭关系中遗留的自由和平等的缺乏"，而改革开放后又强化了作为个体的妇女的弱点和责任，弱化和回避了制度性和结构性的性别不平等问题。包括"政府对源于生理差异的性别不平等的顺应，与性关系以及家庭内部决策和劳动分工相关的问题的重新私人化，在已经成为资本主义消费增长核心内容的女性身体的商品化问题上的共谋态度，以及它从克服社会不平等的直接努力中全面退出"[②]，而政府的所作所为加剧了这样一种状况。祖德·豪厄尔在《为谁而选举？》（2006）一文中指出，中国的村委会中，男性的数量远超过女性的数量，而女性的委员往往只有象征性的意义，甚至在一些农村中没有一个女性被选为村委会委员。他认为，在实行村民选举以来，女性在村级治理结构中政治参与水平持续走低的原因在于社会实践、经济结构、制度规范和政治文化都对中国女性政治参与带来不利影响。豪厄尔提出，该如何解释妇女在村委会任职人数的数值？为什么只是单纯地引进妇女的工作，而不能为妇女在政治舞台上提供更好的机会，更合理的利用？[③] 这些问题引人深思。此外，维斯特等的《中国的妇女：经济

---

① 李晓广：《当代中国性别政治与制度公正》，南京大学出版社，2012，第10页。

② Jacka, Tamara. *Rural Women in Urban China: Gender, Migration, and Social Change.* Trans. Wu Xiaoying. Nanjing: Jiangsu People's Press, 2006. 参见吴小英《从国家到市场：全球化时代性别话语的转变对工作女性的影响》，http://www.docin.com/p-492659993.html，访问日期：2014年8月10日。

③ Howell, Jude. "Women's Political Participation in China: in whose interests elections?" *Journal of Contemporary China*, Vol. 15, No. 49, 2006.

与 社 会 转 型》（Basingstoke：Macmillan Press，1999），加卡（Tamara Jacka）的《中国农村妇女的工作：改革时代的变迁与连续性》（Cambridge：Cambridge University Press，1997）等大量有关该主题的英文文献中，关注了中国妇女参与村委会、村党支部、村民小组或村民大会的数量及质量，表示不尽如人意，而农村妇女政治参与的问题也没有得到政府足够的政治关注。

由此可见，从国外学者关于中国女性政治参与的问题上，可以总结出以下特点：一是改革开放前由于国家意识形态的倡导和制度安排，使男女平等变成一种普遍接受的政治时尚深入人心，妇女解放被纳入现代化进程的关键，这种革命性的性别话语也在一定程度上冲击了传统的性别分工模式和男尊女卑的父权制文化观念。但由于男女平等是通过自上而下的方式实现的，这种由国家"恩赐"的平等必然使女性产生一种依赖心理，未能树立起一种性别主体意识，因此不是真正意义上的妇女解放。二是在改革开放后，市场化的作用和国家政治的弱化、性别差异和不平等的显性化，国家倡导的"素质"话语强化了妇女的弱势地位，回避了制度性和结构性的性别不平等问题。国外学者特别对中国农村女性政治参与的问题作了较为深刻的探讨和研究，这些成果中的研究方法和视角对我国学界研究妇女政治参与有很大启示。

（二）国内相关研究文献检视

中国政治参与的研究起步较晚。改革开放以来，由于政治管制的放松和社会经济变迁，我国公民政治参与日趋活跃，学界也开始组织有关公民政治参与的学术研究，并取得了丰硕成果。自20世纪90年代至今，对政治参与的研究受到学界广泛关注并迅速升温，来自不同学科的学者都表现出对政治参与的研究兴趣，这使政治参与的研究领域不断扩展。2007年中共十七大以来，从各层次各领域扩大公民有序政治参与的研究成为当今学界研究的又一热点。

1. 改革开放以来我国学界政治参与研究概况

20世纪80年代，国内学界对政治参与这一概念还比较陌生。

部分学者对政治参与的研究虽有涉略，但研究成果不多，没有一部专著，据以"政治参与"为名进行 CNKI 检索，只有十多篇相关论文发表，如《社会主义国家政治参与的理论和实践初探》（王福春，《政治学研究》1988 年第 6 期），《论中国公民的政治参与》（包心鉴，《政治学研究》1989 年第 4 期）等。这些研究论文在研究内容和研究方法上大多是对西方政治参与理论的介绍和述评，有关中国本土化的政治参与研究很少，高质量的研究成果较少。在 20 世纪最后十年，国内对政治参与的研究转向对中国自身政治参与实践的研究，研究论著逐渐出版，大量研究论文发表。这一时期代表性的著作主要有王纯山等主编的《民主政治与政治参与》（辽宁大学出版社，1992），台湾学者郭秋永的《政治参与》（幼狮文化事业公司，1993），陶东明、陈明明的《当代中国政治参与》（浙江人民出版社，1998），方江山的《非制度化政治参与：以转型期中国农民为对象分析》（人民出版社，2000）等。这一时期研究政治参与的相关研究论文逐渐增多，主要有《试论社会主义市场经济过程中的政治参与和政治稳定》（张永强，《社会主义研究》1996 年第 3 期），《农村政治参与的现状分析——对两种类型村庄的社会调查》（谢岳，《社会主义研究》1997 年第 6 期），《80 年代中国民众政治参与的阶层分析》（杨龙，《当代中国史研究》1998 年第 4 期），《论政治参与》（周平，《思想战线》1999 年第 4 期）等。这一时期随着我国公民政治参与实践的增多，在研究内容上有对农民、私营企业主、大学生、知识分子等各行业、各领域群体的政治参与的研究，在研究方法上有规范研究和实证研究，研究视野和研究领域逐步拓展。从 2000 年到 2012 年，随着我国政治学研究水平的不断提高以及公民政治参与实践的蓬勃发展，特别是执政党对扩大公民有序政治参与的高度重视，极大地激发了我国学者研究政治参与的浓厚兴趣，有关政治参与的研究成果大幅增加，代表性的著作有 60 余部，主要有张喜红的《当代中国社会团体政治参与问题研究》（吉林人民出版社，2005），陈剩勇的《让公民来当家：公民有序政治参与和制度创新的浙江经验研究》

（中国社会科学出版社，2008），陈晓莉的《政治文明视域中的农民政治参与》（中国社会科学出版社，2008），麻宝斌的《中国社会转型时期的群体性政治参与》（中国社会科学出版社，2009），邱永文的《当代中国政治参与研究》（中共中央党校出版社，2009），蔡定剑主编的《公众参与——风险社会的制度建设》（法律出版社，2009），赵刚印的《现代化进程中的公民政治参与：一项对中国与印度的比较研究》（上海人民出版社，2010），于明的《我国私营企业主阶层政治参与研究》（吉林大学出版社，2011），赵莉的《中国网络社群政治参与》（中国广播电视出版社，2011），丁云主编的《当代中国农民政治参与》（知识产权出版社，2011），王明生的《当代中国政治参与研究》（南京大学出版社，2012），张百顺的《和谐社会构建中农民政治参与制度化研究》（世界图书出版公司，2012），包心鉴等主编的《大众政治参与和社会管理创新》（人民出版社，2012），房宁主编的《中国政治参与报告（2012）》（社会科学文献出版社，2012），王中华的《当代中国律师政治参与研究》（南京大学出版社，2012）等。这一时期以"政治参与"为研究主题的论文逐年增多，代表性的论文主要有《当代中国农民政治参与的程度、动机及社会效应》（郭正林，《社会学研究》2003 年第 3 期），《中国私营企业主政治参与的形式、意义和限度》（朱光磊，《南开学报》2004 年第 5 期），《政治文化与社会结构对政治参与的影响》〔王绍光，《清华大学学报》（哲学社会科学版）2008 年第 4 期〕等。总之，21 世纪以来对政治参与的研究论著和论文数量大幅增加，研究方法多样化，研究领域不断拓展，研究质量有较大提高。特别是对农民及农民工的政治参与、私营企业主的政治参与、法律人士的政治参与以及网络政治参与的关注较多，正逐步构建起具有中国特色的政治参与研究的理论框架和体系。

2. 近年来关于有序政治参与的研究现状

笔者所掌握的一手文献中，国外学界并没有出现"有序政治参与"的概念，更没有关于对妇女有序政治参与的研究和探讨。

公民有序政治参与是中国共产党在新的历史时期为适应中国国情、逐步深化对人民民主理论的认识基础上，在总结人民民主的实践后而提出的新概念，属于中国政治语境下的又一个特色的提法。

2000年10月党的十五届五中全会通过的"十五规划"中指出，"加强民主政治建设，推进决策的科学化、民主化，扩大公民有序的政治参与"。这是中共最早在党的文件中明确提出"公民有序政治参与"这一概念。2002年党的十六大政治报告中再次重申了"健全民主制度，丰富民主形式，扩大公民有序政治参与，保证人民依法实行民主选举、民主决策、民主管理和民主监督，享有广泛的权利和自由，尊重和保障人权"的主张。2003年胡锦涛在"七一"讲话中也强调："扩大公民参与，是实现人民愿望，满足人民需要，维护人民利益的有效途径。广泛有序的公民参与，是发展社会主义民主政治、建设社会主义政治文明的重要内容，是实现社会主义现代化的必然要求，是立党为公、执政为民的重要体现"。2007年在中央党校胡锦涛发表"6·25"重要讲话，不但进一步重申扩大公民有序的政治参与，而且将其更完整地表述为"要继续扩大公民有序政治参与，健全民主制度，丰富民主形式，拓宽民主渠道"。2007年党的十七大报告中明确提出，"从各个层次、各个领域扩大公民有序政治参与，最广泛地动员和组织人民依法管理国家事务和社会事务、管理经济和文化事业"的观点，再一次强调了"扩大公民有序政治参与"的重要性，表明了党中央对进一步建设社会主义政治文明的重视。2012年党的十八大又一次强调了"加快推进社会主义民主政治制度化、规范化、程序化，从各层次各领域扩大公民有序政治参与，实现国家各项工作法治化"的要求。由此可见，有序的政治参与是在建设社会主义民主政治、推进政治体制改革的大背景下提出来的，是党和国家政治领导人对社会主义民主政治的重要性和必要性有充分认识和深刻思考的背景下提出的。

随着执政党对"有序政治参与"的重视，学术界召开了各类研讨会对其进行了深入研究。从 2000 年到 2012 年，以"有序政治参与"为名的著作出版了 10 多部。可以说，这些成果都是学界对党中央文件精神做出的积极反应，体现了与时俱进的时代品质，也进一步说明了"有序政治参与"已成为近年来政治学界研究的又一热点。按照中央相关政策的演进，我们大致可以将学术界近年来的研究进展概括为三个阶段：第一阶段：从中共十五届五中全会到十六大（2000 年 10 月~2002 年 11 月）是有序政治参与研究的成长期。这期间的文章数量虽不多，但在十五届五中全会精神的指导下，对公民有序政治参与进行了一些基本的探讨，为后面的进一步钻研奠定了根基。第二阶段：从十六大到十七大（2002 年 11 月~2007 年 11 月）是有序政治参与研究的发展壮大期。这期间学术界研究论文呈明显递增趋势，理论层次也不断朝纵深发展。第三阶段：从十七大至今（2007 年 11 月至今），走向新的发展阶段。十七大党中央再次重申了"扩大公民有序政治参与"的重要性，使这一研究进入了新的阶段。学术界以十七大精神为指导，积极强化这一领域的研究，为我国公民的政治参与实践提供了强有力的理论支撑。这一时期关于有序政治参与的专著相继出版，主要有魏星河的《当代中国公民有序政治参与研究》（人民出版社，2007），王维国的《公民有序政治参与的途径》（人民出版社，2007），褚松燕的《权利发展与公民参与——我国公民资格权利发展与有序参与研究》（中国法制出版社，2007），陈剩勇的《让公民来当家：公民有序政治参与和制度创新的浙江经验研究》（中国社会科学出版社，2008），莫吉武、杨长明、蒋余浩的《协商民主与有序参与》（中国社会科学出版社，2009），王浩斌的《中国新的社会阶层有序参与民主政治建设研究》（中国社会科学出版社，2010）等。这些研究文献从不同角度表达了在当前制度化建设不能满足公民政治参与诉求的背景下，不同阶层大量非法的、非理性的甚至是暴力的政治参与行为就会产生，而这种政治参与的形式和规模是现有的政治参与制度所无法容纳的，必将导致社会秩序的失衡和无序，甚至混乱，严重影响社会政治稳定。同时大量研究成果也致力于探讨如何理性引导公民有序政治参与，扩大公民政治参与渠道，保持社会的协调和稳定发展。

3. 我国学界对妇女参政或政治参与的研究状况

20 世纪初随着近代民主、平等思想传入中国，一些有识之士就致力于中国妇女解放运动的研究和传播。与之相伴，西方女权运动的历史和理论，以及罗兰夫人、苏菲亚等女性斗争的事迹也相继传到中国。1902 年，斯宾塞的《女权篇》作为第一本女权主义著作被介绍到中国；1903 年，约翰·穆勒的《女人压制论》和第二国际的《女权宣言书》被译介进来；到新文化运动时期，产生了一批以各种方式翻译或介绍西方女权主义的著作。如金天翮的《女界钟》（1903），秋瑾的《告二万万女同胞》（1904），何大谬的《女界泪》（1908），陈以益的《女论》（1909）等。金天翮的论著《女界钟》专门伸张女权，书中有专门论述"女子参与政治"的章节，提出"男女平权"的主张，认为女子必须先受教育，有权利意识后才能参政。五四运动之后，马克思主义妇女观传入中国，一批学者开始用历史唯物主义观点、阶级分析观点来看待女性问题，把女性解放同无产阶级解放结合起来。如李大钊的《妇女解放与 Democracy》和《现代的女权运动》，向警予的《女子解放与改造的商榷》和《妇女运动的基础》，李达的《女子解放论》，陈独秀的《妇女问题与社会主义》等一系列论述我国妇女运动的文章，用马克思主义理论来阐释中国妇女参政面临的问题，集中探讨了妇女参政的意义、参政的法律资格、妇女参政与教育、职业及经济独立的关系等。这一时期研究者只限于部分男性知识分子启蒙者的呼吁，研究内容也局限于浅表层次，缺乏理论性和系统性。从中国共产党成立到改革开放前，中国共产党人关于妇女政治权利和政治参与的论述很少，中国妇女参政的研究陷入了沉寂，有关论文极少，更没有专门的著作，有关这个阶段妇女参政的历程主要集中在一些史料中，只散见于有关中共领导人的妇女观的文章中。

妇女政治参与问题是我国妇女理论领域开始较晚的一个研究

领域，直到 20 世纪 80 年代才真正开始对我国妇女参政或政治参与较为系统的理论研究。改革开放以来中国妇女政治参与研究经历了三个阶段。

第一阶段（20 世纪 80 年代～1995 年），是妇女参政研究的"初始兴起期"。由于改革的深入和体制转型的影响，以自上而下任命为主要方式的干部人事制度引入了一定程度的"竞争聘任制"，市场经济下国家对女性参政保护制度后撤，原来严格的女干部保障名额也被取消，在权力领域女性参政人数向下滑坡，这使女干部人数到 20 世纪 80 年代中后期跌入低谷，中国女性的政治地位也有所下降，引起学界对妇女政治参与问题的关注。1984 年，中华全国妇女联合会率先主持召开"妇女问题的社会调查与理论研究座谈会"（第一次全国妇女理论研讨会），首次把妇女参政问题提到理论高度来加以探讨。这一时期有部分妇女干部、新闻媒体人员、高校科研人员及一些民间学术研究组织中间就"女干部要不要规定比例"展开争论，《中国妇女报》主要围绕"从政女干部的问题"专门以"是优胜劣汰，还是保证比例？"为题展开大讨论。因此，这一时期的"妇女政治参与"基本等同于"女性参政"中的"女干部从政"问题，主要采用描述性的归纳研究方法，总体上研究仍处于比较浅显的阶段，但毕竟对妇女参政的研究开了头，属于妇女参政研究的"初始兴起期"。这一阶段研究专著不多，主要有台湾梁双莲的《妇女与政治参与》（台湾妇女新知基金会出版部，1989），阐述了台湾妇女的政治参与状况；中国河南省委组织部、河南省妇女联合会编著的《妇女参政理论与实践》（河南人民出版社，1990）等。

第二阶段（1995～2000 年），是妇女参政研究的"阶段高峰期"。1995 年第四次世界妇女代表大会召开，受大会的推动，对妇女参政研究成为中国妇女研究领域中的一个热点和阶段性高峰。研究者们注重考察中国妇女参政的历史，探讨了妇女参政的内涵和现状、制约因素等，研究者们从经济因素、社会文化、政治制度、妇女本身的素质等方面深入剖析妇女参政问题，分析了中国少数民族妇女参政的现实情况，并提出了妇女团体参政的建议等。这一时期相关研究的学术专著和专题论文集也开始增多，代表性的学术专著有全国妇联妇女研究所理论室编著的《妇女参政导论》（红旗出版社，1993），王行娟的《中国妇女参政的行动》（海豚出版社，1995），李银河的《女性权力的崛起》（中国社会科学出版社，1997），《新中国妇女参政的足迹》编写组编的《新中国妇女参政的足迹》（中共党史出版社，1998）等。总之，这一时期关于妇女参政的研究达到了一个新的高度，研究更加学科化、理性化，但是整体研究还没有形成规模，有分量的著作较缺乏，真正有突破的研究文章也不多，研究成果仍然显得不够理论化、系统化，尚未形成一支稳定的研究队伍，而且随着第四届世界妇女大会的结束，市场经济体制的冲击和某种程度的打压，相关的研究小组逐渐解散，1996年后相关研究文章骤减，从而影响了后续发展。

　　第三阶段（2000年至今），是妇女参政/政治参与研究的"蓬勃发展期"。进入21世纪以来，随着公民政治参与实践的蓬勃发展，但相应的制度化的政治参与途径并不能满足公民政治参与热情的暴涨，非制度化政治参与出现泛化。这一时期从事性别研究的研究者对女性的参政/政治参与问题给予了特别关注，使2000年后有关妇女参政/政治参与的研究进入了"蓬勃发展期"。相继出版了大量著作，包括欧阳洁的《女性与社会权力系统》（辽宁画报出版社，2000）、纪欣的《女人与政治：90年代妇女参政运动》（女书文化事业有限公司，2000），李慧英的《社会性别与公共政策》（当代中国出版社，2002），中国妇女研究会编写的《妇女政治参与和良好管理：21世纪的挑战》（节选）（中国妇女研究会，2002），梁旭光的《民主政治进程与妇女参政》（济南出版社，2003），陈映芳等主编的《妇女社会参与与妇女发展》（上海古籍出版社，2004），杜洁等编著的《农村妇女参与村委会选举》（西北大学出版社，2008），高小贤等编著的《农村妇女组织能力建设》（西北大学出版社，2008），方炼主编的《促进农村妇女当选参政》（西北大学出版社，2008），周长鲜的《妇女参政：新中国

60 年的制度演进（1949~2009）》（中国社会科学出版社，2009），雷丽萍的《女干部领导能力研究》（河南人民出版社，2009），师凤莲的《当代中国女性政治参与问题研究》（山东大学出版社，2011），林小芳的《当代台湾女性参政研究》（九州出版社，2011）、李晓广的《当代中国性别政治与制度公正》（南京大学出版社，2012）等。这一时期的研究者比较偏好传统研究和基础研究，主要关注女性参政的整体性研究、农村女性的参政、女性的参政历史研究，以及国际女性参政情况介绍或比较研究等方面，相关研究逐渐开始关注"普通"女性的政治参与了。这些成果研究议题逐渐拓展，研究方法上更加注重实证研究。这一阶段有关妇女政治参与的学术论文也大量刊载。

从上述论著或论文的题目上就可以看出，我国学界对政治参与问题的研究绝大多数都是在"妇女参政"的名义下进行的，真正以"妇女政治参与"或"女性政治参与"为题的选题寥寥无几。值得关注的是，师凤莲（2011）的《当代中国女性政治参与问题研究》一书，作者在对女性政治参与一般理论及经验进行概括和分析的基础上，通过整理和分析大量中国女性政治参与的历史文献资料，对中国女性政治参与的历史进行了比较系统的梳理，对不同历史阶段中国女性政治参与的特点进行了较为系统的归纳概括。该书运用大量一手调研资料，对当代中国女性政治参与问题进行了纵向和横向的分析比较，并针对问题及成因提出了一些操作性较强的对策和建议。该书是中国大陆第一本以女性政治参与为题的专著，有较为重要的理论和实践价值，也对本书进一步拓展妇女有序政治参与研究的思路有重要启发意义。

由于妇女参政研究包含于妇女政治参与研究当中，属于妇女政治参与的重要组成部分。本书为了行文的方便，主要对妇女参政的研究现状加以梳理和评介。概括起来主要从以下几方面展开研究。

关于妇女参政概念及内涵的研究。对妇女参政内涵的研究是理论界的一个重要成果，但学界迄今对妇女参政的定义有十几种说法，还没有形成一个统一的观点。概括起来，主要有下列几种观点：一是认为妇女参政一方面是指女性与男性共同行使管理国家政治、经济、文化生活和社会生活的权利，即妇女行使公民民主权利的活动就是参政；另一方面是指妇女在各级党的机关、各级国家机关（包括权力机关、行政机关、司法机关）担任领导职务。① 二是认为妇女参政包括知政、议政、参政和执政四个层次。② 三是认为妇女参政是指女性群体对国家和社会事务的参与意识和参与活动。参政的形式分为显性和隐性二种，显性参政又可以分为体政和执政，隐性参政即议政。③ 四是认为妇女参政就是妇女从政。④ 五是指妇女群体对国家和社会公共事务的参与管理。妇女参政表现为民主参与和权力参与两个层面。所谓权力参与，是指女性进入国家权力机构管理公共事务，担任领导干部，参与决策。所谓民主参与，是指妇女享有公民的选举权和被选举权，即女性通过选举、游说、建议等方式向权力机构反映自己的主张和声音，影响公共政策的决策，妇女的民主参与是妇女参政的基础层面。⑤ 以上这几种对于妇女参政的理解各有侧重，从某一方面来说，这些说法都有其合理的成分。目前学界一般多采用最后一种观点，认为妇女参政指妇女群体对国家和社会公共事务的参与管理，包括民主参与和权力参与两个层面，本书也认同这一观点，详见第二章。

关于对妇女参政状况和影响因素的研究。学者们对妇女参政的历史和现状展开研究。在研究当代中国妇女参政时，也考察了历史上妇女参政情况，多运用历史和逻辑相统一的方法，或把历史上的妇女参政作为研究对象，或是研究某个朝代的妇女参政。从地域上来看，绝大多数研究者把国内妇女参政作为研究对象，

---

① 王行娟：《中国妇女参政的行动》，海豚出版社，1995，第92~93页。
② 孙晓梅：《中外妇女研究透视》，中国妇女出版社，1998，第129页。
③ 单艺斌：《关于女性参政的综合评价》，载蒋永萍主编《世纪之交的中国妇女社会地位》，当代中国出版社，2003，第223~224页。
④ 王瑞芹：《妇女参政与政治文明》，《江西师范大学学报》2005年第2期。
⑤ 梁旭光：《民主政治进程与妇女参政》，济南出版社，2003，第156页。

也有的从与国际的比较以及与历史比较进行纵横铺展。对新中国成立以来妇女参政状况的总体评价，学界有一种观点持"超前论"，认为中国妇女权利的获得在立法形式上是"超前"实现的，妇女还没有这个愿望，通过立法超前，逾越了阶段，这只是"形式上的妇女解放"。不同的意见认为，这种"立法超前"的说法是依西方女权模式来衡量的结果，是不正确的，应该从我国的国情出发来评价；一种观点是"照顾论"，认为中国妇女解放是靠"恩赐"得到的，造成妇女的"依赖性"；把"照顾妇女"作为立法原则，形成妇女的"特殊性"；按"比例"照顾妇女参政，带有很大的被动性；妇女参政问题上的"失误"，在于照顾政策的"随意性"。不同的意见认为，这种对中国妇女参政的"四性"的评价是片面的。首先，这是没有从我国妇女参政运动的历史和特点出发而做出的评价。实际上，我国妇女争取参政权的斗争经过了几十年的努力，才在社会主义新中国得以实现。其次，妇女参政按比例照顾具有决策指导、具体做法两方面的内容和利弊方面的效应。① 在对妇女参政影响因素方面的研究上，研究者对有关问题逐渐采取科学化的倾向，从经济和社会发展、社会文化环境、政治制度、公共政策、妇女自身的认识和素质等综合因素加以分析。综合来看，主要包括影响妇女参政的主体条件，包括妇女的政治素质、文化知识、情商、心态等；客体条件一般是指经济和社会发展的制约；中介条件包括大众传媒、社会环境、传统文化、各种妇女组织、法律制度等。有学者从妇女参政规律、妇女参政特点或高层次女领导干部成长的特殊规律等方面加以研究。

关于对农村妇女政治参与的研究。目前国内学者对农村妇女的政治参与问题研究成为实行基层民主自治后的一个热点研究领域，主要从农村女性政治参与现状、制约农村女性政治参与的因素、改善农村妇女政治参与的对策等方面入手来研究和分析农村

---

① 祝平燕：《社会转型期妇女参政的社会支持系统研究》，华中师范大学博士学位论文，2006，第26~27页。

妇女政治参与这一领域。在农村妇女政治参与现状这一问题上的研究上，主要是从村委会的选举和女干部参与村委会事务的情况上出发的。如田小泓的《农村妇女政治参与：从被动等待到主动竞争的制度安排——梨树县与迁西县农村妇女村委会选举参与》，张凤华的《农村妇女在政治参与中存在的问题及改善措施》等文章中，认为农村妇女政治参与现状主要包括农村妇女的政治效能感低；农村妇女在权力机构中处于边缘化状态；农村妇女在政治参与上处于劣势地位；农村妇女的权利意识淡薄，主人翁责任感不强；基层妇女组织的合法性危机等。在对农村妇女政治参与制约因素分析过程中，国内学者大都认为制约妇女政治参与的因素是多元的，包括政治、经济、文化、社会、妇女自身等因素。刘晓旭在《农村妇女参政困境的政策因素分析》中指出，农村妇女参政政策的路径依赖是当前中国农村妇女参政局限性明显的根本原因。高雪莲在《农村妇女政治参与的现状与制约因素分析》中认为，经济参与程度不高、从属型经济地位是制约农村妇女政治参与的根本因素。李慧英、田晓红的《制约农村妇女政治参与相关因素的分析——村委会直选与妇女参政研究》中，提到中国有着悠久的性别分工的历史，农村更是牢固地保留了性别分工的习俗和观念，而且内化为下意识的价值判断。唐华容、徐晓芳在《我国农村妇女参政不足的自身因素分析》中认为，较低的文化素质、软弱自卑的心理素质、多重角色冲突和淡薄的参政意识是导致农村妇女政治参与低、参政能力差的重要因素。对改善农村妇女政治参与这一问题所提出的对策和建议，主要是从社会性别、政治、法律、经济、教育等方面出发，提出提高我国农村妇女政治参与水平的对策。其中，唐云锋、荆建英在《社会性别视角下的农村妇女参政研究》一文中，主张将社会性别平等意识纳入到决策的主流中，并且建立起体现女性立场的政策体制，同时要充分发挥妇联组织的职能，健全妇联群众性的法律监督组织体系。郝涛在《农村妇女政治参与度低的成因及对策》中，认为大力发展农村经济，促进农村社会的发展，能够为农村妇女的政治参与提供必要的物质基础，以及保证妇女政治参与的充足时间和充沛精力。张晓君在《改革开放形势下妇女的政治参与问题》一文中，将提高妇女自身素质列为推进妇女政治参与进程的措施之一，认为全面提高妇女的综合素质，特别是文化素质是提高妇女参政水平的关键。肖芳在《影响农村妇女参政的主要因素与对策》一文中认为，要改善农村妇女的政治参与状况，就必须先改善我们的法律法规，使其具有具体的可操作性，等等。

关于扩大妇女有序政治参与的研究。自 2000 年我党首次提出"公民有序政治参与"这一概念始，研究各行业、各领域有序政治参与的学术论文及专著逐年增多，但关于妇女有序政治参与的研究却少之又少。截至 2014 年 9 月，在期刊网上查找到的仅有个别几篇涉及。胡文芬在《我国妇女有序政治参与研究》一文中指出，妇女的有序政治参与是妇女政治权利得以实现的重要方式，是我国政治稳定发展的现实要求，而中国社会面临的巨大变迁，要求扩大妇女的有序政治参与。该文指出，当前我国妇女有序政治参与现状存在诸多问题，包括妇女政治参与制度化水平低，妇女政治参与存在着不平衡性，妇女政治参与存在被动性，而封建传统观念的影响束缚妇女政治参与，不平等的性别观念，造成女性整体素质偏低。针对这些问题，该文提出加强政治文化建设，推动妇女有序政治参与的对策措施。一是健全和完善有利于扩大妇女有序政治参与的具体制度，包括坚持和完善人民代表大会制度，进一步加强基层民主制度建设，要建立询问和听证等制度，进一步拓宽和拓展妇女政治参与的渠道和领域；二是要大力培育各类社会团体和各种群众组织；三是要进一步培养女性公民意识，提高妇女的参政能力；四是充分利用大众传媒，加强妇女的政治参与，等等。① 周长鲜在《扩大妇女有序参与人大》一文中指出，扩大妇女参政是大势所趋。妇女作为"半边天"，就目前我国民主政治发展的实际情况而言，扩大妇女有序参与人大

---

① 胡文芬：《我国妇女有序政治参与研究》，《大科技》2010 年第 7 期。

工作，不仅有很大的发展空间，而且符合马克思主义妇女观的基本要求，对发展社会主义民主政治具有重要意义。该文认为，积极促进和扩大妇女同志参与到人大工作中符合国际妇女参政运动的新趋势。① 付翠莲在《政治文明视域下农村妇女的有序政治参与》一文中，剖析了多元分化的政治背景和社会现实强化了农村妇女政治参与难度，指出我国近年来大量涉及农村妇女利益的纠纷和矛盾不断出现，如征地补偿、房屋拆迁、土地权益问题、外嫁女土地保障问题、房屋拆迁问题，出现了妇女越级上访、蓄意滋事甚至聚众闹事等事件，扰乱了社会公共生活。虽然这种参与只占农村妇女政治参与的很小一部分，但确有逐渐泛化的趋势，其消极影响不容忽视。该文试图探寻以有序政治参与来解决妇女政治参与不足的深层次问题，以避免体制外非制度化政治参与的泛化。② 付翠莲在《扩大农村妇女有序政治参与的路径思考——以舟山渔农村妇女政治参与为例》一文中，指出了基层妇女政治参与是我国公民政治参与中的薄弱环节，是扩大公民有序政治参与的难点。妇女有序的政治参与是合法的政治参与，即在我国宪法和法律赋予公民权利的范围内进行的政治活动；妇女有序的政治参与应该是自由、理性、平等的参与，即通过建立和完善有关妇女有序政治参与的制度，切实保障妇女能够真正自由平等地参与到政治中去；妇女有序的政治参与还应该是各种形式和各种层次的政治参与都协调进行。③ 当前仅有的这几篇关于妇女有序政治参与的文章论述了我国妇女有序政治参与的缘由，并提出了相应对策。但在涉及政治参与的理论深度上，以及在怎样有序参与、如何循序渐进扩大妇女有序政治参与等问题上，仍需要深入剖析。

---

① 周长鲜：《扩大妇女有序参与人大》，《人大研究》2008 年第 1 期。

② 付翠莲：《政治文明视域下农村妇女的有序政治参与》，《内蒙古农业大学学报》（社会科学版）2011 年第 5 期。

③ 付翠莲：《扩大农村妇女有序政治参与的路径思考——以舟山渔农村妇女政治参与为例》，《中华女子学院学报》2011 第 3 期。

（三）综合评价

通过对国内外研究文献的梳理和检视，国外学界对政治参与及女权主义政治理论中的妇女政治参与思想及其相关理论研究历经几百年的积淀，取得了丰硕的成果。一些西方学者还把研究视野投射到中国妇女的政治参与的研究中，运用政治学中的基本概念如民主、平等、政治发展、政治参与等理论，从社会性别视角研究中国妇女的政治参与问题，以其成熟的理论和独特的研究视角洞察当代中国妇女政治参与的滞后和不足。西方学者诸多的研究成果中所蕴含的深厚的理论知识及独特的研究视角，特别是其多样化的研究方法毫无疑问对我们研究妇女政治参与以极大的启示。但另一方面，西方关于政治参与的研究带有西方制度优越主义的倾向和方法论上的缺陷，以偏概全地认为发展中国家民众政治参与水平不高，政策制定权掌握在少数人手中，缺乏民主运作，导致他们对中国政治参与研究存在着认识上的偏差。由于中西方对妇女问题的研究路径不同，在理论和实践上差异都较大：西方学者研究的理论来源和所关注问题的社会土壤及文化背景都带有西方本土性的特征；而中国社会不同于西方世界的具体国情，使中国女性与西方女性之间的处境存在很大差别，因此，在做相关中国妇女政治参与问题的研究中，我们不能将西方的理论成果直接位移到中国的妇女政治参与实践当中，更不能得出似是而非的结论，有必要建构与我国民主政治同步协调发展的中国化的政治参与模式。但他山之石，可以攻玉。西方学者提出关于性别政治的许多现实问题和理论观点，特别是他们的研究方法和路径，可以引发我们对当代中国妇女政治参与问题进行更深入的思考。

国内真正对妇女政治参与的理论思索仅仅 30 年时间，关于中国妇女的政治参与的研究已得到关注，并已经取得了长足的进步。但与其他涉及妇女与性别问题的研究相比较，当前，妇女政治参与在政治学领域内的研究仍然比较薄弱，在妇女政治参与方面"质"和"量"的研究还较为欠缺。据统计，就全国公开发表的核心类论文内容而言，妇女参政方面的仅占妇女研究专题论文的8.6%。[①] 纵观我国的妇女政治参与的理论研究，在研究方法、研究内容和研究视角等方面存在许多不足。

一是在研究方法上，目前研究者主要还是运用描述性的、归纳性的方法进行研究。虽然近些年国内在研究方法上使用"问卷调查"的方式进行定量研究的文章有所增加，但大部分实证性研究缺少理论升华，缺乏采用量性和质性的资料收集办法进行系统研究，研究方法尚待进一步科学化；有关妇女政治参与的比较研究尚有待于深入，如关于妇女政治参与的中外比较、性别比较、城乡比较，不同群体、不同地域间的比较研究相对缺乏。

二是在研究内容上，国内学界对妇女政治参与的研究大都是在"妇女参政"的名义下进行的，集中在研究女性"执政""从政"方面，对妇女参政和政治参与的概念界定不清晰，把妇女的政治参与仅仅局限于在国家机构中任职，对妇女政治参与的其他形式关注不够，有深度的研究仍缺乏；简单重复性的现状与对策研究大量存在，缺乏理论的升华，深度理论性的探索有所欠缺；一些研究成果虽采取了实证分析，但只是充斥着量化的指标和数据，对所面临的问题及原因缺乏深层次的政策根源和体制性根源的分析，缺少理论升华，没有形成宏观的妇女政治参与研究理论体系；目前尚无研究者建立女性政治参与的指标体系。此外，在当前社会转型期大量无序政治参与和非制度化参与的现象泛化背景下，国家层面的制度供给总体上滞后于公民不断高涨的政治参与需求，寻求制度外渠道表达自己愿望与要求的现象大量发生，一个值得关注的现象是，目前女性特别是农村妇女非制度性政治参与现象时有发生，在农村宅基地、土地分配和征收、房屋拆迁补偿等涉及农村妇女利益的纠纷和矛盾时，出现了妇女越级上访、集体上访、聚众闹事等消极参与、非制度化政治参与泛化现象，

① 周长鲜：《妇女参政：新中国60年的制度演进（1949~2009）》，中国社会科学出版社，2009，第13页。

其消极影响不容忽视。但目前对妇女有序政治参与的系统研究国内尚属空白。

三是在研究视角上，从"社会性别"视角研究妇女政治参与不足，所涉猎的议题仍有局限。传统女性政治参与研究方法只是以女性为出发点，将女性政治参与缺乏的原因归结为传统性别文化和政治制度及实施机制的缺失，在政治学研究中局限于只关注女性政治权利的缺失，但缺乏以社会性别的视角，对于两性之间平等的政治关系何以缺乏、两性政治参与中的社会性别差异和差距是由何种社会文化原因所导致的、应该如何克服，以及对造成性别不平等关系的制度与文化因素的根源这些深层次问题的探讨有待进一步加强。

本书以政治学理论中的政治参与理论为研究的理论基础，运用社会性别的视角探讨当代中国妇女政治参与不足的深层次问题，对妇女政治参与所面临问题作深层次的政策根源和体制性根源剖析，确立妇女政治参与评价体系，进一步探索扩大妇女有序政治参与的基本路径，以助于拓展协商民主渠道、体现国家与妇女关系的良性互动，进一步拓展妇女政治参与问题研究的理论视野，并力求能促进妇女政治参与研究理论体系的进一步系统化。

三　基本框架和研究方法

本书以转型期中国妇女有序政治参与为研究的主题，是基于妇女政治参与是我国公民政治参与中的最薄弱环节，是扩大公民有序政治参与的难点，并试图系统研究扩大妇女有序政治参与的路径。约占我国人口1/2的妇女在国家和社会政治资源分配中居于弱势地位，长期处于权力结构中的边缘阶层和缺席的位置，严重制约着我国民主政治和社会整体协调发展。本书在当代中国社会转型大背景下，以政治学理论中的政治参与为研究理论根基，运用社会性别分析方法，以制约妇女政治参与的因素为切入点，基于制度创新的视角对妇女有序政治参与面临的问题作深层次的政策根源和体制性根源探析，确立妇女政治参与评价体系，创新妇女有序政治参与的体制机制，进一步探索扩大妇女有序政治参与的基本路径。本书的主要目标是考察妇女如何通过有序政治参与提高政治参与意识和能力，以提升其社会地位，实现性别平等。通过推进妇女合法的、制度化的、理性化的、有层次的、适度的政治参与，有序地进行利益表达，避免大量无序政治参与和非制度化参与现象泛化，切实维护和实现其当家做主权利，进一步推动我国政治民主化进程。

（一）基本框架

根据选题缘由和研究目的，本书在框架结构上包括绪论及五章正文共六个部分，具体如下。

第一章"绪论"，主要阐述妇女有序政治参与的理论意义和现实价值。本章提出当代中国妇女有序政治参与的研究背景，分析国内外学者对妇女政治参与理论的研究概况，提出本书始终围绕的核心主题，即通过国家与妇女关系的良性互动，探索扩大妇女有序政治参与的基本路径。本章对全书的框架结构和论述过程中使用的研究方法做出说明。

第二章"妇女政治参与的理论基础及渊源"。本章主要是阐述妇女有序政治参与的理论基础与分析框架。对西方政治参与理论溯源，并考察妇女政治参与的历史渊源；廓清本书的核心概念，阐明政治参与的一般理论和有序政治参与的基本要求，深入分析有中国特色的"有序政治参与"的概念及内涵，并对西方学者的研究观点及评述进行系统全面的研究。在此基础上，从社会性别视角来分析和研究妇女政治参与的重要作用。

第三章"我国妇女政治参与的历史考察与现状分析"。本章通过对中国古代妇女政治地位的追溯，描述了近代以来要求男女平权和争取选举权和被选举权为中心的女子参政权运动，指明历史上妇女的政治参与的缺席，为当前妇女通过有序政治参与实现妇女在政治领域的在场。本章通过对改革开放前"动员型"妇女政治参与的回顾与检视，阐述了新中国成立后国家和社会的对女性参政的认同和支持，妇女的政治参与因社会革命而获得意识形态上的合法性。对"文革"期间妇女政治参与"虚假繁荣"现象的阐述，指出这一时期妇女政治参与呈现出非理性、无序性和暴力化倾向，不仅阻碍了妇女的有序参政，甚至使整个中国妇女政治参与进程出现断裂。本章重点分析了改革开放后妇女政治参与总的评价是进步与问题同在。在党和国家的关怀、社会整体的进步和妇女自身意识和能力的进步等多因素作用下，我国妇女政治参与取得了很大的进步，总体上由缺席到在场转变。但当前妇女政治参与状况还不容乐观。

第四章"当代中国妇女政治参与缺失的原因与对策分析"。本章剖析当前妇女政治参与的制约因素包括经济因素、政治因素、文化因素、社会因素、自身素质等方面：经济的发展制约妇女政治参与的广度和深度；现有政治体系难以充分为妇女提供有效的政治参与渠道；传统男尊女卑的性别文化及社会性别制度中消极因素影响了妇女政治参与意识；资源和机会不足制约了妇女政治参与的环境；妇女自身素质状况已成为制约其政治参与的瓶颈。本章重点阐述了妇女政治参与缺失的制度困境，即促使性别平等的正式制度供给不足及其实施机制的无效力，是导致了当前妇女民主参与和权力参与缺失的重要因素。因此，本章提出将性别意识纳入决策主流，实现"社会性别主流化"，通过进一步发展社会生产力，促进妇女经济地位的平等与独立、加强对女干部的培训、构建先进性别文化理念、提升妇女自身素质等对策建议，具体包括从制度创新、宣传和社会动员、妇女能力建设等方面入手，促使妇女能力提升以及社会性别意识的提升，以进一步提高我国妇女的政治参与水平。

第五章"社会转型视野下我国妇女有序政治参与路径探索"。本章分析了我国社会转型期虽然极大地激发了公民包括广大妇女利益表达的愿望和政治参与的热情，但长期形成的旧的民主体制还很不完善，政治参与的社会环境和政治文化传统的缺失导致妇女政治参与的制度结构不健全、不均衡，我国公民包括广大妇女政治参与主体的素质偏低，使妇女的各种利益诉求不能通过更加广泛的制度化的利益表达、沟通与协调渠道来满足，由此而引发的妇女无序参与、非制度性参与等非常态政治参与日益增多。本章结合近年来中国妇女政治参与的实际，分析了妇女非制度化政治参与的原因，指出非制度化政治参与泛化影响到政治稳定，侵蚀了政治合法性资源，影响政治发展及我国政治制度建设的进程。本章论述了扩大妇女有序政治参与的必要性与重要性，对转型期为什么要"扩大""有序"的政治参与，如何实现妇女有序的政治参与等问题作一探讨。

第六章"探索和构建我国妇女政治参与的评价指标体系"。本章通过分析和借鉴国际社会从参与率（机会）、参与结构、参与质量三方面指标即国际性别平等监测评估指标体系来衡量妇女政治参与的水平和参与质量，结合近年来我国关于妇女政治地位或性别平等状况的指标体系，对其中的社会性别平等核心指标、妇女地位调查数据以及妇女发展纲要评估指标进行了深入研究，并提出了初步的妇女政治参与的指标体系构想。但总体上看，目前我国性别平等指标体系的构建及妇女政治参与测量指标的工作还处于初步探索阶段。本书按照国际上和国内通用的"性别平等指数"，认为必须参照和借鉴国际社会多年来形成的反映性别平等与妇女发展的国际常用指标，也尽量避免国际上性别平等衡量指标的固有缺陷，既要用科学的方法进行国际比较和地区之间的比较，也要综合考虑目前已有的衡量指标体系，构建符合中国国情的妇女政治参与指标体系，以进一步反映妇女的政治地位和政治参与状况。

（二）研究方法

一是文献搜集法。通过阅读、整理和分析妇女政治参与的书籍和期刊文献，浏览国内外有关妇女研究的学术网站，收集大量与本书相关的文献资料，并进行整理、归类和分析，掌握有关妇女政治参与的基础理论知识，对我国妇女政治参与的历史及现状进行系统梳理，对当代中国妇女政治参与存在的问题及原因进行深入剖析。

二是系统分析法。把妇女政治参与放到由政治参与者、政治参与的社会环境、政治参与的客体所构成的系统中，分析政治参与主、客体与社会环境的相互作用，探讨政治参与发展的趋势和规律。

三是比较分析法。本书着重从性别角度对社会经济生活各个领域进行性别比较和统计，不仅仅以女性为研究对象，而是把女性和男性作为社会整体进行比较研究，分析二者之间存在的差异。通过比较和经验总结，探索妇女政治参与的共性和本质规律，为解决妇女政治参与的理论问题及现实中妇女政治参与的弱化问题寻找对策。

四是定性定量相结合的方法。关于妇女政治参与的理论虽然属于政治学研究范畴，但可以引入社会学的研究方法，如社会学中常用的质性研究方法，包括个案研究、访谈研究，采用逻辑论证和结论性分析方法，来描述和评价妇女的政治参与，对影响女性政治参与的诸多相关因素进行系统研究和定性分析；采用结构式访问的定量研究方法，运用数据的统计和比较进行简单的量化分析，提高分析的科学性和准确性。

五是社会性别分析法。社会性别分析方法是联合国用以分析各国政策对男女两性的不同影响，促进男女共同发展、改变不平等社会性别结构的有用工具，并逐步发展成为西方学术界的一个重要分析范畴。社会性别是与阶级、种族等并列的一个分析范畴，为研究性别平等政策提供了一个基本的分析方法。目前社会性别方法已成为中国学术界与国际学术界对话的重要工具和研究方法。社会性别分析方法是本书研究当代中国妇女政治参与所采用的一个重要方法。本书采用社会性别与发展（GAD）的理念、方法，从性别的角度去观察分析男女在社会上充当不同的角色，以及在社会关系上的不平等状况，提出改善男女社会性别不平等的措施，以促进妇女的全面发展，改善其政治参与状况。

　　综上所述，本书在研究妇女政治参与状况及探索扩大妇女有序政治参与的途径时，坚持历史与逻辑相统一的原则，采用系统分析法、定性定量相结合的方法对各种文献资料进行系统整理与分析，引入公民政治参与的质性研究方法，从社会性别角度对社会经济生活各个领域进行性别比较和统计分析，分析两性在公共政治领域的权力、地位关系等，其中，社会性别分析方法是贯穿全书的一条主线。

第二章　妇女政治参与的
理论基础及渊源

政治参与（Political Participation）也称参与政治，是现代西方政治学最先提出的具有民主色彩的政治学研究领域的术语，并逐渐成为现代政治学的一个重要研究范畴。政治参与是现代民主政治的重要内容，是实现公民政治权利的主要途径之一，是政治文明进程中的一个重要变量，是衡量一个国家政治发展水平的重要指标。而有序的公民政治参与则是实现国家政治生活良性发展的重要前提和保证。追溯政治参与理论渊源，完整清晰地界定相关概念，有助于我们深刻理解和把握妇女政治参与的广度和深度，体现国家与妇女关系的良性互动，在政治学领域拓展中国女性政治参与研究的理论体系和分析框架，丰富政治参与理论研究的内容。

一　西方政治参与理论溯源

政治参与属于近代政治的概念，"这一西方政治学吸收行为科学后产生的现代政治学的重要术语"[1]，属于西方行为主义政治研究的一个领域。西方对于政治参与问题的研究探讨始于20世纪六七十年代，但追根溯源，政治参与的内涵最早可以追溯到古希腊的政治生活中公民参与城邦事务，城邦政治创造了人类历史上最

---

① 魏星河：《当代中国公民有序政治参与研究》，人民出版社，2007，第 2 页。

早的公民政治参与，公民参加城邦事务的讨论和执行，构成了城邦的政治生活的重要内容。

　　古希腊政治参与思想的萌芽最早可以追溯到公元前12世纪至公元前8世纪的《荷马史诗》中所使用的正义、法律等概念，其中蕴含了政治观念的萌芽。麦金太尔指出："自从荷马史诗第一次被翻译成英文以来，荷马史诗中的'dikē'这个词便一直被译为'正义'（justice）"①。在荷马史诗中，"正义被看做是既成惯例和习惯法的绝对原则和基础；而习惯法则是永恒正义的一种实体化，是永恒正义在人们相互关系中，甚至在诸神相互关系中的存在、表现和实施"②。史诗反映出荷马时代部落管理实行军事民主制度，它由军事首领、长老议事会和民众大会三个机构组成。这种管理制度表明三方面的民主思想：一是主权在民和直接民主观念。重大事务特别是涉及全部落的事务，要全部落人支持或参与的事务，要由公民直接决定，如战争要全体战士决定。这种制度的决策基础是多数人自愿而非强制，也间接说明这种民主是直接的。二是有地位、有名望的长者在公共事务中有较大的发言权。三是部落首领的权力是受到限制的，受公民大会和长老议事会的限制。当部落首领与属下有分歧争论时，由第三者裁决；部落首领不是高高在上，他拥有的权力基础是个人的人格、勇敢、功绩、智慧，以赢得私人的忠诚。

　　此后，智者学派将正义原则及政治法律制度看作是评价国家及公共事务的基本标准，主张给予公民参加国家事务的权利。智者派代表人物普罗塔格拉就主张"对所有人，或者更准确地说所有的男性自由人，都赋予参与政治决策的权利"③。希腊城邦就是由若干公民组成的政治团体，"若干公民集合在一个政治团体以

①　〔美〕阿拉斯戴尔·麦金太尔：《谁之正义？何种合理性？》，万俊人等译，当代中国出版社，1988，第19页。

②　崔延强：《正义和逻各斯——希腊人的价值理想》，泰山出版社，1988，第5页。

③　〔英〕戴维·米勒、韦农·波格丹诺编《布莱克维尔政治学百科全书》，邓正来等译，中国政法大学出版社，2002，第318页。

内，就成为一个城邦"①，城邦在本质上就是民主的，实行直接民主制度，公民大会在各城邦都是最重要的权力机构，城邦一切重大问题必须由公民集体讨论决定。它使公民实现了极高的政治参与。② 城邦在本质上是自由公民的自治团体，全体公民都可以参加城邦的政治生活。这种建立在公民广泛参与基础上的公共事务，又构成了明显区别于公民私人生活领域的"公共领域"，它扩张了个人与国家之间的界限，有利于公共事务的公众化、公开化、规范化。③ 雅典是古希腊民主制的典范，其政治制度的设置将国家权力置于多数人同意的基础上，置于选举、任期、法律创设等一套程序之中。公元前6世纪，雅典以平民为主宰的政治体制使平民的社会地位得到提高，政治参与意识不断萌发和增长，他们不满意于原来被排斥在国家政治生活之外的地位，开始与贵族争夺政治权力，要求参与国家政治生活，这表明原来由富人垄断国家政权的制度已不适应雅典的社会现实。这就迫使执政官进行改革，扩大公民的范围，将公民权授予大批平民。公元前6世纪初的梭伦改革使各派政治势力能够充分表达他们的意愿，在合法范围内充分竞争，其目的是调解自由公民内部的矛盾，使每个集团都得到公正的权利和地位，实现社会正义、和谐、安定。梭伦改革主要是建立和恢复了公民大会和四百人会议，按财产多少将公民划分为四个等级，规定各等级的公民都有权参加。其中公民大会是国家最高权力机构，四百人会议相当于公民大会的常设机构，它有权选举重要官员，决定战争与媾和等国家大事。梭伦还设立了民众法庭，每个公民都有权参加并可推举陪审员，参与审理案件，每个公民都有权向公民大会和民众法庭就自己的切身利害问题提出申诉，任何人都有自愿替被害人要求赔偿的自由。从公元前487年始，公民大会每年一次用"陶片放逐法"就一个公民是否必须放

①〔古希腊〕亚里士多德：《政治学》，吴寿彭译，商务印书馆，1965，第118～119页。

② 丛日云：《西方政治文化传统》，黑龙江人民出版社，2002，第38页。

③ 韩强：《程序民主论》，群众出版社，2002，第11页。

逐的问题以举手的方式进行表决。这种参与的精神是对公民权利的尊重，渗透了公民对共同体政治的思考，平等对待公民参与的内在要求。

古代雅典的直接民主是建立在公民大会直接表决、全体参与的基础上。公元前5世纪中期后，以伯利克里改革为标志，雅典民主政治建设和公民政治参与进入鼎盛时期。伯利克里执政期间进行的改革措施具体体现在：（一）将公民大会作为最高的权力机构，城邦事无巨细，须经这一权力机构讨论和通过；（二）取消官职的财产资格，年满20岁的公民，都可通过选举或抽签而担任国家官职；（三）为了使贫困的公民能够担任公职，参与国家管理，政府发放官职津贴；（四）为了培养人们的公民意识，政府发放观剧津贴，因为观剧不仅是公民身份的体现，同时也是培养公民意识的有效途径；（五）加大陪审法庭的权力，将这一最高的司法机关从贵族手里夺过来，使之成为维护民众利益的工具。[①] 伯利克里这一系列完善民主实际运作机制的措施，使权力集中到公民集体手中，进一步扩大了政权基础，使公民能够充分地、广泛地参与国家政治生活。古希腊政治参与贯彻了主权在民与法律至上的政治观念，体现出参与的广泛性和直接性、参与的制度化与程序化等几方面特点。在伯利克里时代雅典民主政治达到顶峰，但到了伯罗奔尼撒战争（公元前431～前404）末期，由于内部政变和外部战败，雅典民主制随着城邦的衰落而最终走向终结，其中一个很重要的原因是公民的广泛直接参政做过了头，降低了国家管理的水平，使国家失去了有效的制衡机制。因为"过度的政治动员带来当代政治学家所说的'参与内爆'，社会过分的政治化使城邦没有独立和半独立的领域"[②]。

罗马共和国的民主制吸收了古希腊的民主制，是近代以前民主发展的另一个典范，但罗马公民参与的深度与广度远不如古希

① 启良：《西方自由主义传统》，广东人民出版社，2003，第56～57页。
② 丛日云：《西方政治文化传统》，黑龙江人民出版，2002，第79页。

腊的民主政治参与。虽然罗马共和国的民主制"一切政权机关都由选举产生"①，但罗马贵族共和制的国家里只有少数人享有选举权，代表平民的议事大会所享有的权力远远比不上雅典公民大会所具有的权威。贵族权力一直是整个政治权力运转的中心力量，被称作"普里特"的执政官在战场上有包括生死之权在内的绝对指挥权，但是"他们由百人团大会选举，但其'最高权力'则是由胞族人民大会授予的（'胞族法'）"②。所以，罗马共和国公民的政治参与水平比古希腊降低不少。

总体上看来，古希腊人把参与国家活动看作是实现自身价值的重要手段，正义体现为公民参与和平等地分享政治权利。古希腊政治思想集大成者亚里士多德则系统地探讨了城邦的起源、目的、性质，理想城邦的原则等理论问题，对不同类型的城邦体制进行了分类和比较研究，阐明了公民的本质就是平等地享受政治权利，"一种政体要达到长治久安的目的，必须使全邦各部分的人民都能参加而怀抱着让它存在和延续的意愿"③，他总结出城邦是平等的自由公民的自治团体的政治参与理论。但是，据史学家估计，城邦时代公民人数占居民总人口的数十分之一，公民的政治权利只是少数人的特权，奴隶和外邦人被排除在外，而雅典本地的自由女性公民权利极其有限，没有任何权利可言。甚至在雅典的成年男性公民中，对参与政治始终抱有热情的人也占少数。如罗伯特·达尔在《现代政治分析》中指出，雅典的全权公民数以万计，但通常出席公民大会的人为4000～6000人。所以就其广泛性来说，雅典的民主制具有很大的局限性，被批评为不过是"少数人对多数人的一种统治制度"。正如恩格斯指出的："在希腊人和罗马人那里，人们的不平等比任何平等受重视得多。如果认为希腊人和野蛮人、自由民和奴隶、公民和被保护民、罗马的公民

---

① 《列宁选集》第4卷，人民出版社，1972，第49页。

② 〔美〕威廉·兰格主编《世界史编年手册》（古代和中世纪部分），刘绪贻等译，三联书店，1981，第152页。

③ 〔古希腊〕亚里士多德：《政治学》，吴寿彭译，商务印书馆，1965，第88页。

和罗马的臣民（指广义而言），都可以要求平等的政治地位，那么这在古代人看来必定是发了疯"①。此外，古希腊的直接民主制的选举、投票等政治参与形式，只适合或只有在雅典那样的小型国家才能实行。这些都说明古希腊民主政治中公民参与政治的局限性，但古希腊的民主制中蕴含的让公民充分参与国家事务的理念和思想，为近代以来政治参与理论和实践奠定了最坚实的基础；同时，这种对政治参与资格的限制，也成为后来的有限参与的理论渊源。

在漫长的中世纪时期，民主制与政治参与都在封建神学及君主专制的统治下而被淹没。这一时期虽然也出现过城市行会民主制，如意大利的威尼斯、热那亚、佛罗伦萨等城市共和国的作为行政机关的市议会就是由市民选举产生的，同时，在实行等级君主制政体的封建制国家，等级代表会议的代表形式上也是由市民选举产生的，但这一时期的政治参与是不能与古希腊城邦民主制相比的。中世纪后期，欧洲的一些国家产生了等级会议，如西班牙的"国会"、英国的"等级会议"、法国的"三级会议"、德意志的"帝国会议"等，这些等级会议就是由贵族、僧侣和平民各自选出的代表组成的，"具有悠久民主传统的北欧各国大体上从 12 世纪开始就陆续出现主要由贵族把持的新型议会。议会在国家政治生活中常起着重要作用，不但贵族利用议会反对王权，而且随着 14～16 世纪等级议会在北欧各国陆续形成并日趋活跃，市民和农民也与贵族、教士并列参与国家政治生活"②。这一时期议会的发展成为政治参与的桥头堡，这种程度的参与虽然主要包括行政长官、僧侣贵族和世俗贵族，但"参与的进一步扩大把以财产和个人能力为依据进入政治系统的人包括在内。从参与上看，英国政治在 10 世纪，参与扩展到王权与世俗、宗教贵族中。到了 12 世纪以后，参与扩大到工商业主（新贵族）、骑士，以及从理论上，

① 《马克思恩格斯全集》第 20 卷，人民出版社，1971，第 113 页。
② 陈林：《政治民主化进程中的欧洲民主社会主义模式之比较》，《经济社会体制比较》1995 年第 5 期。

所有具有一定财产的自由民"①。这说明中世纪后期政治参与在低限度的、狭窄的程度上得到了认可。但这一时期政治参与仍然是在传统的思维框架内进行的，统治阶级通过限制政治参与者的性别、年龄、身份、财产的资格来维护自身的统治利益，只能算是有限的政治参与。

随着文艺复兴运动带来的巨大思想解放，资本主义经济的快速发展及工业革命的出现和发展，近代资产阶级民主理论在给资产阶级提供思想启蒙的同时，也孕育了现代意义上的政治参与思想，孟德斯鸠、洛克、卢梭、密尔等启蒙思想家都做出重要贡献，而其中有关人民权利的理论便是政治参与思想的直接来源。源于拉丁语 participare 的参与总是和民主政治相连，其中有关人民权利的理论便是现代意义上的政治参与思想的直接来源。法国启蒙思想家卢梭从主权在民的政治理念出发，率先对公民参与社会政治过程进行了理性思考，他的人民主权理论为政治参与提供了较早的理论依据。卢梭强调公民普遍、直接、积极的政治参与是保障公民权利的基本途径，强调普遍参与式的直接民主，反对代议制。而密尔认为世界上最好的政府是代议制政府，因为到近现代以来，民主政治成为现代西方国家共同的政治取向，古希腊式的公民直接行使管理国家权力的直接民主制在现代民族国家的规模上无法实现了，现代国家中公民只能以参与政治的形式，通过选举将自己的权力予以委托，采取代议制的形式实现公民的政治参与。密尔认为代议制政府可以使主权或作为最后手段的支配权属于整个社会，"每个公民不仅对该最终的主权行使有发言权，而且，至少是有时，被要求实际上参加政府，亲自担任某种地方的或一般的公共职务"②。因此，人民主权理论和代议制政府理论都成为政治参与理论的源泉。

随着 20 世纪 30 年代行为主义学派在美国政治学界的兴起和发

① 应克复：《西方民主史》，中国社会科学出版社，2003，第218页。
② 〔英〕密尔：《代议制政府》，汪暄译，商务印书馆，1982，第42~43页。

展，人民的主体意识不断增强，政治参与成为西方行为主义政治研究的一个重要领域，得到了政治学家的关注和青睐，政治参与的概念是"二战"结束后西方学者首先使用并开始研究的。直到"在 20 世纪 60 年代的最后几年，'参与'一词成为一个十分流行的政治词汇的组成部分"①，政治参与就成为政治学领域中一个特别热门的话题。西德尼·伏巴认为："大众参与政治的研究大大得益于所谓的政治科学的行为革命"②。此后，对政治参与的研究则如雨后春笋般得到了长足的发展。"二战"结束后到 50 年代末，阿尔蒙德和维巴比较了美、英、意、德和墨西哥等五个不同政治发展阶段的国家，从政治文化的角度探讨了不同国家的"公民政治参与"的差异，此后，公民政治参与的概念开始被大量引入社会科学领域，一批研究比较政治的西方学者最早提出"政治参与"概念，如莫里斯·弗里德曼、亨廷顿、罗伯特·达尔等。这些政治学家从政治发展的视角对政治参与赋予了新的含义。近代以来的代议制民主的政治参与又仅限于定期的选举投票，是一种最低限度的公民参与，而且代议制只是民主的一种手段，是引导社会公众参与公共事务的一种方式，在代议制之外还可以发展其他政治参与形式，如公民罢免、公民复决、公民创制、公民听证、全民公决等公民直接参与公共决策的形式。③　随着政治社会学的出现和兴起，政治参与的研究范围大大拓展，"政治参与"更是由学术热词变为政治热词。亨廷顿明确指出："现代政体区别于传统政体的关键就在于民众政治意识和政治介入的幅度，传统政体的制度只需要组织社会上少数人的参与，而现代政体却必须组织广大民众的参与。"④　这些学者认

① 〔美〕卡罗尔·佩特曼：《参与和民主理论》，陈尧译，上海世纪出版集团，2006，第 1 页。
② 〔美〕诺曼·H. 尼、西德尼·伏巴：《政治参与》，载〔美〕格林斯坦、波尔斯比编《政治学手册精选》（下卷），储复耘译，商务印书馆，1996，第 290 页。
③ 王维国：《超越西方政治参与扩大论与限制论》，《经济社会体制比较》2008 年第 2 期。
④ 〔美〕塞缪尔·亨廷顿：《变化社会中的政治秩序》，王冠华等，三联书店，1989，第 83 页。

为，所有从君主政体向共和政体，从殖民统治向民族独立，由无党政治到政党政治，由独裁统治向民主政治转型的发展中国家，都面临着政治参与的压力，政治参与压力的不断积聚，构成了社会转型期政治系统最具爆炸性的危机之一。①

总之，对政治参与理论从古希腊直接民主制中的政治参与追踪溯源，一直梳理到当代的发展路向，为研究我国妇女政治参与筑就了坚实的理论根基。

二 本书核心概念廓清

妇女有序政治参与是公民有序政治参与的一个重要组成部分，对妇女有序政治参与的理论分析，必须建立在对"政治参与"和"有序政治参与"一般理论的概念廓清和内涵分析的基础之上。

(一)"政治参与"概念梳理

奥尔森认为，"参与通常意味着与其他人一起工作，以实现共同的目标……它是一种相互作用的概念，而不是简单的唯意志论概念，具有特殊的政治特性"②。前面谈到，公民参与政治的行为和传统自古有之，但作为现代政治学的一个术语，政治参与的概念形成于 20 世纪六七十年代，伴随着西方现代化和民主化的浪潮，主要是针对第二次世界大战后广大第三世界国家政治发展状况而出现的。西方学者认为，政治参与有两种不同的行为理念：一是以交互性的行动为主要特征；二是以工具性的行动为主要特征。前者带有更多理想主义的色彩，而后者则为公民试图以较小代价

---

① 王明生主编《当代中国政治参与研究》，南京大学出版社，2012，第 31 页。
② 〔美〕凯文·奥尔森：《参与平等与民主正义》，载凯文·奥尔森《伤害＋侮辱——争论中的再分配、承认和代表权》，上海人民出版社，2009；参见刘笑言：《女性群体内部政治参与的非制度性障碍分析》，《河南社会科学》2010 年第 2 期。

追求较大利益的交易行动被现实社会所接受。在此基础上，国内外学者对政治参与的基本概念作了诸多表述和界定。

　　但迄今为止，西方学者关于政治参与的基本概念众说纷纭，尚没有形成一个统一明确的定义。一般来说，亨廷顿和纳尔逊对政治参与的界定则广为国内政治学界所引用。他们认为政治参与就是平民试图影响政府决策的活动。① 这一定义包括以下几方面：政治参与包括活动而不包括心理和态度；仅指平民的政治活动；只是指试图影响政府决策的活动；包括试图影响政府的所有活动，而不管这些活动是否产生了实际效果；包括自发的行动与受他人策动的行动。蒲岛郁夫也认为政治参与是旨在对政府决策施加影响的普通公民的活动。② 他认为政治参与可以在国家和社会之间稳妥地矫正政府的行动与公民的意愿和选择之间的矛盾，能够约束政府的行为，能够反映出公民的意愿并成为教育公民的方式之一。但诺曼·H. 尼和西德尼·伏巴提出了不同的看法，他们认为："政治参与是平民或多或少地以影响政府人员的选择及（或）他们采取的行动为直接目的而进行的合法行动"③。此外，还有许多研究者或机构对政治参与的内涵进行了分析和探讨。《布莱克维尔政治学百科全书》给出的定义很宽泛，认为政治参与就是"参与制订，通过或贯彻公共政策的行动。这一宽泛的定义适用于从事这类行为的任何人，无论他是当选的政治家、政府官员或是普通公民，只要他是在政治制度内以任何方式参与政策的形成过程"；④ 帕特里克·J. 孔奇则把政治参与定义为"全国或地方、个人或集体支持或反对国家结构、权威和（或）有关公益分配决策的行

---

① 〔美〕塞缪尔·亨廷顿、琼·纳尔逊：《难以抉择——发展中国家的政治参与》，汪晓寿、吴志华等译，华夏出版社，1989，第5页。

② 〔日〕蒲岛郁夫：《政治参与》，解莉莉译，经济日报出版社，1989，第4页。

③ 〔美〕诺曼·H. 尼、西德尼·伏巴：《政治参与》，载〔美〕格林斯坦、波尔斯比编《政治学手册精选》（下卷），储复耘译，商务印书馆，1996，第290页。

④ 〔英〕戴维·米勒、韦农·波格丹诺编《布莱克维尔政治学百科全书》，邓正来等译，中国政法大学出版社，2002，第608~609页。

动"；"在政治体制的各种层次中，意图直接或间接影响政治抉择的个别公民的一切自愿行动"①。孔奇认为应该把结果和意图从政治参与的定义中分离出来，政治参与应限制在行动本身，而不应该包括个别参加者的意图或他们行动的结果。他认为政治参与可以是口头，也可以是书面；可以是暴力，也可以是非暴力；可以是剧烈的行动。Garson 和 Williams 认为："政治参与是在方案的执行和管理方面，政府提供更多施政回馈的渠道以回应民意，并使民众能以更直接的方式参与公共事务，以及接触服务民众的公务机关的行动"②。安斯坦（Sherry Arnstein）认为："政治参与是一种公民权力的运用，是一种权力的再分配，使目前在政治、经济等活动中，无法掌握权力的民众，其意见在未来能有计划地被列入考虑"③。台湾学者郭秋永在《政治参与》一书中引用美国学者 Myron Weinei 对政治参与概念的十种不同表述，综述性地表述了国外学者政治参与概念的基本主张，认为政治参与是一般人民支持和要求政府的一种行为；是人民影响政府活动或成功选择领袖的一种行为；是投票、示威、请愿及游说等法律认可的公民行为；依据代议制理论的委托说，是民选议员遵守选民的训令在议会内发表学说或表决；是一般人民体验任何政治行为无用的无奈感觉；是政治积极分子的政治活动；是制度化的公民活动和非法的对政府施压的活动；是选择领导人或影响政府官员的行为；是人民影响中央或地方决策的活动；是影响政府实施政策的行为。④

从上述分析可以看出，西方学者们对政治参与的定义表述虽然迥异，但他们都把政治参与作为一种政治实践活动，都是从"参与主体""参与客体""参与途径或渠道"这三方面的构成要

---

① 〔美〕帕特里克·J. 孔奇：《政治参与概念如何形成定义》，王胜明等译，《国外政治学》1989 年第 4 期。

② Garson，G. D. and J. D. Williams，"*Public Administration: Concept，Reading，Skill*"，Bost Publon，Massachusetts: Allyn & Bacn Inc. ，1982.

③ Sherry Arnstein，"A Ladder of Citizen Participation"，*Journal of American Institute of Planners*，1969，Vol. 35.

④ 郭秋永：《政治参与》，台北联经出版事业公司，2001，第 25～26 页。

素来分析的。关于政治参与概念的不同看法主要是由于不同的研究者所处的社会环境不同，对政治参与问题的观察和分析的视角和思维方式的不同，有的学者从社会因素、政治文化视角对政治参与加以分析，有的学者关注机构和政治动员因素，所以给出的概念不同，得出的结论也有差异，可谓众说纷纭，莫衷一是。虽然"政治参与"的概念在 20 世纪 60 年代后在更为广泛的意义上被使用，但由于它是从民主中被剥离出来的，作为民主政治中的一种异化表现形式被广泛使用，使其含义变得模糊不清，遮蔽了其本来面目。诺曼·H. 尼和西德尼·伏巴一语中的："有些术语由于意思实在太多，最终倒反失去它们的有效性，政治参与这一术语就是其中之一"①。因此，杨光斌认为，中国的政治发展状况意味着不能简单地套用西方语境中的政治参与概念，去分析中国的政治发展与政治过程，其主体和活动方式都可能有所不同。②

我国学者对于政治参与的研究直到 20 世纪 80 年代末 90 年代初才开始起步，虽不到 30 年，对政治参与的研究却取得了大量研究成果。政治参与这一概念从 20 世纪 80 年代传入我国后，在当代中国的政治发展状况和政治语境下，这一概念发生了本土化的转化。由于政治参与是一个涉及政治学、社会学、法学等跨学科的概念，基于研究视角迥异，我国学者对政治参与概念界定和表述形式有很大差别。主要有下述几种观点。

《中国大百科全书·政治学》认为，政治参与是"公民自愿地通过各种合法方式参与政治生活的行为。它反映公民在政治系统中政治活动的地位、作用和选择范围"③。《当代世界政治实用百科全书》也认为，政治参与一般"指社会成员按照一定的法律程序

---

① 〔美〕诺曼·H. 尼、西德尼·伏巴：《政治参与》，载〔美〕格林斯坦、波尔斯比编《政治学手册精选》（下卷），储复耘译，商务印书馆，1996，第 290 页。
② 杨光斌：《公民参与和当下中国的治道变革》，《社会科学研究》2009 年第 1 期。
③ 中国大百科全书编辑委员会《政治学》编辑委员会编《中国大百科全书·政治学》，中国大百科全书出版社，1992，第 485 页。

参与政治生活的政治行为"①。台湾《云五社会科学大辞典·政治学卷》认为，政治参与是指人民透过投票、组党、加入政治利益集团等活动，用以直接或间接影响政治之决定的行为。② 王浦劬等认为，"政治参与是指普通公民通过各种合法方式参加政治生活并影响政治体系的构成、运行方式、运行规则和政策过程的行为"③。王邦佐等人认为，"政治参与就是公民或公民团体影响政府活动的行为"④。杨光斌认为，"政治参与是普通公民通过一定的方式直接或间接地影响政府决定或政府活动相关的公共政治生活的政治行为"⑤。这几种代表性的观点有一个共同之处就是都认为政治参与的主体是公民，参与的性质是政治行为或政治活动。所不同的就是对于政治参与的客体、参与的范围及参与方式或手段上的表述有差别。

综上所述，中西方学者对于政治参与概念的不同理解和界定，都有其合理性的一面，反映出不同的政治语境下学者们在研究和运用这一概念的过程中观察和分析视角的差异。由于政治参与本身的内涵在不同的社会和同一个社会不同的历史时期是不断变化的，在不同的政治共同体中受不同政治文化和社会环境的影响和制约，政治参与会以不同的面貌和形式表现出来，政治参与研究的内容和范围也不尽相同，因此，很难用一种或某几种形式来笼统地概括。在我国当前的政治文化和社会背景下，本书将政治参与定义为：政治参与是公民依法通过一定的方式和程序，试图直接或间接地对政府政策的制订和执行表达集体或个人的政治意愿的各项活动。

---

① 中国社会科学院世界经济与政治研究所《世界经济与政治》编辑部编《当代世界政治实用百科全书》，中国社会出版社，1993，第 173 页。
② 罗志渊主编《云五社会科学大辞典·政治学卷》，台湾商务印书馆，1971，第 193 页。
③ 王浦劬主编《政治学基础》，北京大学出版社，1995，第 207 页。
④ 王邦佐、孙关宏、王沪宁主编《新政治学概要》，复旦大学出版社，1998，第 245 页。
⑤ 杨光斌：《政治学导论》，中国人民大学出版社，2004，第 254 页。

（二）有中国特色的"有序政治参与"概念解析

"有序"是同"无序"相对的范畴，是自然学科的用语，是指物质系统的结构和运动态势的确定性和秩序性，是系统的组织化程度的体现。"有序"在英语词典中被翻译为"in order"，意指井然有序，符合规则，合乎逻辑的、合时宜的，适当的、自然的等等。政治领域的"有序"是在借鉴了上述含义后得来的，强调合理化、合法化和程序化。因此，公民政治参与的"有序"强调公民政治参与在法律、制度规定的范围内，有步骤地、合程序地、合规范地进行，即政治参与的制度化。

"有序政治参与"是在中国特色政治语境下的一个概念，国外学者没有对其进行概念的界定和论述。但国外学者在阐述政治参与的概念和内涵时阐明了公民通过制度化的政治参与途径来影响政府决策和政治生活的政治行为。蒲岛郁夫指出，"一般而言，政府依靠扩大政治参与的途径，经过多次协调公民之间不同意愿，并作出艰难的决断，由此提高统治能力。"① 亨廷顿认为公民的政治参与应该在制度化的范围内进行，这实际上就蕴含了政治参与的"有序性"，即政治参与的速度和规模要在政治制度化的范围内，与社会经济发展水平相适应，但参与的底线以不能破坏政治稳定为限。由于政治参与的反作用就是参与的无序和不加约束的扩大所导致的超越现有体制的承受力，最终会冲击甚至摧毁现有的政治体系，引发政治秩序的混乱和政治不稳定。由此，亨廷顿为发展中国家设计了民主化路线图：在政治制度化水平允许的情形下，通过制度化的参与路径，实现国家政权向民主制度转型。

有序政治参与是强化法理型政治权威的有效途径。强化政治权威是国家实现稳定和走向更高水平现代化的必由之路。亨廷顿把传统型权威、超凡魅力型权威向法理型权威的转变称为权威的

---

① 〔日〕蒲岛郁夫：《政治参与》，解莉莉译，经济日报出版社，1989，第6页。

理性化。① 由前两种传统的人治型权威向现代的法理型权威的转变是国家政治发展的根本标志。公民的有序政治参与就是强化法理型权威的一个有效途径。改革开放前毛泽东时代我国属于典型的超凡魅力型权威统治时期，改革开放后这种传统的人治型权威逐渐向现代法理型权威转变。从过去的迷信权威、崇拜权威发展到现在的怀疑权威甚至是否定权威，容易出现政治权威的弱化现象。② 特别是近年来随着我国公民民主意识的不断增强，而在制度化参与渠道不畅情况下，特别是部分党员领导干部对一些事关民众切身利益的事情认识不到位、处理不妥当，容易发生诸如民众越级上访、非法集会抗议、蓄意滋事，甚至聚众闹事、冲击公共机关、暴力对抗围攻等群体性事件，也在一定程度上弱化了国家的政治权威，影响了社会的政治稳定。当前我国正处于转型期，没有一个强有力的政治权威，社会转型与政治发展的进程就会失去秩序保证，容易出现所谓的"现代化中断（Breakdown of Modernization）"③。美国研究中国问题专家白鲁恂（Lucian Pye）曾经说过："中国在发展上的基本问题是：如何在社会及政治生活中获得新的权威形式"④，以符合现代化的需要。而通过扩大公民有序政治参与，使公民能够通过正常渠道进行政治意见表达和舆论监督，选举和罢免公职人员，或直接参与政治决策和政治管理进程等，可以增强民众对政府的理解和信任，避免政府重大决策的失误，从而提高政府工作的绩效，是政治权威强化的重要基石。这有利于推动政治社会化进程，有利于规范政治权力的运行，可

---

① 〔美〕塞缪尔·P. 亨廷顿：《变革社会中的政治秩序》，李盛平等译，华夏出版社，1988，第 92 页。

② 杨松：《政党权威与当代中国的政治发展》，《学术界》2001 年第 4 期。

③ 所谓"现代化中断"是指欠发达社会"没有用足够的速度增加供给以平衡不断增加的需要，结果导致新的痛苦，使贫穷具有新的意义，并成为影响顺利的、渐进的、和平的现代化的主要障碍"。参见〔美〕西里尔·E. 布莱克《比较现代化》，杨豫等译，上海译文出版社，1996，第 144 页。

④ 〔美〕白鲁恂：《中国现代化过程中的权威危机》，参见《中国现代化的历程》，台北时报文化出版有限公司，1980，第 50 页。

以推进政府决策的科学化民主化进程。

近年来，"有序政治参与"成为我国政治学界研究的热点之一，学者们对这一概念和内涵给予了界定和说明。林尚立认为，公民有序政治参与是"通过国家的引导，把公民的政治参与行动整个地纳入到民主和法治的轨道上来，通过有效的制度设计和公民教育，保证公民政治参与在民主和法治的制度框架下良性运行"[①]。这里所说的"制度化"主要指组织和程序借以取得重要性和稳定性的过程，是社会成员生活和行为规范化、有序化的变迁过程，是整个国家制度体系不断完备的过程。亦菲认为："公民有序政治参与就是公民依据法律所赋予的权利和手段，采取一定的方式和途径，积极主动地介入国家社会政治生活，从而影响政治决策的政治活动"[②]。魏星河糅合了"公民参与"和"秩序"两个概念的含义，认为公民有序政治参与是指"公民在认同现有政治制度的前提下，为促进国家与社会关系良性互动、为提高政府治理公共事务的能力与绩效而进行的各种有秩序的活动，它包括各种利益表达、利益维护的行动。这种活动是依法、理性、自主的、适度的对公共事务或政府决策进行个人或集体意愿表达的行为"[③]。她提出，公民有序政治参与包括依法的政治参与行为和有秩序的政治参与行为两部分，包含有秩序的、理性的、自主的、适度的四个基本特征。王维国也认为，有序政治参与就是"政治参与主体依照有关的法律法规有秩序地参与政治"[④]。他认为有序政治参与中的"有序"就是建立和遵守法制，包含合法化、理性化、程序化三个基本特征。"有序"是公民政治参与的限度问题，参与增长的速度和规模要与社会发展水平保持一致性，不能对现行政治秩序形成太大的冲击。

---

① 林尚立：《上海政治文明发展战略研究》，上海人民出版社，2009，第262页。

② 亦菲：《"扩大有序政治参与"之路越走越宽》，《中国改革报》2007年10月13日，第001版。

③ 魏星河：《当代中国公民有序政治参与研究》，人民出版社，2007，第20页。

④ 王维国：《公民有序政治参与的途径》，人民出版社，2007，第179页。

综上所述，本书认为，有序政治参与是指公民在认同现有政治制度的前提下，为促进国家与社会的良性发展，维护公民的合法权益等而进行的各种有序的政治活动，即通过有领导、有组织、有秩序、自主、理性和适度的方式进行利益表达和利益维护的行为，以合法的形式、通过制度化的渠道参与党和国家政治生活和影响政治决策的过程。这里的"有序"包括了制度化、规范化、法规化。有序政治参与是中国特色社会主义民主政治的本质要求，是衡量社会主义民主政治水平高低的重要标准，也是中国特色的政治文明发展的重要标志。

（三）妇女政治参与概念廓清

1. "妇女"与"女性"内涵考证

马克思曾经指出："每个了解一点历史的人都知道，没有妇女酵素就不可能有伟大的社会变革。社会的进步可以用女性（丑的也包括在内）的社会地位来精确的衡量"[1]。然而，女性的权利、价值、要求和愿望，自从文明社会出现劳动分工以来，就一直受到不同程度的忽视、轻视，甚至有意识的压制。正如哈贝马斯指出，"自人类进入政治社会以来，无论在事实上，还是在法律上，妇女以及不能独立的人都被排除在公共领域之外。"[2] 自古及今，女性在政治领域一直处于权力的边缘和从属地位，在权力领域一直缺席。因此，廓清妇女政治参与的概念与内涵，对于深刻理解转型期如何扩大我国妇女有序政治参与具有重要的理论价值。

关于"妇女"一词，西方女权主义者对"妇女"或"女性"概念做了讨论。克里斯多娃认为，"妇女"这个概念在哲学本体论上是没有意义的，它的意义仅在政治层面上。后现代女权主义者特里萨·德·劳里提斯认为，"妇女的'本质'更像是三角的本

---

① 《马克思恩格斯选集》第 4 卷，人民出版社，1995，第 586 页。
② 〔德〕哈贝马斯：《公共领域的结构转型》，曹卫东等译，学林出版社，1999，第 59 页。

质，而不是像'内在于自身'的本质：正是明确的身体特性（如一个女性具有女性特征的身体）、性格素质（提供爱与关怀的气质、与身体的某种关系等）和作为妇女的必要属性（如女性化的经验、作为女性在世上生活的经验），即妇女在其不同的父权制社会背景下发展出来或历史地受到束缚的特性，这一切使她们成为妇女，而不是男人"①。特里萨·德·劳里提斯提出了"妇女作为立场"（woman as position）的观念，认为在成为女性权益者的过程中，妇女采取了一种立场，即"社会性别"的观点和视角来"解释或（重新）构建价值和意义"。具体来说，就是从具体而明确的社会历史场所——妇女的具体利益出发，女权主义的妇女自觉运用社会性别的概念范畴，结成坚强的政治联盟，致力于增强妇女的自由和幸福。但后现代女权主义在对妇女概念的界定上，也是模糊、抽象的。

中国语境中对"妇女"的解释一般可见于各种官方词典。《说文解字》对"妇"字的解释是："妇，服也，从女，持帚，洒扫也。会意。谓服事人者。"1915 年版《辞源》里指"未嫁者为女，出嫁者为妇"。在《辞海》"妇"也是指已婚的女子，即女性的通称。在其他官方词典中，"妇"有已婚女子、妻子的含义，妇女的定义是成年女子的通称，仍然是家庭内的"妇"和"女"，并不具有脱离家庭的独立意涵。中国社会科学院语言研究所词典编辑室编写的《现代汉语词典》对"妇女"一词的解释就是："成年女子的通称"。关于妇女的定义，法律上并没有明确的相关规定，只是一种概括性的称呼，可以说，14 周岁以上的女性在法律上都可以认为是"妇女"。

美国学者王政在《美国女权主义对中国妇女史研究的新角度》一文中，对"妇女"与"女性"及"中国妇女"这一话语的演变作了比较细致的分析。通过研究，她认为，我国封建社会占主导

---

① 〔美〕罗斯玛丽·帕特南·童：《女性主义思潮导论》，艾晓明等译，华中师范大学出版社，2002，第 305 页。

地位的社会话语中不存在一个超越社会关系的抽象的"女性"概念。"妇女"只是处在差等家族关系中的女儿、妻子、母亲，恪守三纲五常道德规范的贤妻良母是当时塑造的社会性别内容。清末民族主义高涨时，中国知识分子在羡慕西方"开明"的社会性别关系之际，接受了西方的社会性别观念。而"奴隶的奴隶"成为当时对中国妇女的泛指。伴随着"五四"新文化运动的诞生，出现了"女性"一词，体现了"五四"知识分子对西方意识形态的理解接受。"女性"和与它相对的"男性"的内核是性别。"女性"概念出现不久，与之相对抗的"妇女"一词在马克思主义知识分子的倡导下进入了中国社会话语。早期共产党人将欧洲政治理论中的"Woman"译作"妇女"，强调社会生产和妇女的关系。1920 年，李汉俊、李达翻译倍倍尔的《妇女与社会主义》，第一次将马克思理论体系中关于女性的部分以"妇女"指称，之后几乎所有的马克思著作的翻译都遵循了这一原则，"妇女"因此与"无产阶级""劳工""劳动"等马克思主义的词语联系在一起。……1922 年中共二大正式通过《关于妇女运动的决议》，当指涉女性群体时，通篇只使用了"妇女"一词。从此以后，在正式的中共文件或者公开讲话中，"妇女"成为指代全中国女性的必选词语。……在共产党的话语系统中，"妇女"的使用具有了政治上无可争辩的合法性。[①] 随着革命和政治不断地变化，中国共产党对"妇女"的解释也在不断变化。妇女们打破家庭观念，服从国家的需要，积极投入到了党的政治活动中。可见，"妇女"成为毛泽东时代国家的一个政治范畴，一度被抹掉其自然性别。"文革"以后，新的"女性"文学浪潮冲走了政治化的"妇女"，作为身份框架的性别生理基础取代了作为人格框架的阶级，"女性"的再次崛起清晰地勾画出"妇女"与"女性"的差别。由此看来，这一时期"妇女"是共产党为动员妇女参与国家政治而塑造的一个政

---

① 储卉娟：《谁是"妇女"？——以及"妇女"作为话语的实践》，香港中文大学中国研究服务中心，http：//www. usc. cuhk. edu. hk/PaperCollection/Details. aspx？id = 5738。

治范畴，"女性"则是城市知识妇女对抗个性身份的表现。① 李小江在《我们用什么话语思考女人?》一文中指出"妇女"称谓的尴尬，她认为，"妇女"是在官方文件中或者在会议上官员对女人的统称，一旦落实到具体的人，它其实是一个受女人鄙视被社会掷荒了的词语——仅适用于街道和农村中没有职业因此无从找到"性别—职业"代称的女人。

从以上研究可以看出，中国妇女的内涵是从不存在到被压迫，再到与男性同为平等主体的发展过程。"妇女"和"女性"曾一度被区分，分别代表不同的身份。但是，当今社会越来越民主、开明、平等，中国妇女和中国女性已经没有严格的区分，不再存在政治意识形态化的含义。"中国妇女"的内涵从不存在到被压迫，再到与男性同为平等主体的发展过程，也从一个侧面揭示了中国妇女社会地位的变迁。本书中"中国妇女"是一种广义的概念，是达到一定年龄并有能力参与经济、政治和社会文化生活的所有女性。按照西方政治参与的普遍性而言，我国的女性公民可以参与政治，而且是参与的主体。

2. "妇女政治参与"与"妇女参政"概念辨析

本书认为，妇女政治参与就是指依法通过一定的方式和程序，试图直接或间接地影响政府决策或与政府活动相关的公共政治生活、表达集体或个人的政治意愿的所有女性公民的意识与活动。它反映妇女在政治系统中从事政治活动的地位、作用和选择范围。其中，政治参与的主体包括全体女性公民，既可以指单个个体女性，也可以代表女性群体；既可以指在党委、政府、人大、政协以及其他国家机构和企事业单位、群团组织、基层自治组织等任职的女性，也包括每一个普通女性公民。因为无论是在政府机构担任公职者，还是作为不以政治为职业的普通妇女，都有一个政治参与的问题。妇女政治参与的客体是指女性公民试图直接或间

---

① 〔美〕王政：《美国女权主义对中国妇女史研究的新角度》，载鲍晓兰主编《西方女性主义研究评介》，三联书店，1995，第264~269页。

接地对政府政策的制定和执行表达集体或个人的政治意愿的各项活动。妇女政治参与的途径或渠道是指依法通过一定的方式和程序，其中"一定的方式和程序"，在本书就是特指通过制度化、规范化、法规化的方式进行政治参与。有学者认为，妇女政治参与的形式主要包括：（1）投票；（2）竞选；（3）公民自发行为；（4）组织政党、社团或利益集团；（5）参加各级权力机构、立法机构；（6）参与各级决策。① 从上述妇女政治参与的形式可以看出，作为公民政治参与的一个附属概念，妇女政治参与从广义上则可分为基础层面的民主参与和高层次的权力参与两个层面。民主参与是指女性作为政治参与的主体行使法律所赋予的公民民主权利，包括选举权以及通过言论、出版、结社发表自己的政治见解和建议等权利，也就是知政、议政。所谓知政，即妇女基于公民权利、义务和责任，主观上愿意对党和国家的政治、经济、文化以及社会生活各方面的情况予以关注，也可以理解为让广大妇女了解党和国家的政治、经济、文化以及社会生活各方面情况。所谓议政，即妇女在国家政治、经济、文化生活和社会事务的决策管理中享有充分的发言权。其中妇女在民主参与中行使选举权是指可以按照自己的意愿选举代表人民的意愿管理国家和社会事务的人民代表，可以在所在的劳动组织和党派、群众团体等其他各种社会团体中选举自己信任的领导人。此外，妇女还有权对各级党政领导班子进行民主监督、检举和控告等。由此可见，民主参与是妇女参政的主要渠道之一。权力参与是指女性作为政治职业者及权力的兼任者的权力参与主体，进入国家各级政权领域，直接担任各级人民代表和各级各类领导职务，直接管理国家与社会事务，能够制定和参与决策并影响政治、经济和社会事务的管理活动，也就是参政、执政。所谓参政，即妇女能充分参与国家政治、经济、文化生活和社会事务的民主管理和民主监督。换一

---

① 崔凤垣、张琪主编《妇女社会地位评价指标体系研究》，中国妇女出版社，2003，第19页。

个角度说，社会公职人员中的妇女比例，直接体现了妇女参政的程度。因此职业结构中的男女比例，特别是党政机关中干部的男女比例，是可统计并衡量妇女参政状况的一个重要数据。执政即具有一定党政领导职务（级别）的妇女，进入各级人民代表大会、国家各级权力机关和党政领导机关，对公共事务拥有决策权和管理权。在政治民主化进程中，权力参与和民主参与是两个相互关联、相互促进的要素，权力参与是妇女参政的最高层面，民主参与是权力参与的重要基础，权力参与是民主参与的集中体现；权力参与要以民主参与为依托，充分体现妇女群体的意愿和需求；民主参与要以权力参与为途径，使决策切实维护妇女的利益和权利。

妇女参政也有广义和狭义之分。广义的妇女参政指关心并参与政治活动，是指妇女这一社会群体和男性一样共同行使管理国家政治、经济、文化和社会生活的权利，以及在国家内政外交等政治活动中体现一定的参与程度，发挥一定的作用，具有一定的群体影响力。从这一层面上讲，妇女不仅自身积极关注政治问题和国家大政方针，关注着社会生活的方方面面，而且还要积极参加一些政治活动，并对国家政治及社会生活问题发表自己的意见及看法。狭义范畴的妇女参政是指参与执政，即妇女在各级政党、政府及企事业机构、非政府组织中掌握一定的政治权力，能够进入决策层，在党和政府的各级领导机构中担任领导者、管理者和决策者，即"从量上增加女决策人的比重"，同时"从质上提升女决策人决策核心层的地位"[①]。广义范畴的妇女参政和狭义层面的妇女参政也是互相关联的。一方面，如果没有妇女对政治的普遍的关心，会使妇女进入领导决策层的动力不足；另一方面，如果没有妇女进入领导决策层，就不能引起社会对妇女问题的关注，以及广大妇女对国家政策、法律法规的关注。在西方，

---

① 刘莉、李慧英：《公共政策决策和性别意识》，《山西师范大学学报》（社会科学版）2003 年第 3 期。

一般来讲，妇女政治参与把妇女政治精英的参政排除在外，而在中国，妇女政治参与则包含妇女精英的参政，呈现出中国的本土特色。

从西方学者对政治参与概念的阐释中可以看出，政治参与必须是参与主体通过各种方式"影响政策的行为"。所以我国一些研究者把"女性政治参与"等同于"女性参政"，或主要当成女性"从政/执政"，这种认识和观点是不恰当的。从概念规范性角度来说，"女性参政（从政/执政）"只是作为"女性政治参与"的一个比较关键的影响因素，但是不能把两者等同起来。与以往仅仅以城乡女领导、女干部为研究对象的妇女参政研究不同，本书以广大妇女群体为研究对象，重点关注当代中国普通妇女政治参与状况，特别是弱势群体妇女如何通过制度化、规范化、法规化的方式进行政治参与。

3. 妇女有序政治参与的内涵与特征

相对于一般意义上的政治参与而言，妇女有序的政治参与有其特定内涵。作为公民有序政治参与的一个重要组成部分，妇女的有序政治参与是指我国妇女或妇女团体在遵循宪法和法律所规定的公民民主权利的前提下，通过合法的、制度化的、理性化的、有层次的、适度的方式，进行各种利益表达和利益维护，按照一定的程序或秩序去直接或间接地影响政治系统决策的活动。妇女有序的政治参与是建立在自主、理性、平等基础上的政治参与。妇女应具有独立自主的参与意识，能够积极主动地参与社会政治过程，而不是出于一时的冲动，更不是受被煽动的政治狂热所支配，是出于行使自身合法权利、维护女性正当利益、促进国家和社会发展等理性考虑，与男性平等地参与政治事务，以避免体制外的非制度化的政治参与，增强政治合法性，以保持社会的稳定。妇女有序政治参与的基本特点是秩序化的、理性化的、自主化的、适度化的四个方面。

第一，妇女有序政治参与是秩序化的。秩序化实际上是一个界限的问题，指的是在宪法和法律所规定的范围内进行政治参与活动。秩序化的政治参与的前提是广大妇女在参与各种政治活动过程中认同现有的政治权威，遵循宪法和法律所规定的秩序，既要表达和实现自身的利益需求，又要尊重他人的权益，维护社会共同利益，从而也使个人权益得到制度保障。首先，秩序化体现出政治参与的有序性，也指政治参与的限度，即参与增长的速度与规模和社会发展的程度要相一致，其底线是不能给现行政治秩序带来太大的冲击，不能超过现行政治体制框架的承载力。而要实现政治参与的秩序化和有序性，则需要将法律原则外化为具体可操作的程序，增加法律法规的程序性和可操作性，从而使妇女在利益多样性的社会中，真正能够通过一定程序，规范自身政治参与行为。其次，秩序化还体现出政治参与的合法性。合法的政治参与是指广大妇女的政治参与要在法律法规的框架内行使，要尊重法律权威，确保自身依法行事，通过法律途径合法地表达自身利益诉求。只有合法化的政治参与才能实现妇女与政府之间的良性互动，才能得到政府的更多支持，实现妇女有效参与社会事务管理的目标。

第二，妇女有序政治参与是理性化的。这里的理性化特指政治理性，即"公民在进行政治活动时，能够清醒、自主地做出明智的选择，而不是因外界一时的鼓噪与宣传改变自己的主张与立场"[1]。理性化的政治参与是指妇女在进行政治活动的过程中，拥有独立的价值判断，可以清醒地做出决定和选择，而不受外界的左右和影响，并且当政治参与的最终结果出现后，也可理性地、坦然地接受。妇女理性地进行政治参与的行为，是避免出现以暴力解决问题的有效方式之一，也有利于促进妇女有序政治参与的多层次、多方位的发展。

第三，妇女有序政治参与是自主化的。有序的政治参与必然以自主的政治参与为前提，妇女不受他人逼迫，具有独立自主的参与意识，自己意识到利益表达和维护的重要性，能够独立地进

---

[1]　魏星河：《当代中国公民有序政治参与研究》，人民出版社，2007，第22页。

行价值判断，才能积极主动地参与社会政治过程。妇女在政治参与中的自主性说明不是出于一时的冲动，更不是受煽动的政治狂热所支配，而是出于行使自身合法权利、维护女性正当利益、促进国家和社会发展等理性考虑，与男性平等地参与政治事务，以避免体制外的非制度化的政治参与，增强政治合法性，以保持社会的稳定。

第四，妇女有序政治参与是适度化的。妇女政治参与适度化是指广大妇女在宪法和法律所规定的范围内有序地、有度地参与政治，既不能政治冷漠，也不要参与过度，使自身政治参与水平达到和政治制度化水平相适应的状态。当前我国妇女政治参与大部分表现为政治冷漠，妇女政治参与的自主性和自觉性较低，而不参与和消极参与程度高，对政治参与采取疏远和逃避的态度。另外，当遇到权益受损现象时，往往更容易表现出利用非制度安排的途径。正如有学者指出，"虽然女性公民具有参与公共政策制定的权利，但仍属于公共政策制定领域中的弱势群体，她们往往缺乏充分的参与政策制定和制度设计的受益权，难以从制度性参与途径中获得更多的正激励，以至于形成了更倾向于利用非制度性途径表达政策建议的偏好"[1]。实现政治参与适度化对保持国家稳定和加强社会秩序有重要作用，因此，必须扩大妇女有序政治参与的途径，以引导广大妇女走向制度化和有序的政治参与。

三　社会性别理论与妇女政治参与

西方社会性别概念是随着女权主义运动的发展而提出并且发展起来的，迄今为止经历了两个发展阶段，早期形成阶段、发展并趋向完善阶段。尽管受到诸多质疑和挑战，社会性别概念的形

---

[1]　傅广宛：《公共政策制定中的公民参与：基于我国中部六省的量化研究》，载张再生主编《社会性别与公共管理》，天津大学出版社，2008，第44~45页。

成和使用对于妇女政治参与及妇女发展有着重要的意义。但目前，从"社会性别视角"深入分析"妇女政治参与"的文章却不多，如何用"社会性别"这个舶来品分析中国本土妇女的政治参与问题，需要对社会性别这一理论和研究方法的内涵加以分析说明。

（一）社会性别概念的提出与内涵

传统男权制/父权制①观念根据两性生理上的差异以二元化传统地断定男强女弱、男尊女卑、男主女从，认为妇女处于从属地位是天经地义的，主张只有改变男女两性的生理结构和先天差异，才有可能改变两性的社会角色与地位。在女权主义看来，这种关于性别及性别差异的所谓科学依据，实际上反映了父权制社会中男权统治的倾向，是"不平等的理性化"。②

社会性别理论的形成有一个历史过程，提出这个概念的先驱者是英国女权运动中最著名的领导人、被称为世界妇女运动的鼻祖沃斯通克拉夫特在《女权辩护》（*A Vindication of the Rights of Woman*）一书中提出的。针对法国大革命前启蒙主义思想家卢梭的著作《爱弥儿》（*Emile*）中提到的妇女要"温柔""服从""脾气好"等所谓的"妇女气质"，沃斯通克拉夫特在批判卢梭人权观的同时，提出关于"社会塑造妇女"的论述。这可以说是最早的社会性别概念的萌芽。社会性别概念在拓展的过程中，突出所谓的"妇女气质"是由人为造成的这种状况，逐步地强调性别的社

---

① 澳大利亚学者马尔科姆·沃特斯（M. Waters）将"父权制"这个术语限定在按照有亲属关系实践所配置的各类经济角色和政治角色而生成结构的男性社会性别系统，所以他建议使用"男权制"用以描述出现在分化了的社会情境下的男性社会性别系统。他认为，在父权制中，扩大的亲属关系系统中年长的男性成员有权控制；而在男权制中，所有的成年男性都拥有一种集体性控制，但是并不直接依靠他们在亲属关系系统中的定位。但一般人们对这两个词的区分不是很明晰。

② 吴小英：《科学、文化与性别——女性主义的诠释》，中国社会科学出版社，2000，第55页。

会性、性别歧视的社会性问题。社会性别概念及内涵的进一步发展是由波伏娃在被称为女权主义的圣经的《第二性》（*The Second Sex*）中阐述的。她的著名的"女人并不是生就的，而宁可说成是逐渐形成的"的论点正是针对生物决定论和弗洛伊德主义关于妇女的解释进行了尖锐的批判。波伏娃希望女性拒绝社会和文化强加给她们的各种框框，超越"女性气质"的束缚与限制，从而推动了社会性别概念的产生。自 20 世纪 60 年代以来，随着第二波女权主义高潮的到来，一些西方女权主义学者在马克思主义唯物史观启发下，根据女权主义概念和性别角色的概念，提出了社会性别概念（Gender）。[1] 这一概念主张社会性别是社会建构的，最终体现了父权制社会中两性之间不平等的权力关系，并且作为一种强大的意识形态影响着人们的生活模式以及个体的生活选择。至此，社会性别作为揭示社会性别关系的一个概念，成为女权主义学术和女权主义理论的核心概念。

社会性别作为一个分析的范畴，对它的诠释也是多层次、多含义和多角度的。1988 年，美国后现代女权主义史家理论家琼·斯科特（Joan W. Scott）把社会性别定义为：社会性别"是组成以性别差异为基础的社会关系的成分；是区分权力关系的基本方式"[2]，社会性别是"代表权力关系的主要方式"，"是权力形成的源头和主要途径"[3]。也有学者认为，社会性别是男性和妇女之间权力关系的反映，这种权力关系直接体现为男子的统治和支配地位，妇女的被统治和被支配地位；男子的主体地位，妇女的客体地位。通俗一点，社会性别可以理解为"社会文化中形成的对男女差异的理解，以及社会文化中形成的属于女性或男性的群体特

---

[1] 王政：《浅议社会性别学在中国的发展》，《社会学研究》2001 年第 5 期。

[2] 〔美〕琼·斯科特：《性别：历史分析中的一个有效范畴》，载李银河主编《妇女：最漫长的革命——当代西方女权主义理论精选》，三联书店，1997，第 168 页。

[3] 〔美〕琼·斯科特：《性别：历史分析中的一个有效范畴》，载李银河主编《妇女：最漫长的革命——当代西方女权主义理论精选》，三联书店，1997，第 171 页。

征和行为方式"①。因此，女权主义批评者认为，社会性别无疑是一种社会分层机制②，最终体现了父权制社会中不平等的权力关系，也就是使压迫妇女的机制体制化、系统化的权力关系，这一权力关系说明两性分化过程是在父权文化制度中完成的，人类是在这一社会文化适应中、在被奴役和支配中获得了性别和主体性，形成了男女角色、性格、地位、行为特征等方面的差异，致使这种差异越来越大的根本所在是社会构建的，并且作为一种强大的意识形态影响着社会分层系统以及个体的生活选择。

1. 社会性别与生物性别的区分

英国女学者安·奥克利（Oakley）认为，人在生物学意义上的性别与他们以后的性别定位并不一定相符，从而提出了生物性别（Sex）与社会性别（Gender）的区分。生物性别（Sex）代表了我们与生俱来的自然属性和生物属性。指男性（male）和女性（female）之间生物学、解剖学意义上的差异；女权主义者认为社会性别是由历史、社会、文化和政治赋予女性和男性的一套属性，强调社会性别正像人类文化一样，是一种文化构成物，即人类建构的产物，是以社会性的方式建构出来的社会身份和期待，而在建构时往往会比照真实或假想的生理性别特征。奥克利认为，性别分工并不是由男女生物学上的差别决定的自然体，而是社会有意造成的性别不对等的社会规范，从性别规范上揭示了性别的社会文化建构性和不平等性。正如盖尔·罗宾（Gayle Rubin）指出，"性"（Sex）代表了人的自然属性，而"社会性别"（Gender）则表现为"男性气质"和"女性气质"，代表了男性与女性的文化特征。它与解剖学意义上的生理性别（Sex）之间不存在必然的、本质的关系，强调是社会因素而非自然因素造成妇女地位低下。

社会性别是美国女权主义研究的重要理论范畴，也是女权主

---

① 谭兢常、信春鹰主编《英汉妇女与法律词汇释义》，中国对外翻译出版公司，1995，第 145 页。

② 李英桃：《社会性别视角下的国际政治》，上海人民出版社，2003，第 23 页。

义者的基本分析方法，美国女权主义研究者从 20 世纪 70 年代就开始关注这一概念。斯科特在《对社会性别和政治的进一步思考》中指出，1992 年出版的第三版《美国传统英语辞典》是这样界定"社会性别"（gender）一词用法的："Gender"这个词，传统上主要用来指语法上"男性""女性"和"中性"的概念；但是近年来，这个词在用来指以性别为基础的范畴时，已被广泛接受，譬如社会性别的鸿沟和社会性别的政治。这种用法得到很多人类学家的支持，他们用 sex 这个词来指生理范畴，而用 gender 来指社会或文化范畴。社会性别理论从社会制度分析的角度向 19 世纪西方盛行的生物决定论以及女性观念的传统社会角色提出有力的挑战，指出了性别不平等关系的重要成因是制度和文化因素。社会性别理论认为，男女之间的差异不是因为男女的生理特征而自然产生的，而是在"社会文化中形成的"，是"社会体制习俗"把人组织到规范好的"男性""女性"的活动中而产生的结果。对生理性别与社会性别及对性别的社会文化内涵的强调，其意义还在于强调人的性别意识、性别行为都是在社会生活制约中形成的，这一区分构成了女权主义性别理论以及整个女权主义研究的基础。

区分生理性别和社会性别使女权主义理论色彩更加明显。第一，女权主义将性别批判的焦点对准了生物决定论。他们认为，人类行为上的性别差异主要是由社会环境和生活经验造就的。正如波伏娃的"女人并不是生就的，而宁可说是逐渐形成的"这一主张激励和促成了当代女权主义关于性别的社会建构论的产生。既然女人不是天生的，而是后天塑造成的，那么男人也是同样，这样就将人们的注意力从性别差异的意义问题转移到这样的差异和意义是如何建构起来的问题上来，强调影响性别的非生物因素的重要性，从而形成社会性别这一核心概念。第二，女权主义还从社会后果的角度批判生物决定论，指出将性别不平等归于男女生理特征的差异所决定，而不是社会建构的和可变的，这就为性别不平等的社会现状提供了辩护。凯勒曾敏锐地指出："观念上的双重转变构成了当代女权主义的理论标志——首先是从生理性别转向社会性别，其次是从影响男女发展的性别力量转向描绘他们所居住的社会和自然界的文化图景的性别力量"①。第三，从理论意义上讲，以 gender 取代 sex，把性别研究从生物学领域转向社会文化领域，批判了生物决定论的观点，为妇女解放和男女平等指出了希望，因为改变社会结构和文化观念总比改造生理结构更加可行——既然男女的差异是在社会文化和习俗中形成的，故变革落后的社会文化和习俗可消除男女之间的不平等，无论男女都可以在不受传统性别分工、偏见及歧视的限制之下，自由做出自己的选择，自由地发展个人的能力。所以说社会性别理论是人类发展到以人为中心的社会发展模式中产生的，以人的基本权利为出发点，反省传统的社会性别，旨在促使男女两性全面健康发展，终结男女间的不平等，实现社会性别平等的一种理论观念和学说，同时这一概念的引进也避免了女权主义所反对的生物决定论问题。

2. 社会性别理论受到的质疑与挑战

社会性别理论形成前后，以波伏娃的《第二性》、弗里丹的《女性的奥秘》、朱丽叶·米切尔的《妇女：最漫长的革命》及凯特·米利特的《性的政治》等女权主义经典著作为代表，社会性别概念被大量运用到对两性不平等关系的分析中，成为第二次女权主义高潮的核心概念。此后，社会性别概念的内涵随着西方女权运动的发展而不断丰富和深化，到 20 世纪 80 年代，这一概念在联合国和其他许多地方已形成了一个分析范畴和研究领域。女权主义理论认为，社会性别是社会对两性及两性关系的期待、要求和评价，同样，社会性别平等理念就是在承认性别差异的前提下，倡导男女和谐发展和人格平等，从性别平等的角度关注人的全面自由发展。要创建两性合作、两性协调、两性和谐发展的理念，

---

① Keller, Evelyn F. *Secret of Life*, *Secrets of Death*. Routledge. 1992, p. 17. 转引自吴小英《科学、文化与性别——女性主义的诠释》，中国社会科学出版社，2000，第 65 页。

以此来共同推动人类社会的进步。而社会性别的差异是可以改变的，这需要女性主体意识和全社会平等意识的觉醒。女性的解放离不开广大女性自身意识的觉醒和努力，更需要建构相应的社会制度和铺垫文化底蕴，因为女性的彻底解放更深层次的阻力来自社会文化和价值观念。第二次世界大战后全球化的妇女解放运动表明，妇女可以通过改变社会结构和个体之间的联系而有意识地改变社会制度和文化。

到20世纪90年代，由于受第三波女权主义思潮的影响，女权主义队伍日益扩大和多元化，女权主义思想也与其他当代思潮如后现代主义、后结构主义活跃交融，社会性别概念在女权主义学者内部受到质疑和挑战。这些质疑和挑战声音认为，社会性别理论一味强调社会建构性而完全否定生物遗传因素或社会环境因素在性别上的建构作用是不正确的，并且"在把妇女或社会性别作为一个分析单元时对妇女内部存在的重大分裂及剥削关系并无意识"，"忽略阶级、种族及文化的冲击及影响"①。这种挑战性说明了当代社会变迁展示着文化过程的多元性和不稳定性。同时，女权主义者也意识到，不同肤色、不同种族、不同阶级、不同性偏好的妇女之间并非完全同一，她们之间同样存在着差别和特殊性，因此，她们自身也对社会性别理论进行了检讨、批判、发展和超越。后现代女权主义认为，社会性别理论的内涵在当今已经扩大，它不仅指两性的差异，也包括种族、国家、阶级、性取向等和女性解放有关的领域。女权主义运动只有和这一系列相关问题结合在一起，才能适应社会发展而存在。1996年，斯科特在为《女权主义与历史》一书所写的序言中，也进一步强调要重视女性群体中不同文化、不同种族、不同阶级和阶层、不同辈分和年龄之间的差异及链接，从而大大丰富和发展了女权主义的社会性别理论。美国学者苏珊·S. 弗里德曼也于1996年提出了"社会身份疆界说"这一创新性概念，明确提出要"超越社会性别"，但也并不是

① 王政、杜芳琴主编《社会性别研究选译》，三联书店，1998，第174页。

否定社会性别概念，而是要把这一范畴同包括阶级的、种族的、年龄的、性倾向的，以及宗教的甚至国家的等等许多表述社会身份的范畴结合起来，去思考和应付复杂的社会文化现实，要打破把社会性别看作唯一决定因素的思维范式，而力图把它扩展开来，从多元化的、差异的视角去解读复杂的社会现象，如包括如何看待男女之间的差异问题。

尽管社会性别概念受到从各种角度、各种立场的批评和质疑，但是并没有使它遭到否定和抛弃，反而更加使学者们对这一女权主义的核心概念产生了愈发丰富、复杂的认识，结合当代各种思潮，将其置于各种差异中来考察，把社会性别概念同阶级、种族、族裔等差异的交叉关系联系起来加以认识。通过社会性别概念的不确定性，以及不断地丰富发展过程中所蕴含的新意，我们可以看到这个概念所具有的再定义和再塑造的可能性。社会性别概念的变迁使女权主义理论学术研究逐渐深化，也充分说明社会性别理论经历了一个从建构到解构到再建构的发展过程，所以对这一概念我们应该动态地、多元地去加以理解。

（二）社会性别理论对研究妇女政治参与的意义

社会性别是与阶级、种族等并列的一个分析范畴，这一概念的提出，标志着女权主义建立了自己的理论体系和分析方法，有了独立的研究对象和研究视角。[①] 可以这样讲，女权主义研究如果缺乏自己的核心概念，就没法形成独特的研究领域，或者其研究领域定位就没有明确的方向。所以，社会性别概念的形成对女权主义研究的意义极其重大，对深化妇女政治参与的研究起着方向性的作用。

首先，社会性别在女权主义研究中不仅构成重要的理论范畴，而且为研究性别平等政策提供了一个基本的分析方法。作为一个

---

① Philips, A. *Feminism and Politics*, Oxford: Oxford University Press, 1998, pp. 1 - 6.

可变量和分析范畴，社会性别理论以一种批评的姿态指向男权社会的性别歧视，并向 19 世纪西方盛行的生物决定论以及女性的传统社会角色提出了有力的挑战。社会性别分析方法是女性学者对社会科学方法论的一大贡献，是阶级分析、民族分析、文化分析等方法的补充，但不能代替其他方法。另外，社会性别理论是一种哲学思维方式。它反对非此即彼的二元思维模式，弘扬和谐共存的多元式思考方法，在哲学方法上突破了二元思维模式的局限；它否定先天的、生物决定论的观点，坚持后天的、社会文化建构的思想，否定以等级制和排他性为特征的二元对立的男性中心主义知识建构方式，强调多元和谐的知识互补，用辩证批判的眼光审视已有的一切性别观念，坚持发展可变的观点、追求平等和谐的两性关系的实现。

其次，这一理论所指出的形成性别不平等关系的重要因素，在一定意义上是对父权制下两性不平等关系的总结和深化，因而成为当代女权主义研究的基础和独特的分析方法。女权主义社会性别理论的一个基本前提，就是强调性别的社会文化建构性。虽然不同流派在如何建构的机制和过程的解释方面观点各异，但都主张社会性别是从人类的相互关系和社会生活中不断地创造和再创造出来的，每个人都在有意无意地"创造性别"（doing gender），使自己的性别身份与人类文化规定的性别符号体系相一致，这样才能找到合适的社会定位。"社会性别"概念的引入标志着女权主义学术研究的一个新阶段的开始，为社会科学的研究提供了一个新的视角。自这一概念提出以来，社会性别理论成为女权主义的学术基础与理论核心，为女权主义理论形成了一个普遍有效的阐释框架，并逐渐成为学术界各个学科中广泛适用的一种分析范畴，也使女权主义者首次拥有了属于自己的话语权力。因为这一概念的提出，使女权主义有了自己独立的研究对象和研究视角，即在已有的社会的、文化的、政治的、经济的、心理的坐标之外，又确立了性别视角。到第三波女权主义思潮来临阶段女权主义已经拥有独立的或相当稳定的立场，不再一味依附于其他理论，而是努力从一些重叠交叉的，甚至相互矛盾的女性视角重新界定政治学。①

　　最后，利用社会性别视角来分析和研究妇女政治参与具有方向性的的作用。一是社会性别视角能够公正地研究妇女政治参与这一课题。通过社会性别视角来重点分析男女两性之间的政治关系，改变传统上以女性为出发点、只关注政治对女性的影响、女性在政治上的地位等传统女性政治研究方法，不仅研究女性的政治权利，而且还关注男性的政治权利，建构两性平等的政治关系。社会性别视角不仅能够充分考虑到两性的性别关系在民主政治建设中的作用，而且还能对原有的不平等性别结构进行批判，矫正原来男女两性不平等的性别关系，实现公共政治领域真正意义上的性别平等，从而发挥女性在民主政治建设中的重要主体作用。二是社会性别分析方法在以后的研究中，在分析男女的社会性别差异、差距和深层的机会不平等基础上，要侧重于向男女两性共同消除两性社会差距，改善女性政治参与的社会环境的方向努力，而这也有利于两性和谐发展。三是社会性别视角为政治民主建设提供了有效的手段和方法。由于上千年的男权政治的影响根深蒂固，导致了妇女在政治参与领域上呈现缺失、薄弱的状况。而社会性别视角这一研究方法，为女性的政治参与提供了一条切实可行的路径。社会性别分析视角既能够充分考虑造成女性参政不平等和参政困境的历史性因素和现实性因素，又能将男女两性的权利、地位关系等进行定性与定量、宏观与微观的结合，从而制定相对完善的政策保障女性进行政治参与的权利，对民主政治建设具有重大的现实意义。

---

① 〔加〕巴巴拉·阿内尔：《政治学与女性主义》，郭夏娟译，东方出版社，2005，第 227 页。

第三章　我国妇女政治参与的
历史考察与现状分析

在人类文明发展长河中，女性在政治生活中的地位一直受到不同程度的忽视、轻视，甚至有意识的压制。哈贝马斯认为："自人类进入政治社会以来，无论在事实上，还是在法律上，妇女以及不能独立的人都被排除在政治公共领域之外"①。在漫长的传统中国社会，自西周建立至19世纪末近3000年的时间里，妇女地位被一系列使女性与政治隔离的礼法、规则和政令所规制和束缚，导致妇女几千年来"在家从父，出嫁从夫，夫死从子"，长期在政治权力舞台上处于缺席的地位。中国传统历史基本上是父权主义的历史，通过各种封建礼教强迫女人服从和奉献来保障男性统治者的绝对权力，女性承受着如毛泽东所说的"政权、族权、神权、夫权"四座大山的重压，长期处于受压迫和被剥削的地位。虽然在中国政治史上女性与权力从没有断绝联系，偶有极个别女性在极其偶然的环境下"僭越"公共政治权力，但无论邑姜辅弼武王打天下、吕后助力刘邦安天下，还是武后称帝、慈禧垂帘，但最终改变不了"牝鸡无晨"的既有制度安排，无不被看作邪恶的祸水而载入史册。这些屈指可数的女性统治者并不能改变历史上女性在权力领域缺席并被排除在政治权力系统之外的地位。近代以来，在外生性的西方民主、自由及天赋人权观念，以及西方女权

---

① 〔德〕哈贝马斯：《公共领域的结构转型》，曹卫东等译，学林出版社，1999，第59页。

主义思潮和运动风起云涌的影响和冲击下，以孙中山为首的近代中国民主主义革命派接受了西方民主政治观念和男女平权的观念，号召广大女性争取政治、经济以及受教育的平等权利，掀起了近代以来要求男女平权和争取选举权和被选举权为中心的女子参政权运动。

新中国成立后，实现男女平等、支持解放妇女的运动在党和政府国家话语的强力支持下如火如荼地进行，妇女成为国家和社会的主人。由于新中国成立后党和国家对女性参政的认同和支持，妇女在政治参与上表现出了极大的热情，在法律上就享受到了与男子平等的参政权，妇女的政治参与因社会革命而获得意识形态上的合法性。然而，十年"文革"阻碍了我国妇女的参政步伐，造成了妇女参政的停滞、女干部的断层，导致中国妇女政治参与水平倒退，陷入混乱的局面，甚至显示出了"虚假繁荣"的现象，使这一时期妇女政治参与呈现出非理性、无序性和暴力化倾向，不仅阻碍了妇女的有序参政，耽误了女干部的发展与成熟，甚至使整个中国妇女政治参与进程出现断裂。改革开放后妇女政治参与体现为"自主型"的特征。在民主参与上，妇女对公共事务的关切度的提高与政治冷漠并存；在权力参与上，女干部队伍壮大与权力参与结构领域不合理并存。我国妇女政治参与有自身的特色路径，也面临着挑战及创新。因此，在社会转型中国家干预机制下丰富妇女的政治参与实践，促使妇女政治参与开始从缺席向在场转变。

一　我国妇女政治参与的历史回顾

（一）多重束缚对中国古代妇女的政治排斥

据考古发现，中国的仰韶文化时期处于母系氏族社会，社会组织是以女系传承、生产生活是以母系为纽带的一种形态，两性有比较固定的社会分工，没有主次、高低之别，是一种尊女崇母但不歧视男性的社会形态，两性间的平等关系依靠一种无形制度规范的力量来调节。恩格斯认为，"在一切蒙昧人中，在一切处于野蛮时代低级阶段、中级阶段、部分地还处于高级阶段的野蛮人中，妇女不仅居于自由的地位，而且居于受到高度尊敬的地位"①，由于女性在人类自身的生产和生活资料的生产中都占据着独特的优势，导致女性在母系社会中有着至高无上的权威。从仰韶文化到龙山文化的过渡时期，随着生产力的提高、剩余产品的增多和私有财产的出现，两性的社会分工出现了质的变化，父系家庭产生和阶级社会出现，私有财产制度进一步发展，妇女的地位最终沦落了，女性渐渐成了男子的附庸。对这个过程恩格斯作了准确的描述，他认为，女人从自由、平等、有生产能力的社会成员，演变为附属的、依赖他人监护的妻子或被监护人。男性掌握私有制的发展的事实，以及家庭作为使男人拥有财产的合理化、永久化的机构存在，是导致女人地位变化的主要原因。② 父系社会逐渐取代母系社会，这个过程虽然漫长，历经仰韶文化、龙山文化，逐渐发展到夏代，但父系家长制的男权社会结构已经稳固，经过夏商两代父系氏族社会的高度发展，公元前 11 世纪西周初年父权制最终取代了父系制，周礼之兴，由礼入法，父权制成为延续至今的社会性别制度规范。直到 19 世纪末，奠定了将近 3000 年历史的性别制度和两性关系格局。恩格斯在谈到人类的这一重大转变时写道："母权制的被推翻，乃是女性的具有世界历史意义的失败"③。

在商代，贵族妇女尚能参与公共领域的一些如军事政治、祭祀活动。如考古学家考证指出，商代武丁的妻子妇好是位军事家，经常统兵率将驰骋疆场，能够主持祭祀宗庙。从历史考证中可以

---

① 〔德〕恩格斯：《家庭、私有制和国家的起源》，转引自《马克思恩格斯选集》第 4 卷，人民出版社，1995，第 45 页。
② 凯琳·萨克斯：《重新解读恩格斯——妇女、生产组织和私有制》，参见王政、杜芳琴主编《社会性别研究选译》，三联书店，1998，第 3 页。
③ 〔德〕恩格斯：《家庭、私有制和国家的起源》，转引自《马克思恩格斯选集》第 4 卷，人民出版社，1995，第 54 页。

看出，在商代之前的两性关系中，女性还是有着相当参政权和自由权。到了西周初期，周礼中就用文本规范了男女公私外内的性别分工模式，据《周易·家人》记载，"女正位乎内，男正位乎外，男女正，天地之大义也"；男性从事"惟祀与戎"的"国之大事"，从事内政外交的政事、籍田以及劝农桑的农事；而女性被限定在"事中馈""务蚕织"的内事和私事范围内，规定了"寝门之内，妇人治其业焉"，"妇无公事，休其蚕织"，妇女完全被排除在公共领域之外。《尚书·牧誓》中记载了武王伐纣的誓词中明确警告："牝鸡无晨。牝鸡司晨，惟家之索"，"雌代雄鸣，则家尽，妇夺夫政，则国亡"，明确宣告了中国传统社会的妇女不得染指政治和权力，政治领域成为男性的专属领地。周礼中的父权制性别制度、"父死子继"、"兄终弟及"的男系继承制以及从夫居的婚姻制度共同构成了封建宗法制度下妇女被排除在政治权力之外的格局。

春秋时期，礼崩乐坏，百家争鸣。以孔子为代表的儒家思想后来成为中国的正统思想，在"克己复礼"过程中，儒家早期的关于男女两性关系中的男尊女卑、刚强阴柔、重阳贬阴的思想由礼入法，逐渐成为几千年来中国传统社会抑制妇女政治参与的桎梏。《易·说卦》上记载："乾，天也，故称乎父；坤，地也，故称乎母"，由此引申出男为乾，女为坤；父为"天"，夫为"天"，高高在上；母为"地"，妇为"地"，自然居下。这样乾、坤成列，各就其位，无或混乱，方属正常；反之，则天翻地覆，阴阳颠倒，乾坤错位，最终导致大难大患。因此，乾坤正位成了传统妇女观的哲学基础。这种妇女观在六经中也有相应的解释，据《礼记·哀公问》中记载，哀公问曰："敢问为政如何之？"孔子答曰："夫妇别，父子亲，君臣严。三者正，则庶物从之矣"。《礼记·内则》中强调，"男不言内，女不言外，……外言不入，内言不出"，规定了男公女私分工有别，"男女有别"是"礼"的重要内容，女子不能干预政事，将女性排除在政治生活之外。在礼制的教化和约束下，从汉武帝"罢黜百家，独尊儒术"始，儒家思想被历代统治者奉为正统思想，儒家的"三纲五常""三从四德"的伦理纲常的说教把男女两性的地位和国家治理相结合，男尊女卑被不断强化，最终成为维护国家政权的意识形态。三国、魏晋南北朝时期，女性在权力领域缺席、被排斥于公共政治领域之外得到社会普遍认可，并不断被男性统治者防止其染指权柄设置了种种限制。据《三国志·魏书·文帝本纪》记载，魏文帝曹丕下诏规定："妇人与政，乱之本也。自今以后，群臣不得奏事太后，后族之家不得当辅政之任，又不得横受茅土之爵。"更为甚者，这一时期为了防止女后干政，男性统治者还规定了极不人道的"立子杀母"的王位继承的附加规定，女性被排除在政治领域之外进一步被制度化和规范化。此外，自隋唐以来为官场选拔和输送人才的科举制度，是普通老百姓通往仕途的唯一途道，也只为男性开放，始终将女性排除在这一渠道之外，"女性不仅被这个制度剥夺了受教育的权利，也被剥夺了参与取士的权利"①。这样，在以男子为中心的封建宗法制度的禁锢下，广大妇女不占有生产资料，经济上依附于男子，被剥夺了受教育权、就业权、社交权，更遑论参政的权力，在社会生活和家庭私人领域中完全处于被动的从属地位。

宋明以来，经过汉儒的礼制教化，以儒家礼教为核心的社会性别文化已经内化为两性自觉遵守的行为规范。特别是在封建理学思想的禁锢下，女性与政治绝缘的政治观念不仅被统治集团强化，而且也为女性自身所认可和内化，再加上从汉代以来从封建统治集团宣扬的封建女教如西汉刘向著的《烈女传》，东汉班昭著的《女诫》等范本，经不断增补，形成"女四书"（《女诫》《女范捷录》《女论语》《女则》），通过对女性日常行为举止的规范、训诫及限制，用一种无形的道德规范建立起严格的性别分工、性别回避制度矩阵，这些不合理的规范 2000 多年来已经内化为女性的心理定式，而女性自身在这套性别文化的规训下，不自觉地按照这套伦理纲常的性别角色设计进行自我规范、塑造和遵守，认

---

① 王宏伟：《女性观察：科举废止与"性别盲点"》，http://www.southcn.com/nflr/shgc/200608310561.htm，访问日期：2013 年 10 月 31 日。

定参与政治是男子的特权，这样就使男女两性公私、内外、主从、尊卑的二元格局成为社会成员的共识或默认的知识，女性在重重束缚下被剥夺了参与政治的权利和机会。

当然，在中国古代政治史上，女性与权力也从未断绝过联系。在封建社会也曾出现过帝王后宫嫔妃参政的女官制度，如周朝出现了我国女官制度的最初萌芽，"周制，天官所属部有女史职，以知书妇女任之，掌王后礼仪，佑内治"①。女官大多既是皇帝的嫔妃，又是臣属，并按照规定的礼仪、法纪办事，维护宫内的等级秩序。但在以男权为中心的封建社会，女官只能以男子附属物的形式隐蔽地、间接地参政，即使有官位和爵位，也没有独立的人格，不能以社会认可的形式参政。由于儒学礼教的复杂性和家国同构体制的特殊性，在古代封建社会某个偶然时期，由于政治制度安排的失序，使极个别有才能和学识的女性凭借宗法制度所给予的特殊身份和地位突破性别政治安排的界限，"僭越"政治权力成为实际的掌权者，如辅助周武王夺取政权的邑姜，辅佐汉高祖定天下的吕后，改朝换代的武则天，权倾一时"垂帘听政"的慈禧太后等。但传统中国古代这极个别的少数女性执掌政权的确可谓凤毛麟角，并不能证明妇女政治地位的优越，只是一种扭曲的妇女执政，是特殊情况下的偶然现象，代表了父系家族男权政治的利益，只是被父权社会权力系统同化了的"男性化"女性，只不过是整个男权政治系统操作运转过程中遇到故障时的缓冲和调节而已。从整体上看，古代封建宗法制度和伦理道德观对女性的政治排斥使广大女性仍然处于与政治隔绝的无权地位。

（二）女权浪潮冲击下近代妇女争取参政权的努力

国际妇女运动和女权主义思潮对近代中国的妇女政治参与实

---

① 《周礼·天官女史》，转引自任亚军《中国女子参政的历史考察及现实启示——兼论中国社会男女参政机会不均衡问题》，《社会科学》1999年第8期。

践有极其重要的理论指导意义。以争取男女平等为主要目标的国际妇女运动吸引了广大的中国先进女性为了自身政治和经济的解放进行了艰苦卓绝的斗争。从历史发展脉络上看，中国的女权主义运动大体分为萌芽时期的女权运动、中国共产党领导下的妇女解放运动和新中国成立以后的妇女运动。在国际妇女运动和西方女权主义思想的影响下，以秋瑾为代表的中国妇女解放先驱，开始了领导中国妇女的觉醒和解放的运动，以后逐渐涌现出如向警予、宋庆龄、蔡畅、邓颖超等众多杰出女性，为争取女性的解放、妇女的政治权利做出了不懈的努力和无私的奉献。

鸦片战争后西方的坚船利炮打开了中国的大门，西方文化也逐渐传到中国。一方面，西方的传教士们带来大量的天赋人权、性别平等的先进理念；另一方面，从"洋务运动"开始，引进西方的科学技术和思想成了中国知识分子救亡救国的主要出路。在西学东渐的过程中，在中西方文化的大碰撞中，一些接受西学影响的知识分子大力提倡给女性受教育权的重要性，宣传性别平等和保护女权的思想，介绍欧美女性的受教育和社会活动以及婚姻状况，抨击中国的纲常礼教、一夫多妻制和缠足恶俗，并在通商口岸开办女子学堂传播西方女权思想。这极大地对中国妇女的觉醒起到了启蒙的作用。这一时期太平天国的领袖洪秀全受基督教平等观的影响，设置文武女官制，参加太平天国的女性通过选拔可以担任女丞相、女检点、女指挥、女将军等。太平天国时期还把科举考试的应试者范围扩大到妇女，公开选拔女性人才，使大批妇女得到了短暂的参政机会。但由于太平天国起义者小农意识狭隘性的限制，仍然把妇女参政建立在"三纲五常"为中心的封建伦理道德和等级观念基础上，仍沿用封建王朝的女官制，随着起义的失败妇女地位又退回到原来的状态。

戊戌维新运动时期西学东渐，一批中国资产阶级维新派受西方天赋人权和男女平等思想的影响，在政治文化领域对当时的思想界进行了全面启蒙。严复等人翻译了卢梭的《民约论》（今译作《社会契约论》）、孟德斯鸠的《法意》（今译作《法的精神》）、斯

宾塞的《群学肄言》（今译作《社会学研究》）等西方民主理论的
重要著作，使自由平等理念传入中国。特别是斯宾塞的《女权
篇》，玛丽·沃斯通克拉夫特的《女权辩护》，约翰·穆勒的《妇
女选举权的授予》《妇女的屈从地位》先后被译介到中国，使中国
产生了近代男女平等的思想。斯宾塞的《女权篇》1902 年被介绍
到中国，成为我国近代翻译出版的第一本关于妇女问题的译著。
该书运用"自然权利"说和进化论观点，论证了女人应同男人一
样享有平等自由的权利。沃斯通克拉夫特和穆勒都同样提出妇女
应该与男子享有平等的法律权利、受教育权利、就业权利。在西
方女权思想的影响下，近代中国男女平等思想萌生。

　　提倡妇女解放和女子参政，认为女性的强弱与国家强弱相关
是维新派男女平等思想的一大体现。如康有为在戊戌变法前的
《大同书》中论述了妇女问题，最早提出男女平等思想，认为女子
与男人一样，"人者天所生也……男女虽异形，其为天民而共受天
权一也"①。他认为，"以女子执农工商贾之业，其胜任与男子同"，
"以女子为文学仕官之业，其胜任亦与男子同"，因为"以公理言
之，女子当与男子一切同之；以实效征之，女子当与男子一切同
之"②。康有为在《大同书》中曾提出妇女参政的理想，即"允许
妇女参加选举，担任官职"一条。他的理想就是建立一个"男女
齐等，同事学问，同充师长，同得名誉，同操事权"③的大同世
界。同样，梁启超认为国家强弱与女性强弱成正比，改良女性是
强大国家的前提条件。1896 年他在《变法通议》中发表了《论女
学》一文，阐明了关于发展女子教育的观点，强调"女学"与
"保国""保种""保教"间的关联性，提出晚清"女国民"思想
的最初雏形。梁启超认为，女子智力并不比男子差，只是由于女
性被剥夺了受教育的权利，才显得智力不如男子；一旦女子接受
教育，智力被开发出来，开阔了视野，则"往往有男子所不能穷

①　康有为：《大同书》，中州古籍出版社，1998，第 125 页。
②　康有为：《大同书》，中州古籍出版社，1998，第 166 页。
③　康有为：《大同书》，中州古籍出版社，1998，第 204 页。

之理，而妇人穷之；男子所不能创之法，而妇人创之"[1]。维新派知识女性作为妇女运动的最初倡导者之一，为了唤起广大女性的觉醒，组织了中国女学会，创办了中国历史上第一份以妇女为对象的报刊——《女学报》，并在该报上发表过文章提倡男女平等和妇女参政。如卢翠在《女学报》上发表《女子爱国说》一文，向光绪皇帝提出了较为详尽的妇女参政要求：首先"设贵妇院于颐和园"作为最高妇女参政机构；其次再由贵妇院举12人分任各省，设立女学部大臣；最后选拔女学生"入贵妇院授职理事，通过女科举选拔人才进贵妇院及下属机构，参与政事"等。[2] 这些主张成为促进女性政治觉醒的重要思想武器。但由于维新派政治主张的改良性质，其提出的妇女参政要求是不可能真正得以实现的。

辛亥革命时期，孙中山、蔡元培、金天翮等资产阶级革命派积极宣传女权思想。孙中山在同盟会的纲领三民主义中，"男女平权"是其民权主义的重要组成部分之一。他认为，包括二万万妇女在内的全中国"四万万人都有主权来管国家的大事"；在《中国同盟会总章》中，孙中山专门制定了"主张男女平权"的条文，认为"天赋人权，男女本非悬殊，平等大公，心同此理"[3]。资产阶级革命派中被誉为"中国女界的卢梭"的金天翮以"爱自由者金一"为笔名在1903年发表了中国近代史上第一部论述妇女问题的专著《女界钟》，用专门的篇幅集中论述了妇女参政问题。该书认为20世纪是女权革命的时代，"民权与女权，如蝉联附萼而生，不可遏抑"[4]，主张"二十世纪女权之问题，议政之问题也。议政者，肩有监督政府与组织政府之两大职任者也"[5]。他主张设立

---

① 梁启超：《论女学》，载《饮冰室合集·文集》第1册，上海中华书局，1936，第42页。

② 卢翠：《女子爱国说》，载《女学报》第5期。参见孙建娥《中国妇女参政的历史进程和当代转折》，湖南师范大学硕士学位论文，2001，第7页。

③ 中华全国妇女联合会编《中国妇女运动史》，春秋出版社，1989，第29～30页。

④ 爱自由者金一：《女界钟》，上海大同书局，1903，第46页。

⑤ 爱自由者金一：《女界钟》，上海大同书局，1903，第36页。

"议政会"，男女都可为会员，都可当事务员、评论员、调查员甚至会长；设想将来实行民主共和，女子不仅可以为议员，"中国海军陆军大藏参谋外务省，皆有女子之足迹"，甚至可以掌握国家最高权力，"积其道德学问名誉资格，而得举大统领之职也"①，他得出结论，"总之，女子议政之问题在今日世界已不可得而避矣"②。这部专著对辛亥革命时期妇女解放运动产生了积极影响，以一部划时代的提倡女权的著作而载入史册，为后来的中国妇女参政运动潮流的出现奠定了一定的思想基础。

中国妇女参政运动的兴起迟于西方将近一个世纪。从辛亥革命到五四运动前后，中国妇女参政运动前后掀起两次热潮。在西方女权思想的传播和影响下，在一些先进的男性革命知识分子倡导下，以秋瑾为代表的觉醒了的知识女性开始领导中国妇女的觉醒和解放运动。她们从天赋人权、男女平等的角度对性别角色进行思考，坚信男女同是人类，则同为国民，既能同尽协助革命的义务，也同样可以共享参政权利。这说明中国早期女权主义者把西方式的"权利平等"演化为"同为国民、同担责任"的"责任平等"来论证"男女平等"，以"责任共享"来要求"权利共享"，以此为由要求妇女参政权。支持参政权的女权主义者援引"人类"和"公理"说，来说明中国妇女完全能够为西方妇女树立榜样。她们主张，"要求参政权，肇自英伦姊妹，我女同胞非好为过举，以相仿效，诚知为今日之所当为耳。一则女子之有参政权，为人类进化必至之阶级，今日不实行，必有他日；则与其留为日报争端，不若乘此时机树立完全民权之模范。……有当与否，伏祈以公理为断，幸甚！企甚！"③这些近代中国最早的女权运动先驱通过创办女子报刊、组织各种政治社团，甚至加入政党，参加各地爆发的轰轰烈烈的武装起义，

---

① 爱自由者金一：《女界钟》，上海大同书局，1903，第66~67页。
② 爱自由者金一：《女界钟》，上海大同书局，1903，第56、62页。
③ 全国妇联妇运史研究室编《中国近代妇女运动历史资料》（1840~1918），中国妇女出版社，1991，第538页。

为妇女争取选举权、参政权进行斗争，掀起了中国近代史上第一次妇女参政运动的高潮。

辛亥革命时期众多妇女参政团体涌现，1911 年 11 月，社会党女党员、留日学生林宗素在上海发起"女子参政同志会"，其宗旨是："普及女子之政治学识，养成女子之政治能力，期得国民完全参政权"①。该会设立了法政研究所，主张创办女子法政学校，以培养妇女的参政能力。在南京临时政府成立后，林宗素代表女子参政同志会全体会员，在 1912 年 1 月 5 日携带会章到南京拜谒了大总统孙中山，陈述了妇女的参政要求，得到孙中山的面允。这一时期，由唐群英、王昌国、林宗素等人联络，将"上海女子参政同志会""上海女子后援会""上海女子尚武会""金陵女子同盟会"和"湖南女国民会"等五个妇女团体合并为一个最大的妇女参政团体——"女子参政同盟会"于 1912 年 2 月 20 日在南京宣告成立，由唐群英任会长。女子参政同盟会成立后即全力投入了争取妇女参政权的斗争。她们的主要活动是要求修改《中华民国临时约法》。1912 年 3 月，在南京临时参议院制定《临时约法》时，唐群英等人就多次上书孙中山以及参议院，要求将"男女平等权"写进《临时约法》，但是，当时由于临时政府中的多数人承袭了歧视妇女的传统观念，公然反对并否决了妇女们的上述正当要求。此事引起女界极大愤慨，3 月 19 日，唐群英等人率领女子参政同盟会的 10 多名会员，仿效英国女权主义者的激进行动，盛怒之下闯入议会，打碎议院玻璃窗，踢倒卫兵，造成轰动一时的大闹参议院的事件，② 引起社会震惊。女子参政同盟会上书临时参议院、要求女子参政，认为"兹幸神州光复，专制变为共和。政治革命既举于前，社会革命将起于后。欲弭社会革命之惨剧，必先求社会之平等；欲求社会之平等，必先求男女之平权；欲求男

① 赵文静：《论中国近代的妇女解放》，载人大复印报刊资料《妇女组织与活动》1990 年第 4 期。
② 董妙玲：《试论中国妇女参政的历史与现状》，《河南大学学报》（社会科学版）1995 年第 4 期。

女之平权，非先与女子参政权不可……请于宪法正文之内，订明无论男女，一律平等，均有选举权及被选举权"①。她们公开要求修改《临时约法》，允许妇女参与国政。此外，"神州女界共和协济社""万国女子参政会中国部""中华女子竞进会""中华女子共和协进会"等妇女团体纷纷成立，广大女性通过这些参政团体的组织，进行游行集会和示威、上书请愿、闯议会，争女权，历尽坎坷，开展同当局争取参政权的活动。这些斗争实践进一步说明，现代民族国家的建构意识开启了近代中国女权运动的话语空间和行动空间，而"国民—国家"的结构使女性得以摆脱古代"家—国"架构下个人对家族的依附而成为独立的个人。

综上所述，近代女性精英为争取女权在辛亥革命期间主动投身革命，履行革命义务。而在中华民国成立后，女权的诉求转变为谋取参政权利。从义务到权利、从尽革命义务到争取参政权的转换显示了女界精英性别及政治主体性觉醒的程度。民国初年少数女性知识分子由于受到辛亥革命前后知识界提倡的"女国民"思想的启发，认同男女两性都同为国家的一分子，故当同享权利、共尽义务。就此推及妇女获得参政权也是正当要求。虽然她们也都承认到当时妇女的知识水平的有限性是争取参政权的最大阻碍，但受西方启蒙思想的影响，她们认识到男女既同为人类，在知识上并无差异，只要能接受相同的教育，女性也必然具备和男性等同的知识水平。因此，在整个参政运动中，为妇女提供更多的教育一直是妇女参政运动者的共同关怀。但在民国初期，围绕女性能否拥有参政权形成两种对立的声音：反对女性参政的"天职"论和支持女性参政的"天赋人权"论。由于妇女参加社会活动的范围尚小，当时多数革命党人对女子参政态度冷淡，不予支持，议会众多成员坚决反对妇女参政，他们或从男女两性拥有知识的程度，或从男女的特征（气质），甚至就生理构造等各个方

---

① 中华全国妇女联合会编《中国妇女运动史》，春秋出版社，1989，第 55 页。

面的两性所呈现的差异，即"男女之程度""男女之特性""社会秩序"①三方面，认为男女因为天性不同，故各有其天赋，不可轻易改变；就"连醉心于西方议会民主的宋教仁也将妇女参政斥之为'无理取闹'。他在同盟会改组为国民党时竟然不顾女同盟会员的强烈反对，将政纲中'主张男女平权'一条删去，激起正为争取参政权而努力的妇女们的义愤"②。这场妇女参政运动，就在这种无法取得共识的情况下，悄悄地落了幕。

由于这次妇女解放运动也有着明显的时代和阶级的局限性，参加运动的妇女主要限于一部分女知识分子，仅局限于城市和知识分子妇女的参加，而占人口绝大多数的劳动妇女仍未卷入运动之中；就妇女运动影响的范围而言，主要限于沿江沿海的大城市，广大内地，尤其是比较偏僻的农村社会，妇女运动的浪潮很难波及。最终，在实践上女性参政权被否定，在思想论争和交锋中"贤妻良母"派的论说占了上风。近代中国女子参政的第一次高潮随着辛亥革命的到来而发轫，反映了传统"男外女内"的性别观开始以男女平权的"国民"思想形式重新建构，但最终也随着革命的失败而受挫，这场以争取参政权利为目的资产阶级女子参政的"新拙之嫩芽不旋踵而与民权同斩"③，妇女参政等议题虽然开始出现在他们的女权论述中，但仅仅局限于富强国家的框架下讨论女权，并没有从女性具体的生活经验出发关心当下女性的权利，也没能改变中国妇女政治上无权的状况。辛亥革命前后虽然中国女权运动遭受了挫折，但男女平等的思想已得到广泛传播，部分知识女性受到了锻炼，为其后中国妇女运动的进一步发展奠定了坚实的基础。

---

① 空海：《对于女子参政权之怀疑》，《民立报》1912 年 2 月 28 日。转引自全国妇联妇运史研究室编《中国妇女运动历史资料》（1840～1918），中国妇女出版社，1991，第 540 页。

② 虞花荣：《中国共产党推进妇女解放的决策路径》，《决策与信息》2011 年第 3 期。

③ 向警予：《中国最近妇女运动》，《向警予文集》，湖南人民出版社，1985，第 85 页。

（三）马克思主义妇女观影响下妇女掀起政治参与热潮

1919 年五四运动开辟了中国妇女运动的新纪元。同期，马克思主义妇女观传入中国，一批学者开始用历史唯物主义观点、阶级分析观点来看待女性问题，把女性解放同无产阶级解放结合起来。从五四运动到新中国成立前，在新民主主义革命所主张的彻底的反帝反封建浪潮的推动下，我国妇女争取参政权走到了一个新的阶段，已经突破了资产阶级女权运动的水平，认识到妇女参政权的实现必须同反帝反封建结合起来。中国共产党成立后，将妇女解放和性别平等与中国革命相联系，最终把实现妇女与男子享有政治、经济、法律、家庭中的平等权作为奋斗目标，找到了妇女解放的正确路径。新中国成立到改革开放前，中国妇女作为政治主体之一登上了新中国社会政治舞台，在党和国家的政治动员下我国妇女政治参与事业突飞猛进，并用法律的形式把妇女的参政权固定下来，以保证其顺利实施。在主流性别政治平等的意识形态和强制性的性别保护性制度相互契合的安排下，促使我国在推进性别政治平等和两性传统性别政治观方面得到很大程度上的变革。

五四时期，在新文化运动和反帝爱国运动的激荡下，在民主与科学思想的启迪下，随着世界妇女参政运动高涨，极大地鼓舞了中国妇女的参政热情，中国妇女的觉悟和参政意识进一步觉醒，已经沉寂数年的妇女参政运动在 1921~1923 年又掀起了第二次高潮。妇女刊物、妇女团体和女权组织如雨后春笋般涌现。据不完全统计，截至 1920 年，关于妇女研究的刊物近 30 种，包括《妇女杂志》《女界钟》《新妇女》等。上海、广东、浙江、湖南、四川和江西等地出现了"中华民国女子救国会""女界联合会"等女权组织，从五四运动到 1923 年建立的女权组织至少达 17 个。① 这一

---

① 中华全国妇女联合会编《中国妇女运动史（新民主主义时期）》，春秋出版社，1989，第 132 页。

时期各省的联省自治运动提出制定"省宪法"，在女性参政运动的压力下，一些"省宪"中承认了女性的参政权。如湖南 1922 年 1 月 1 日颁布的"省宪"中规定："无论男女，在法律上一律平等，二十一岁以上男女享有选举权和被选举权"①。在 20 世纪二三十年代，广东的妇女参政运动走在了全国的前列。1921 年 3 月 28 日，广东省议会讨论"县议员选举条例"，女界联合会派以邓惠芳为首的 10 多名代表前往省议会请愿，要求在"省宪"中，明定女子选举权；县自治条例中，规定女子有选举权与被选举权，与守旧势力发生了冲突……女界联合会经过斗争，终于获得"女代议士、县议会选举权、被选举权"。其后，妇女参与政治的呼声和实践一浪高过一浪。② 与此同时，浙江、四川、江西等省的女界联合会纷纷投入到地方妇女参政活动中，成立相关组织，积极发表宣言，这些支持妇女参政的主张都取得了一定进展，促使各省新宪法都先后承认了妇女的参政权。一些女性还进入了政界，如湖南、浙江各选出了一名女省议员，湖南 10 名女子当选县议员，广州妇女获得了参与市政的权力。③ 但这一时期的妇女参政运动仍然是以资产阶级民主思想为斗争武器，在活动方式上多采用请愿、"上书"、游行示威或利用当时"自治"运动提出妇女参政诉求，但当各省自治运动销声匿迹后，这次妇女参政运动所争取来的法律条文等规定也失去了作用，而这次运动也只能在民国初年的政治舞台上悄然落下帷幕。

总之，五四时期这一轮妇女要求参政议政权的运动，史学界普遍认为这是第二阶级女子的要求，而不是中国绝大多数女性的愿望。所谓第二阶级，就是指中等阶级家的小姐太太，参政议政只是她们茶足饭饱之后的修身养性、提高自身道德修养和能力的

---

① 全国妇联妇运史研究室编《新民主主义革命时期中国妇女运动史》，全国妇联妇运史研究室，1986，第 70 页。

② 向仁富：《近代广东妇女争取参政权述评——以 20 世纪二三十年代为例》，《前沿》2010 年第 8 期。

③ 吕美颐、郑永福：《中国妇女运动》（1840~1921），河南人民出版社，1990，第 341~342 页。

一种方式。但对于身为贫苦劳动妇女的第三阶级来说，连温饱问题都没解决，根本没有心思了解什么是民主什么是议会，女子参政议政就是一个不切合实际的梦。① 总之，由于各种阻挠，五四时期这一轮妇女参政热潮消退，其主要原因是现代社会的父权制度并没有完全消解，而是从私人父权制走向公共父权制；而男性群体或多或少对女性介入政治领域的现象有所恐惧，认为妇女的政治参与会使男性群体这一传统文化赋予的权力被蚕食，认为女性参政将会危及整个政治权力系统的安全，进而从政治、文化、社会等各方面加以羁绊和阻挠，最后导致女性参政运动失败。

1921 年中国共产党诞生，马克思主义妇女观传入中国，中国共产党把妇女运动作为其领导的民主革命运动的一部分，把马克思主义妇女理论同我国妇女解放的实践相结合，根据各个时期的革命任务和妇女的特殊要求，为妇女参政制定了明确的纲领和具体的奋斗目标，规定了正确的方针、政策，形成了中国特色的妇女政治参与理论，从而使中国妇女运动一浪高过一浪地蓬勃发展起来。1919 年 2 月，李大钊在《新青年》发表的《战后之妇人问题》，用马克思主义观点论述中国妇女问题，认为经济问题的解决是解决妇女问题的根本，初步指明了实现妇女解放的正确道路。他指出："妇人参政的运动，到了今日，总算是告一段落。这过去半世纪的悬案，总算有了解决的希望"②。他运用马克思主义的阶级论，把妇女运动区分为资产阶级女权运动和无产阶级的劳动妇女运动，通过对各阶级妇女经济地位的分析，确定这两大阶级的妇女运动不同的要求和运动性质的差异。同期，陈独秀提出了将妇女问题与劳动问题、妇女解放与社会解放相联系的观点。1918年 4 月毛泽东与蔡和森发起的"新民学会"首开在组织上突破男女界限先例，成为实现男女社会平等的典范。这就打破了历史上禁止女性参与社会的陈规，为当时和后来组织妇女参与革命和建

---

① 崔平：《关于近代妇女解放问题的探析》，《理论前沿》2013 年第 7 期。
② 李大钊：《战后之妇人问题》，《新青年》第 6 卷第 2 号。

设奠定了基础。同时，不少杂志宣传和刊登了马克思主义妇女观的文章，如《少年世界》1919 年 7 月发表了赵叔愚翻译的《列宁对于俄罗斯妇女解放的言论》，《新青年》第 9 卷第 2 号登载了李达翻译的《列宁的妇女解放论》，《东方杂志》登载了恽代英翻译的恩格斯《家庭、私有制和国家的起源》，《新青年》和《妇女评论》分别刊登了由李汉俊、李达翻译的倍倍尔的《妇女与社会主义》的部分章节。① 在这一时期涌现出以向警予、缪伯英、蔡畅、邓颖超、郭隆真、刘清扬等一批具有先进思想的女知识分子，成为各地妇女运动的组织者和领导者，这就表明妇女作为一股新生力量开始登上政治舞台。

在大革命时期，中国共产党提出提高妇女地位、推动妇女参政的诸多口号，如男女社会地位平等、男女在法律上绝对平等、女子应有参政权等。1922 年中共"二大"在党的历史上对妇女平等权利的实现有着里程碑的意义。党的《二大宣言》中提出："废除一切束缚女子的法律，女子在政治上、经济上、社会上、教育上一律享受平等权利"②。"二大"通过了《关于妇女运动的决议》，明确提出把"帮助妇女们获得普遍选举权及一切政治上的权利和自由"③ 作为其中的一个奋斗目标。这是中国共产党第一个有关妇女问题的决议案，也是中国共产党关于妇女运动的第一个纲领性文件。从"二大"以后，在共产党的话语系统中，"妇女"的使用具有了政治上无可争辩的合法性；"二大"还根据第三国际的要求，设立了中央妇女部，向警予担任党中央的第一任妇女部长；"二大"决定新出版的《向导》周报作为党中央的机关刊物，并专门"为妇女特辟一栏"，对妇女运动进行宣传。这些都进一步说明我党从建立之初起就很重视妇女的权益，关于妇女参政的思想也

---

① 王国敏：《20 世纪的中国妇女》，四川大学出版社，2000，第 32 ~ 33 页。
② 中央档案馆编《中共中央文件选集》第 1 册，中共中央党校出版社，1982，第 78 页。
③ 中国妇女干部管理学院编《中国妇女运动文献资料汇编（1918 ~ 1949）》，中国妇女出版社，1987，第 49 ~ 50 页。

开始逐步形成。

　　大革命时期，在国共合作框架下，国民党在各级党部都设立了妇女部，作为妇女联合的组织形式和国民党内的妇女运动领导机构，开展了有组织有系统的活动。1924 年冬，"女界国民会议促成会"运动成为国共合作后妇女参政运动的典型和有益尝试。1924 年孙中山应邀北上参加国民会议，主张召开由人民团体参加的国民会议。各界妇女团体为推动女界投入国民会议运动，纷纷组成女界国民会议促成会，拥护中共提出的包括"妇女在政治上、法律上、经济上、社会地位上，均应与男子享平等权利"等 13 条主张，认为这是"女子要求参政的绝好机会"。但由于孙中山提出的 9 个参加国民会议预备会的团体中不包括妇女团体，引起妇女界的极大愤慨。以向警予为代表的上海女界国民会议促成会要求修正段祺瑞政府所公布的国民会议条例，并提出争取中国妇女的平等地位等要求。这一时期的女界国民会议促成会主张，女子应该有与男子同等的选举权和被选举权，应允许妇女团体代表参加国民会议。在各界不懈努力下，1925 年 3 月召开的国民会议促成会全国代表大会上到会妇女代表 26 人，代表 15 个地区的女界国民会议促成会。会议最终把妇女问题作为专项列入大会报告，并提出"妇女在政治上、经济上、法律上、教育上、职业上绝对与男子享有同等权利"等八条有关男女平等的主张。[①] 但最终结果是，在段祺瑞政府召开的"善后会议"上，在国民代表会议条例草案中规定只有男子才有选举权和被选举权，妇女的参政权被剥夺。这一结果激起全国妇女的抗议高潮，参加国民会议促成会全国代表大会的女界代表团，会后通电全国各报馆及各地促成会，宣称不承认国民代表会议条例有效，并提出国民会议修正案、废除不平等条约案等四个提案，力争在"善后会议"上通过。这次女界国民会议运动虽然失败，但这一时期的妇女运动逐渐摆脱了过去狭窄

---

① 师凤莲：《当代中国女性政治参与问题研究》，山东大学出版社，2011，第 86 页。

的女权运动和参政主张，提出妇女的参政和女权运动"要和大多数妇女群众结合"进行，把争女权同争民权有力地结合，为大革命高潮中的妇女运动做了舆论和组织准备。之后在"二七"大罢工、"五卅"运动、省港海员大罢工和北伐战争等革命运动中，都有为数众多的女同胞参加。1926 年 7 月中共中央第三次扩大执行委员会制定的《职工运动议案》强调要在青年工人和女工的工会内必须选择他们的能干分子当选为工会委员会委员。这一时期一大批具有共产主义思想觉悟的女性逐渐成长，向警予、缪伯英、刘清扬、蔡畅、邓颖超、郭隆真、杨之华、王一知等革命前辈不断涌现，她们既是我党妇女运动的主要领导者和卓越组织者，又是中国的政治活动家，为中国革命和妇女运动作出不朽的贡献。

随着大革命的失败，妇女争取参政权运动同样也进入了一个十分艰难的低潮时期。由于革命的重点由城市转移到农村，土地革命战争时期中国共产党领导下的工农妇女参政运动风起云涌，成为这一时期最有规模、最有生气的妇女运动。早在 1925 年 1 月在中共四大通过的《对于妇女运动之议决案》中，第一次明确提出了党在妇女解放运动中的依靠力量是工农劳动妇女。这份决议指出："本党妇女运动应以工农妇女为骨干，在妇女运动中切实代表工农妇女的利益，并在宣传上抬高工农妇女的地位，使工农妇女渐渐得为妇女运动中的主要成分"①。这时期一批女党员、进步的女学生从城市转入农村，宣传发动群众，建立妇女组织；中共领导下的苏维埃政府除了颁布一系列符合妇女切身利益的法律条文外，还采取相应措施保证这些法令的执行。1927 年 11 月，江西省苏维埃政府颁布的《临时组织法》中规定："凡在苏维埃国家境内的劳动者无论男女均有选举权和被选举权"。1928 年 6 月中国共产党第六次全国代表大会通过的《妇女运动决议案》指出，"应直接提出关于农妇本身利益的具体要求，如继承权、土地权，反对

---

① 全国妇联妇运史研究室编《中国妇女运动历史资料》（1921～1927），人民出版社，1986，第 279 页。

多妻制、反对童养媳、反对强迫出嫁、离婚权、反对买卖妇女，保护女雇农的劳动";[1] 决议案明确提出："为有系统的在农妇中工作起见，必须在农民协会中组织妇女委员会"，可以召集长期的有系统的"农妇代表会"，"必要时，可以召集关于妇女的各种讨论会议"[2]。1930 年闽西工农兵代表选举条例中更加具体地规定："凡在闽西赤色政权所处地方，年满 16 周岁以上的劳动妇女均有选举权和被选举权"[3]。1931 年 11 月颁布的《中华苏维埃共和国宪法大纲》中明确规定："男女一律平等，妇女有与男子同等的选举和被选举权"，"不分男女、种族、宗教，在苏维埃法律面前一律平等"。这些纲领性文件使苏区妇女在政治上获得了选举权和被选举权，同时还获得了参加各种群众团体，如工会、贫农团、互济会等组织的权利。此外，共产党组织本身也非常重视妇女的政治参与权。1933 年中央组织局要求各级党部组织妇女参加选举，并规定各级苏维埃人民代表中要保证妇女代表占 25% 的比例。1934 年为迎接中华苏维埃共和国第二次全国代表大会（简称"二苏"）而开展的选举运动中，江西兴国的妇女代表占 30% 以上；福建才溪乡妇女代表则占 64.8%。"二苏"选举的中央政府执行委员会 175 人中，女委员 14 人，占 8%。[4] 这一系列宣言和决议，标志着中国共产党领导下的妇女政治参与突破了西方女权主义的局限而成为党领导下的民主运动的重要组成部分。为了加强和统一根据地妇女组织，除了在各级政府设置妇女部（或称妇委）负责领导妇女工作外，苏区还普遍设立了妇女生活改善委员会和女工农妇代表会议制度，并把解决妇女切身利益与动员妇女参加战争和后方建设有机地结合起来，充分发挥了妇女的积极作用。鉴于根据地建设时期非常缺乏妇女干部，据 1933 年江西 16 县的统计，

① 全国妇联妇运史研究室编《中国妇女运动历史资料》（1927～1937），中国妇女出版社，1991，第 17 页。

② 全国妇联妇运史研究室编《中国妇女运动历史资料》（1927～1937），中国妇女出版社，1991，第 3 页。

③ 师凤莲：《当代中国女性政治参与问题研究》，山东大学出版社，2011，第 88 页。

④ 魏燕春：《中国妇女参政史话》，《中国人才》1995 年第 3 期。

419 名县级干部中，妇女干部仅占 6.4%[1]，各根据地党和政府非常重视培养妇女干部，逐渐地把培养妇女干部提到议事日程，提出在一切党的与一切职工会的学校、训练班中，都应当吸收占一定百分比的妇女。通过大力普及文化教育，并举办各种类型的干部训练班及干部学校，如 1933 年中央苏区在沙洲坝开办女子大学，赣东北苏区在信江军政学校设立女子班，闽浙赣省的"卢森堡团"学校专门培训妇女干部等，选拔妇女干部到各种学校去深造等多种形式，在较短的时间内提高了广大妇女的政治文化水平。

抗日战争爆发后，民族危机的加剧和日寇的野蛮暴行，激起了广大妇女的爱国热情，无数的妇女觉醒并走上了抗日的政治舞台。1937 年 9 月，中共中央组织部颁布了抗战时期妇女工作的第一个纲领性文件，即《妇女工作大纲》，并建立起中国共产党领导下的妇女界抗日统一战线，涵盖了各个阶层的妇女。在党的领导下，根据地人民按照普遍、平等、直接、无记名投票的方法选举各级政权，广大妇女享有了选举权和被选举权。如在 1937 年 7 月举行的陕甘宁边区参议会第一次民主选举过程中，在党和各级妇女组织宣传发动下，选举过程中妇女们积极参加选举，首次行使了自己的民主权利，多数不识字的妇女群众采取"画圈、画杠、投豆、烧洞等形式"，选出 19 名女议员参加边区参议会。据统计，1941 年全边区 30% 的妇女参加第二届边区参议会选举，清涧县达 90%，选出的女议员中边区 17人，县级 167 人，乡级 2005 人，许多妇女被群众推选为乡长、区长。[2] 1940 年在晋察冀边区进行的区村政权改选活动中，参加选举的女选民共有 135 万人，占该区全体女选民的 80%，全边区共有1926 位妇女当选为村、区级干部，有 5052 名妇女当选为村代表，139 名妇女荣任为正副村长，1425 名妇女被选为村委委员，362 名妇女当选为区代表。[3] 在各县乡的参议员中，妇女都占有相当的比

① 王国敏：《20 世纪的中国妇女》，四川大学出版社，2000，第 194 页。

② 沙棘：《中国共产党推动妇女参政的历史经验》，《中国妇运》2011 年第 8 期。

③ 全国妇联妇运史研究室编《中国妇女运动历史资料》（1937～1945），中国妇女出版社，1991，第 342～343 页。

例，如绥德全县共选出 460 名乡参议员，其中有 80 名妇女，占 17%；延安县女参议员占 22%；赤水县女参议员占 14%；子长县女参议员占 20%。边区的妇女参政议政，当选的女参议员逐步学会用议案向政府提意见、建议，维护了妇女的合法权利。1943 年 2 月中共中央制定了《关于各抗日根据地目前妇女工作方针的决定》，提出提高妇女的政治地位、文化水平，改善生活，以达到解放的道路。广大妇女的政治参与对抗战取得胜利发挥了重要作用。正如康克清在评论妇女参政议政时说："如果没有妇女参政，就不能这样热烈地激起妇女同胞如此奔腾澎湃的抗日怒潮，就不能取得这些胜利"[1]。邓颖超在《略论妇女参政》中同样指出："妇女参政有助于妇女问题的解决，并能促进妇女解放运动"[2]。

解放战争时期关于妇女工作的指导思想明确规定，"男女干部同等能力者，应当分配同等工作，给予同等培养和教育机会，不得加以歧视"[3]，这使妇女的参政水平有了很大提高。1946 年 4 月前，各解放区的民主选举基本上结束。妇女参加投票比例最高的达到 90%，最低的为 60%，一般为 80%。各级政府机构都有妇女参加。华中妇女有 209 人参加乡政府工作，有 1374 人当村长、村委员。[4] 边区各级参议会都有女议员，晋绥有省级女参议员 6 人，有县级女参议员 55 人，山东省有省级女参议员 12 人。[5] 东北 9 个省的参议会中女参议员占 10% 左右。各级政府机构中都有妇女参加，有的妇女当选为县委书记、县长、校长，或工厂厂长、医院院长、科长等职位。此外，解放区妇女与男子享有同等受教育的权利，各解放区在受过教育的知识妇女中选拔了大量妇女干部。在解放区

---

① 陈慕华：《痛悼康克清大姐》，《人民日报》1992 年 5 月 24 日；参见王国敏《20 世纪的中国妇女》，四川大学出版社，2000，第 229 页。

② 中华全国妇女联合会编《妇女解放问题文选》，人民出版社，1988，第 88 页。

③ 中华全国妇女联合会编《中国妇女运动历史资料》（1945~1949），中国妇女出版社，1991，第 305 页。

④ 王国敏：《20 世纪的中国妇女》，四川大学出版社，2000，第 271 页。

⑤ 中华全国妇女联合会编《中国妇女运动史（新民主主义时期）》，春秋出版社，1989，第 544 页。

的土地改革运动中，政府明令保障妇女的土地权，使妇女的经济地位发生很大的改变，又进一步推动了其社会地位和政治地位的改变，使妇女参加土改的积极性高涨。据记载，从 1947 年到 1949 年解放区参加土改运动的妇女，一般占妇女总数的 50% ~ 60%，有的地方高达 80%。① 1949 年 3 月 24 日至 4 月 3 日，中国妇女第一次全国代表大会在北京召开，共 467 名代表，代表全国 2.5 亿妇女，成为中国妇女有史以来的第一次全国规模的盛大会议。大会的目的是制定中国妇女运动的方针任务，成立全国妇女运动的领导机构，推动全国妇女运动。4 月 1 日大会讨论通过了《中国妇女运动当前任务的决定》，选举了由 51 名执行委员、21 名候补执行委员组成的中华全国民主妇女联合会，至此，中国妇女建立了妇女解放运动统一战线，广泛团结各阶层妇女参加革命斗争和妇女解放斗争，实现了全国各族各界妇女的大团结，为推进中国革命和妇女解放的进程做出了巨大贡献。

纵观近代以来中国妇女参政状况可以看出，戊戌维新时期妇女运动是中国女性参政运动的萌芽，辛亥革命时期女子参政运动是中国妇女参政运动由理论走向实践斗争的开始，到了新民主主义革命时期，中国共产党对妇女政治参与的思想和政策实践的探索，坚持并进一步发展了马克思主义妇女解放理论，认识到中国的妇女运动不是西方式的单纯的女权主义的运动，而是联合其他被压迫民众共谋解放的革命运动，把妇女政治权利的实现同民族解放、阶级解放相结合、同反帝反封建的民族民主运动相结合，为新中国成立后中国妇女政治参与积累了有益的经验。

二 改革开放前妇女"动员型"政治参与的回顾与检视

新中国的诞生为女性参与政治建立了优越的社会制度，妇女

---

① 王国敏：《20 世纪的中国妇女》，四川大学出版社，2000，第 276 页。

在政治领域的参与是与新中国在政治领域的建设同步进行的。新中国成立初期在法律和政治层面为妇女政治参与提供了基本保障，新中国成立初期的民主建设运动、选举活动等都为妇女在基层政权的参与提供了机遇，在政策层面的政治动员下有效地调动了妇女政治参与的积极性。从新中国成立到改革开放前，由于国家直接出面干预，通过采取意识形态的宣传、发动政治运动以及行政干预等方式，在国家政策和法律的保障下，我国妇女获得了与男性完全平等的政治地位。在这种"动员型"的制度安排和政策法律框架下，这一时期妇女政治参与主要表现为"被动式"参与的特征，导致在 20 世纪不同时期，中国政坛上涌现出了不同类型的政坛女性：50 年代"革命家型"、60 年代"劳模型"以及 70 年代"红色尖兵型"等不同的类型。一直到改革开放后在国家逐步引导下，妇女的政治参与实现了由自发向自觉的转变，出现了 80 年代"知识型"、90 年代以来的"专家型"的政治参与类型，使妇女政治参与的形式呈现出随时代的发展而发展变化的特征。但在一系列"左"倾思潮影响下，特别是"文革"期间妇女政治参与一度出现虚假繁荣、被严重扭曲的现象。总体上看，从新中国成立到改革开放前这一阶段，我国妇女政治参与的主动性不强，还处在"动员型"的"被动式"的政治参与阶段。

（一）法律保障下快速提升了妇女在权力领域的政治地位

新中国成立初期，在马克思主义妇女观的指导下，党和国家针对女性长期在政治权力领域的缺席问题，十分重视提高女性地位，并对女性参政予以制度上的倾斜，制定和颁布了一系列鼓励并保障妇女政治参与的特殊的法律和政策，以"立法超前"的形式确定了女性与男性完全平等的政治地位，旨在提高我国妇女的政治参与水平，推进中国政治民主化进程。在党和国家强有力的政策法律保障下，新中国通过一系列政治性的社会运动得以真正实现妇女当家做主的权利，妇女的积极性被广泛发动起来，踊跃参加到国家的政治生活中来。

1949年9月21～30日召开的中国人民政治协商会议第一届全体会议，通过了具有临时宪法性质和功能的《中国人民政治协商会议共同纲领》，总纲第六条明确指出："中华人民共和国废除束缚妇女的封建制度，妇女在政治的、经济的、文化教育的、社会生活的各方面，均有与男子平等的权利"，这就在法律上规定了女性在政治、经济、教育、社会和婚姻家庭"五权"领域获得了与男子平等的权利。1953年我国的第一部《中华人民共和国全国人民代表大会及地方各级人民代表大会选举法》（以下简称《选举法》）颁布，其中在第四条中规定："凡年满十八岁之中华人民共和国公民，不分民族和种族、性别、职业、社会出身、宗教信仰、教育程度、财产状况和居住年限，均有选举权和被选举权。"这九个"不分"第一次明确规定了女性享有选举权和被选举权，强调了女性和男性同样享有最广泛的政治权利和管理国家和社会事务的权利，这就为妇女参政提供了直接的法律依据。1954年颁布的我国第一部《中华人民共和国宪法》第96条规定："中华人民共和国妇女在政治的、经济的、文化的、社会的和家庭生活等各方面均享有同男子平等的权利"[1]。第85条明确规定："中华人民共和国公民在法律上一律平等"，并进一步规定了"妇女享有和男性公民同样的选举权和被选举权，拥有同样的言论、出版、结社、游行、示威的自由和宗教信仰的自由"。这部宪法以国家根本大法的形式，明确地、具体地为妇女参与政治生活提供了法律保障。在《共同纲领》、第一部《选举法》、第一部《宪法》等一系列法律强有力的保障下，在新中国成立后的短短几年间，妇女的各项政治权利，包括选举权和被选举权等都在法律上确定下来，赋予了广大妇女广泛参与各项政治生活的权利，使

---

[1] 中华全国妇女联合会编《中国妇女运动重要文献》，人民出版社，1979，第185页。

她们参与政治生活有法可依，并对她们行使公民的民主权利提供了强有力的保障。

在 1949 年 6 月召开的新政治协商会议筹备会上，中国共产党和其他民主党派的妇女代表表现得很活跃，新成立的中华全国民主妇女联合会主席蔡畅被选为 21 名常委会成员之一，这次政协筹备会的 134 名代表中有女代表 20 名，占与会代表的 15%。1949 年 9 月 21 日，中国人民政治协商会议第一届全体会议召开，女代表有 69 名，占总数的 10.5%；其中，8 名女代表当选为大会主席团成员。这届政协委员会中女委员有 12 人，占委员总数的 6.6%；女常委为 4 人，占常委总数的 6.9%。经这次政协会议选出的中央人民政府委员会中有女委员 2 人，占委员总数的 3%；在这一届中央人民政府机构中，副部级以上领导干部 500 名，女性 20 名，占总数的 4%。1954 年 9 月第一届全国人民代表大会召开，其中，有 147 名女代表参会，占代表总数的 12%。这次大会选出 4 位女常委，占常委总数的 5%，宋庆龄当选为全国人民代表大会常务委员会副委员长，蔡畅、邓颖超、许广平当选为常务委员。同年 12 月召开的中国人民政治协商会议第二届全体会议上，女委员为 86 名，占委员总数的 14.3%。1959 年召开的第二届全国人民代表大会上，女代表 150 人，占全体代表总数的 12.3%；女常委 5 人，占常委总数的 6.3%。同年在政协第三届全国委员会中，有女委员 87 人，占委员总数的 8.1%；第三届全国政协女常委有 8 人，占常委总数的 5%。1964 年第三届全国人民代表大会上，女代表人数上升至 542 名，占全体代表总数的 17.8%，女常委 20 人，占常委总数的 17.4%。1969 年召开的第四届全国政协有女委员 76 人，占委员总数的 6.3%，女常委 9 人，占常委总数的 5.6%。1975 年第四届全国人民代表大会上，女代表人数上升至 653 名，占全体代表总数的 22.6%，为历届最高；女常委 42 人，占常委总数的 25.1%，全国人大常委会副委员长有 3 名女性，占 13%。参见表 3 - 1、表 3 - 2。

表 3 - 1　改革开放前历届全国人民代表大会女代表、女常委及所占比例

单位：人，%

届次	年份	女代表	百分比	女常委	百分比
第一届	1954	147	12.0	4	5.0
第二届	1959	150	12.3	5	6.3
第三届	1964	542	17.8	20	17.4
第四届	1975	653	22.6	42	25.1

资料来源：参见《新中国妇女参政的足迹》编写组编《新中国妇女参政的足迹》，中共党史出版社，1998，第46～123页。

表 3 - 2　改革开放前历届全国政治协商会议女委员、女常委及所占比例

单位：人，%

届次	年份	女委员	百分比	女常委	百分比
第一届	1949	12	6.6	4	6.9
第二届	1954	86	14.3	5	6.5
第三届	1959	87	8.1	8	5.0
第四届	1969	76	6.3	9	5.6

资料来源：参见《新中国妇女参政的足迹》编写组编《新中国妇女参政的足迹》，中共党史出版社，1998，第20～95页。

1956 年召开的中国共产党第八次全国代表大会，95 名女代表参加，占代表总数的 9.3%，其中邓颖超、钱瑛、蔡畅、陈少敏 4 位女性当选为党的第八届中央委员会委员，占中央委员总数的 4.1%，另外 4 名女性当选为中央候补委员，占中央候补委员总数的 5.5%。1969 年召开的中共九大上，女中央委员共 13 名，占中央委员总数的 7.7%，高出八大 3.6 个百分点；女中央候补委员为 10 名，占中央候补委员总数的 9.2%；政治局委员 25 人，其中女性 2 人，为江青和叶群，占 8%。在 1973 年召开的中共十大上，女中央委员共 20 名，占中央委员总数的 10.3%，女中央候补委员为 21 名，占中央候补委员总数的 16.9%。在 1977 年召开的中共十一大上，女中央委员共 14 名，占中央委员总数的 7%，女中央

候补委员为 24 名，占中央候补委员总数的 18.2%。"文革"时期女性参与社会政治生活似乎始终在"高位"上运行，但妇女参政的程度和质量不高，不是仅仅靠数字所能反映的。参见表 3-3。

表 3-3　改革开放前历届中国共产党中央委员会女委员、女候补委员所占比例

单位：人，%

届次	年份	女委员	百分比	女候补委员	百分比
第八届	1956	4	4.1	4	5.5
第九届	1969	13	7.7	10	9.2
第十届	1973	20	10.3	21	16.9
第十一届	1977	14	7.0	24	18.2

资料来源：参见《新中国妇女参政的足迹》编写组编《新中国妇女参政的足迹》，中共党史出版社，1998，第 67~111 页。

从女党员担任党内领导职务情况看，中共八大后一直到 1966 年"文革"前，中央及地方领导机构中有 5 名女党员担任省部级领导工作。据不完全统计，到 1964 年 4 月，担任中共省委正副书记的女党员有 25 人，比 1955 年多 18 人，增长 3 倍多。担任中共地委正副书记的女党员为 190 人，比 1956 年多 185 人，增长 38 倍多。[1]

20 世纪五六十年代在法律保障下快速地提升了妇女在权力领域的政治地位，出现了新中国成立以来的第一次女性参政高峰，一批革命家型的女性领导人如宋庆龄、蔡畅、邓颖超、许广平等进入党和国家权力领域。据统计，1951 年中央一级担任领导职务的女性有 36 人，有中央人民政府副主席宋庆龄、全国政协委员会副主席何香凝、中央人民政府政务委员蔡畅、中央人民政府卫生部部长李德全、司法部部长史良等。1951 年全国已有女干部 15 万人，占干部总数的 8%，……到 1955 年年底，全国的女干部已增

---

[1] 《新中国妇女参政的足迹》编写组编《新中国妇女参政的足迹》，中共党史出版社，1998，第 72 页。

加到 76.4 万人，占干部总数的 14.5%。① 经过一系列"反右扩大化""四清"等"左"倾运动，妇女干部队伍的数量有所下降，到 1965 年女干部状况开始好转。1965 年全国女职工人数上升到 876 万人，女干部比例也有所上升。但总体上女性在基层权力参与领域比例仍不高，农村人民公社及县级女领导干部的比例，几乎都在 1% 左右；全国担任公社党委书记的女干部，只占公社党委书记总数的 0.39%，担任县委书记的女干部只有 4 人，占县委书记总数的 0.1%，② 与"乡乡都有女乡长，县县都有女县长"的目标口号宣传有很大的距离。虽然这一时期无论在党的代表大会，还是在全国人大、全国政协会议上，以及各机关企事业单位中女代表的比例相对还不高，但毕竟是新中国妇女参政的崭新开端。新中国成立初期党和政府对妇女参政的支持和社会的保护，一方面对加速妇女解放的进程起到了积极作用；但另一方面，也形成了我国妇女约定俗成的参政模式，导致我国妇女"被动型"政治参与特点。

（二）政治动员下有效地调动了妇女民主参与的积极性

中国妇女的政治参与首先是建立在基层妇女的政治参与基础之上的。早在新中国成立前夕毛泽东号召广大妇女要"团结起来，参加生产和政治活动，改善妇女的经济地位和政治地位"③。新中国成立后，党和政府鼓励妇女以各种形式参与国家和社会事务的管理和监督，极大地调动了广大妇女政治参与的热情。在党和国家的政治动员下，妇女依靠国家结构性的推动，被纳入地方性的政治发展，进入了基层的领导层面。在 20 世纪 50 年代，新中国出现了中国历史上第一次妇女参政高峰。而普通农村妇女参政议政

---

① 《新中国妇女参政的足迹》编写组编《新中国妇女参政的足迹》，中共党史出版社，1998，第 40~41 页。

② 《新中国妇女参政的足迹》编写组编《新中国妇女参政的足迹》，中共党史出版社，1998，第 98 页。

③ 参见《新中国妇女》创刊号，1949 年 7 月 20 日。载李晓广《当代中国性别政治与制度公正》，南京大学出版社，2012，第 123 页。

主要以参加农民协会和农民代表会的形式，在共产党发动的土改运动、选举活动等过程中积极参加。据统计，华东、中南、西南、西北四个大行政区有 4000 万农村妇女加入了农民协会，占农民会员总数的 1/3。1950 年以后，召开各界人民代表会的县已达到 94%，1952 年全国乡一级人民代表会议（包括执行乡人民代表会议职权的农民代表会议）的女代表，占代表总数的 22%。县级人民代表会议的女代表约占代表总数的 15%。① 同样，在民主建政运动过程中，在党和国家的广泛发动下，城市妇女也广泛地接受了民主教育，妇女的组织程度越来越高，街道积极分子踊跃参加选举，大批妇女骨干涌现。1950 年，城市市一级人民代表会议的女代表平均占代表总数的 12%，区级女代表占代表总数的 19%，到 1952 年，市级女代表达 18%，区级女代表达 24%，而城市街道人民代表中女代表则占代表总数的 50% 左右。② 1953 年 12 月开始在全国范围内进行的基层选举活动，是中国有史以来第一次大规模的普选运动，84.01% 的女选民参加了选举；全国共选出人民代表 560 多万人，其中女代表 98 万余人，占全国代表总数的 17.3%。③ 1953 年 4 月 22 日，中共中央下发《关于各级人民代表大会中妇女代表比例的通知》规定，妇女在乡镇人民代表大会中应占的比例为 20% 左右，少者应不低于 15%；省、县一般以 15% ~ 20% 为宜，市和城市的区，可稍高于省、区的比例。④ 这是中共中央为确保妇女参政权的实现而颁发的硬性文件规定。在普选期间，党和政府各级部门，包括妇联组织都积极做好宣传动员工作。时任全国妇联宣传教育部副部长李屺阳在《新中国妇女》杂志上发表题

---

① 《新中国妇女参政的足迹》编写组编《新中国妇女参政的足迹》，中共党史出版社，1998，第 37 页。

② 《新中国妇女参政的足迹》编写组编《新中国妇女参政的足迹》，中共党史出版社，1998，第 38 页。

③ 韩贺南：《新中国参政妇女群体结构的变化及其原因与影响》，人大复印报刊资料《妇女研究》1998 年第 4 期。

④ 叶利军：《从童养媳当选为全国人大代表说起——湖南省妇女参政权一瞥》，《长沙铁道学院学报》2009 年第 3 期。

为《动员妇女群众积极参加普选运动》一文中指出："对女代表候选人的提名，全体妇女要予以最大的关心。男代表固然可以代表妇女，但比较起来，妇女更懂得妇女的痛苦和要求，因而女选民除注意整个代表的候选人名单之外，特别要注意女候选人的提名和当选。"① 在广泛的动员氛围下，1956 年的第二次全国基层人民代表普选中，当选的女代表有 100 多万人，各级人民代表大会中女代表的比例达到 20.3%，② 高于此前三年第一次普选 3 个百分点。

由于新中国成立后清除了性别歧视的制度性篱笆，"男女平等"因社会革命而获得意识形态上的合法性，通过各种政治动员在社会生活中深入人心。20 世纪六七十年代，在"时代不同了，男女都一样。男同志能办到的事情，女同志也能办到"③ "妇女能顶半边天"等政治动员口号的带动下，出现了"三八"女子高空带电作业班、大庆女子钻井队、大寨"铁姑娘"突击队、"三八红旗手"等模范妇女典型，妇女的民主参与非常活跃。在 1956 ~ 1966 年十年社会主义建设时期，来自基层一线的女青年、女劳模以及工业战线上的女厂长、女工程技术人员和农业合作化运动中大批女社长成为权力领域女性政治参与的主体。在农村基层，妇女大规模进入工农业生产，基层大批女劳模走上基层领导岗位。据统计，1956 年社会主义建设高潮中，全国 75.6 万个农业生产合作社中，70% ~ 80% 的社有女社长或副社长，计 50 余万人。④ 据 1960 年统计，全国 2.4 万多个人民公社中，有正、副女社长 5500 人，所有生产队，几乎队队都有女队长。⑤ 大批女劳模如申纪兰、郭凤莲、邢燕子等劳模型的民主参与典型代表成为当时妇女政治参

① 《新中国妇女参政的足迹》编写组编《新中国妇女参政的足迹》，中共党史出版社，1998，第 58 页。

② 孙晓梅编《中外妇女运动简明教程》，天津大学出版社，2008 年，第 31 页。

③ 《毛主席畅游十三陵水库》，《人民日报》1965 年 5 月 27 日。

④ 《新中国妇女参政的足迹》编写组编《新中国妇女参政的足迹》，中共党史出版社，1998，第 51 页。

⑤ 《新中国妇女参政的足迹》编写组编《新中国妇女参政的足迹》，中共党史出版社，1998，第 83 页。

与的一大特色，这也进一步加强了妇女权力参与的基础力量。另据1957 年《纽约时报》报道：当时的水利部部长、司法部部长、监察部部长、纺织工业部部长都是女性。每一个农业合作社至少有一名女性参加管理委员会，而城市街道委员会实际成员的 80% 是女性。[①]

（三）动乱状态下反向刺激了妇女政治参与的虚假繁荣

"文革"时期，受当时政治气候的影响，一方面，选拔女干部的程序正义被亵渎，一大批革命家型的女干部被打倒；另一方面，在"抓阶级斗争"的高潮时期，妇女政治参与被扭曲，女干部人数、比例大幅增加，一度在参政数据上达到新中国成立以来的最高点。但"文革"时期妇女的政治参与很大程度上属于"强制性参与"——在某种强制力的迫使下参与政治称之为强制性参与。强制能成为政治参与的一种动力机制，是因为它来源于人的畏惧心理，即如果不去参加某项政治活动，就会被编入另册或被另眼相看，甚至沦为政治斗争的对象。在这种强制性动机作用下所形成的政治参与，必定是非自愿的一种参与。这种强制性动机就会成为普遍的政治参与驱动力量。[②] 在当时政治运动的氛围下，20 世纪 70 年代妇女的政治参与达到顶峰。1975 年第四届全国人民代表大会召开，妇女代表的人数占总人数的 22.6%，人大常委会里共有 42 位女常委，占人大常委总数的 25.1%。据对当时《人民日报》及各省、市、自治区报纸报道的不完全统计：广东省召开第三次党代会（1970 年），女代表 230人，占代表总数的 18.9%；云南省召开第二次党代会（1971 年），女代表 199 人，占代表总数的 16.1%；四川省召开第二次党代会（1971 年），女代表 258 人，占代表总数的 17.5%；上海市召开第四次党代会（1970 年），女代表 258 人，占代表总数的 25.8%。[③]

---

① 〔美〕海伦·F. 斯诺：《中国新女性》，康敬贻、姜桂英译，中国新闻出版社，1985，第 7 ~ 8 页。
② 王国敏：《20 世纪的中国妇女》，四川大学出版社，2000，第 448 页。
③ 《新中国妇女参政的足迹》编写组编《新中国妇女参政的足迹》，中共党史出版社，1998，第 112 页。

但这些虚假繁荣的数字背后却折射出妇女政治参与的乱象。实际上在"文化大革命"时期，中国整个的政治状况都处于非常时期，中国妇女的政治参与也走向了一条曲折的发展道路，遭受了巨大的挫折。如选拔女干部的程序被亵渎，妇女政治参与活动被扭曲变形，一些经受了革命战争考验、在社会主义建设时期成长起来的优秀女领导、女干部被打击和迫害，而当时江青规定在各级革命委员会中都必须有一名女干部，每个革委会中妇女的比例要占30%，大批"红色尖兵型"的"革命小将"和造反派成员中没有经过正当参政渠道推选的女干部进入革命委员会。因此，从形式和数字上看，"文革"时期我国女性干部的人数和比例都达到了新中国成立以来的最高点，显示出了"虚假繁荣"的现象，但这一时期妇女政治参与却是非理性、无序性和暴力化的，批斗和打倒等方式成为当时妇女政治参与的主要手段，以暴力的手段投身于政治运动中，以一种暴乱无序的方式参与政治，并非真正代表广大女性的利益去参与国家和社会事务的管理。因此，这些虚假繁荣现象的出现并不是真正意义上的扩大妇女政治参与，它不仅阻碍了妇女政治参与的有序性，耽误了女干部的发展与成熟，而且还使整个中国妇女政治参与的进程出现断裂。

总之，从新中国成立初期到改革开放前，客观上由于受政治经济发展水平的制约，我国妇女政治参与行为无法跨越经济和文化的制约。而建立在"委任制"基础上从上而下的性别保护政策的推动，主观上就决定了这一时期我国妇女整体素质不高，这些因素都进一步说明新中国成立初期妇女的政治参与水平普遍处于较低层次，缺少广度和深度，其特点主要表现为党和国家"动员型"政治话语下的被动型的特征，在国家单向推动下，这一时期的女领导干部主要分布在高层和基层，存在中间断层的问题。

三 改革开放后妇女"自主型"政治参与的绩效检索

改革开放以来，在党和国家结构性的推动下，在社会整体的进步和妇女自身意识和能力的进步等多因素作用下，中国妇女的政治参与有了空前的发展，体现为"自主型"政治参与的特征。在民主参与领域，妇女的政治参与意识和政治参与程度逐步提高，与男性之间的差距不断缩小；在权力参与领域，国家重视对妇女的赋权，一定程度上使妇女政治参与由"缺席"向"在场"转变，妇女发展被纳入地方性的政治发展规划中，进入了中央和地方基层的领导层面，不同群体的妇女在一定程度上进入到各级国家权力机关中，逐渐打开男性独霸权力领域的政治局面，有力地挑战了传统女性"主内"的角色地位，打破了传统"牝鸡无晨"不公正的性别政治制度安排，用事实和行动证明了女性参与管理国家和社会事务的能力和水平。另外，由于竞争机制的引入，改革开放前给妇女留一定"比例"和"优先"的"性别保护政策"逐渐淡出，这使中国妇女政治参与面临空前的挑战，导致妇女政治参与状况总体上仍存在诸多问题：妇女政治参与程度提高和广度不够并存，对公共事务的关切度提高和整体上政治参与意识不强并存，知政、议政能力增强和参与国家和社会事务决策的程度偏低并存，总体上妇女政治参与状况不容乐观。从民主参与和权力参与两个方面，能够全面客观透视出当前我国妇女政治参与的状况。

（一）民主参与上：妇女对公共事务的关切度提高与政治冷漠并存

在现代民主社会，妇女不仅要享受私人领域免受干涉的自由，更应该追求在公共领域积极参与的自由。这种广泛的民主参与不仅包括参与政治决策，还包括对公共事务的关注、反思公共善，以及学习承担社会义务和责任等更广泛的社会参与。从目前我国妇女社会参与整体状况来看，妇女对公共事务的关切度提高，但政治参与意识不强，政治冷漠感普遍存在。总体上看，当前妇女在民主参与上存在着对公共事务的关切度提高与政治冷漠并存的现象。

1. 妇女对公共事务的关切度提高

改革开放后，随着我国经济快速发展和民主进程的加快，妇女在政治、经济、教育、社会和婚姻家庭等领域内享有与男子相同的权利，再加上政府强大的社会动员，妇女政治参与的积极性和自觉性都有所提高，妇女政治参与绩效也显著提升。从 1990 年开始，每隔十年，政府便针对中国妇女的社会地位进行全面的调查，其中就包括对妇女政治参与方面的调查。至今为止，共进行了三次，其中的一些数据在一定程度上见证了中国妇女对公共事务关切度提高的过程。1990 年第一期中国妇女社会地位调查数据报告显示，女性中 25.7% 的人有过当人民代表的想法；在对"若被选为人大代表将如何反应"的问卷统计中，有 54.3% 的妇女表明能够干好或会努力去干；有 34.1% 在回答对"社区单位工作情况的关注态度"问题时表示"非常关注"和"比较关注"；对"国内政界人物的知晓情况"，回答正确的达 50% 左右。[①] 2000 年第二期中国妇女社会地位调查数据显示，有 15.1% 的女性主动给所在单位、社区提建议，比 1990 年提高了 8 个百分点；女性对国家主席的知晓率为 87.1%，比 1990 年提高了 42.3 个百分点，男女两性的差异，由 25 个百分点缩小至 9.1 个百分点。调查结果显示，最近 5 年来（1996~2000 年，笔者注），选举地方人大代表的参选率，女性为 73.4%，男性为 77.6%，性别差异较小。在投票时，分别有 65.8% 的女性和 77.4% 的男性能"尽力了解候选人情况，认真投票"[②]。这都说明，经过 10 年的发展，妇女的政治参与程度和对公共事务的关切度逐渐提高，与男性的差距在逐步缩小。2010 年第三期中国妇女社会地位调查数据显示，有 11.2% 的女性参与过各级管理和决策，有 54.1% 的女性至少有过一种民主监督行为，18.3% 的女性主动给所在单位、社区和村提过建议，92.9% 的女性关注"国内外重大事务"。……在农村，有 83.6% 的农村女性参与了村委会选举，投票时能够"尽力了解候选人情况"、认真

---

① 中国妇女社会地位调查课题组编《中国妇女社会地位概观》，中国妇女出版社，1993，第 131~155 页。

② 第二期中国妇女社会地位调查课题组：《第二期中国社会妇女地位抽样调查主要数据报告》，《妇女研究论丛》2001 年第 5 期。

投票的占 70.4%。①第三期中国妇女社会地位调查数据显示，与 10
年前的 2000 年相比，2010 年女性曾经担任过领导或负责人的比例提
高了 4.5%；主动给所在单位、社区和村提过建议的女性的比例提高
了 3.2 个百分点。从第三期中国妇女社会地位调查结果来看，《各省
妇女地位调查统计表》有关"政治地位"一栏内容显示，关于"女
性至少有过一种民主监督行为"所占比例中，江苏为 53.1%，湖北
为 53.6%，广东为 52.3%，青海为 54.9%，贵州为 36.9%，黑龙江
为 13.7%。统计显示，上海在业女性中职业为"国家机关、党群组
织、企业、事业单位负责人"的不足男性的一半，甘肃超九成女性
关注重大事务。②同时，东部、中部、西部地区也分别发布了关于
本地区妇女社会地位的数据，如上海 98.2% 的女性关注"国内外
重大事务"，关注度最高的前五项事务依次为"社会保障""医疗
改革""住房问题""社会治安"和"金融危机"③；安徽调查显
示，近 5 年参与人大代表和居委会、村委会选举的女性比例分别为
48% 和 66.8%；④广西 77% 的农村女性在参加村委会选举投票时
能够"尽力了解候选人情况"再认真投票。⑤2006 年全国妇联在
我国 10 个省份开展了对万名农村妇女参与新农村建设的问卷调
查，调查显示，有 78.6% 的女性参加村委会选举投票，从不去
投票的只占 5.8%，另有 46.9% 的女性对参加村委会竞选有较高
的热情，有 45.7% 的女性最关心的是"村民选举"。⑥可见，当

---

① 第三期中国妇女社会地位调查课题组：《第三期中国社会妇女地位抽样调查主
　　要数据报告》，《妇女研究论丛》2011 年第 6 期。
② 参见中华女子学院性别研究信息中心编《思考与关注——妇女信息动态》2012
　　年第 1 期（总第二十八期），内部刊物，第 17～20 页。
③ 《上海妇女社会地位的主要进步》，http：//shszx. eastday. com/node2/node4810/
　　node4836/node4840/userobject1 ai52446. html，访问日期：2013 年 4 月 3 日。
④ 《第三期安徽省妇女社会地位调查主要数据》，http：//ah. anhuinews. com/qmt/
　　system/2011/12/31/004679269. shtml，访问日期：2013 年 4 月 4 日。
⑤ 《广西妇女社会地位调查：88.1% 的女性对自己的能力有信心》，http：//
　　www. gxdrc. gov. cn/zwgk/qnyw/201208/t20120802_444635. htm，访问日期：2013
　　年 4 月 4 日。
⑥ 甄砚主编《中国农村妇女状况调查》，社会科学文献出版社，2008，第 8～9
　　页。

前我国妇女在公共事务的关注度上有了质的飞跃，妇女在选举中参与率较高，开始逐步正视并行使自己政治参与权利，民主参与意识、知政、议政水平不断提高，决策的能力不断增强。

2. 妇女的政治参与意识不强，政治冷漠感普遍存在

妇女整体上的政治参与意识不强，政治冷漠感普遍存在。政治冷漠是指"消极的政治态度在政治行为上的表现，即不参加政治生活，对于政治问题和政治活动的冷漠和不关心"[①]。因为妇女的政治参与程度与其政治参与意识成正比，政治参与意识越强，其参政程度越高；相反，政治参与意识越低，其参政程度越低，可以说，政治参与意识的强弱直接决定了当前我国妇女的政治参与行为。当前我国妇女对政治参与的热情和参与度都不甚令人满意，整个妇女群体的政治参与意识仍比较薄弱，相当数量的妇女存在政治冷漠心理。1990 年第一期中国妇女社会地位调查数据显示，在对"曾否有过当人大代表的想法"这一问题的回答上，74%的女性选择"从未想过"，比男性高出 12.7 个百分点，而在"对单位、社区工作情况的态度"上，选择"非常关注"的女性仅占 7.1%，比男性低 9.9 个百分点，选择"毫无兴趣"的女性为12.8%，比男性高 6 个百分点，44.8%的女性选择"只做好自己本职工作，其他不想多管"，比男性高 12.2 个百分点。[②] 2000 年第二期中国妇女社会地位调查数据显示，最近 5 年来，选举地方人大代表的参选率，女性为 73.4%，男性为 77.6%，在投票时，"尽力了解候选人情况，认真投票"的女性比男性少 11.6 个百分点。这次调查数据显示，有 15.1%的女性主动给所在单位、社区提过建议，但男性却为 31.3%，比女性高出了 16.2 个百分点。[③] 由此可见，妇女的政治参与意识在 10 年之间有所提高，但是在整体上，

---

① 王浦劬主编《政治学基础》，北京大学出版社，1995，第 219 页。
② 中国妇女社会地位调查课题组编《中国妇女社会地位概观》，中国妇女出版社，1993，第 132 ~ 147 页。
③ 第二期中国妇女社会地位调查课题组：《第二期中国社会妇女地位抽样调查主要数据报告》，《妇女研究论丛》2001 年第 5 期。

妇女的政治参与意识并不强，特别是与男性相比，两性之间的差距越来越大，亟须采取措施，促使妇女政治参与意识的觉醒，以缩小两性之间的差距。特别是农村妇女文化素质较低，政治参与意识薄弱，普遍存在政治冷漠心理，具体表现为大部分农村妇女对村庄治理的冷淡和不关心，不愿参与到农村政治生活中。2002年进行的一项涉及全国 19 个省区市的关于农村妇女政治参与的大型问卷调查表明，60% 以上的农村妇女对选举谁当村委会干部没有明确的意图，近 70% 的人参加村委会选举是迫于无奈或随大溜；以 "非常认真" 和 "比较认真" 的态度参加选举的人还不到1/3。[①] 2006 年进行的涉及全国 10 个省农村妇女参与新农村建设的问卷调查显示，近 25.6% 的农村女性明确表示不愿意参加村委会选举。[②] 广大农村妇女的政治参与意识相对于我国妇女的整体参与意识而言更加淡薄，她们在村民自治中的态度较为消极，政治参与行为较为被动，缺乏主动性和自觉性。当前，我国农村大部分妇女对于村委会选举这一活动处于茫然状态，由于基层妇女长期缺乏政治参与的实践锻炼，缺少参政技能的培训，对于村委会竞选以及村民自治存在着较大的不确定性，绝大多数农村妇女在民主选举、村务民主决策和管理中放弃了话语权，仅以旁听者和局外人的角色参加集体会议，或者纯粹是为了走过场和应付村委会硬性的 "出席"要求，在村民会议上只是 "听会"，没有真正关注会议的具体内容，对于谁担任村干部持无所谓态度。因此，在选举投票时往往随众、随夫，缺乏自主性，对村民自治的信心不足，政治效能感较为低下。由中华全国妇女联合会主持的 "推动中国妇女参政" 项目文件显示，在农村，女性占农村劳动力的 65%，但在村委会成员比例中仅占21.4%，仅有 1%~2% 在决策性岗位上。[③] 这表明农村妇女政治参

---

① 张凤华：《农村妇女在政治参与中存在的问题及改善措施》，《汕头大学学报》2005 年第 5 期。
② 甄砚主编《中国农村妇女状况调查》，社会科学文献出版社，2008，第 9 页。
③ 参见付翠莲《村庄女性化格局下妇女政治参与困境与消解》，《长白学刊》2013 年第 6 期。

与仍是我国公民政治参与中的最薄弱环节，是扩大公民有序政治参与的难点。

（二）权力参与上：女干部队伍壮大与权力参与结构领域不合理并存

1995 年在北京召开的第四次世界妇女大会上，我国公开承诺将性别意识纳入决策主流，国家采取了一系列以扶植女干部成长的政策措施，规定了女性参政的最低比例。在国家法律和党的政策的保障和支持下，我国妇女在权力领域的参与总体上出现了稳步上升的局面，妇女政治参与程度不断提高，参政妇女的人数不断增加，男女两性在政治参与方面的差距有所缩小。尽管当前妇女的政治参与取得了巨大成绩，但不可否认的是，妇女在权力领域缺席的状况仍未得到根本改变，出现了"副职多、正职少，虚职多、实职少，低层多、高层少"的"三少三多"现象，仍然存在着妇女参政比例大大低于男性、级别越高比例越低、越是核心部门比例越低、女性处于核心决策者的比例极低、女性后备干部不足等问题，妇女权力参与结构领域不合理现象很严重。

1. 女干部比例逐年上升，年龄和素质结构逐步改善

改革开放以来，我国颁布了专门保障妇女权益的"一法三纲"（即《中华人民共和国妇女权益保障法》和三个《中国妇女发展纲要》），保障妇女政治参与的法律和政策进一步完善。1992 年第七届全国人民代表大会第五次会议通过，并由 2005 年第十届全国人民代表大会常务委员会第十七次会议修正的《中华人民共和国妇女权益保障法》规定，"全国人民代表大会和地方各级人民代表大会的代表中，应当有适当数量的妇女代表。国家采取措施，逐步提高全国人民代表大会和地方各级人民代表大会的妇女代表的比例"。1995 年国务院颁布了《中国妇女发展纲要（1995~2000 年）》，明确规定了"积极实现各级政府领导班子成员中都有女性，政府部门负责人中女性比例有较大提高"；2001 年通过的《中国妇女发展纲要（2001~2010 年）》也规定了促进妇女参政的目标和策略措施；2011 年颁布《中国妇女发展纲要

(2011～2020 年)》针对妇女参与决策和管理提出八项总目标，同时，针对提高妇女参与决策和管理水平问题做出了专门规划，妇女的知情权、参与权、表达权、监督权得到进一步保障。"一法三纲"的颁布和实施使各级党政领导班子中女干部的配备率都有很大提高。党政领导班子中女干部的配备率，是指某地区党委/政府领导班子中配备一名以上女干部的领导班子个数占领导班子总数的比重。① 中共中央组织部2001 年出台了《关于进一步做好培养选拔女干部、发展女党员工作的意见》，要求省、自治区、直辖市和市（地、州、盟）党委、人大、政府、政协领导班子至少要各配 1 名以上女干部，而县（市、区、旗）党委、政府领导班子也要各配 1 名以上女干部。这些政策和措施都极大地激发了妇女的参政热情，全国女干部比例呈逐年上升趋势，一大批德才兼备的优秀女干部走上了党和国家的各级领导岗位，直接参与国家和社会事务的管理，在各级党和政府的关键岗位上发挥着重要作用。据统计，截至 1999 年 12 月底，全国 31 个省、区、市有 12 个省、区、市党政班子中都有女性，占全国的 38.7%，22 个省、区、市党委班子中至少有 1 位女性，19 个省、区、市政府班子中至少有 1 位女性。② 截至 2010 年，我国省、地、县政府领导班子中，女干部配备率 2010 年比 2000 年分别增加 22.6 个百分点、24.3 个百分点、26.4个百分点，女干部配备率在逐年上升（见表 3 - 4）。

表 3 - 4 2000 年、2010 年各级女干部配备率

单位：%

年份	省部级	地市级	县处级
2000	64.5	65.1	59.8
2010	87.1	89.4	86.2

资料来源：《盘点女性领导干部现状："橄榄形"格局如何破解》，新华网，http://news.xinhuanet.com/renshi/2012-03/09/c_122810021_2.htm，访问日期：2012 年 3 月9 日。

---

① 国家统计局人口和社会科技统计司编《中国社会中的女人和男人——事实与数据》，中国统计出版社，2004，第 88 页。

② 史界：《新时期中国妇女解放理论与实践研究》，新疆大学博士学位论文，2012，第 110 页。

2000 年第二期中国妇女社会地位调查数据显示，我国省级党政领导班子中都至少有了一名女性，省部级女干部占同级干部的比例达 8.0%，比 1990 年提高了 1.8 个百分点。[①] 从数字上看，我国女干部人数增长幅度虽不大，但在干部总数中的比例却是显著增加的，整体人数明显上升，各省及地方的女干部队伍也在不断扩大（见表 3 - 5）。

表 3 - 5   1999 ~ 2007 年女干部人数及所占比例

年份	干部总数（万人）	女干部人数（万人）	所占比例（%）
1999	4120	1471.8	35.72
2000	4113	1489.6	36.21
2001	4051	1488.0	36.73
2002	3990.5	1492.9	37.41
2003	3957.2	1500.2	37.91
2004	3852.3	1481.6	38.50
2005	3867.16	1502.6	38.86
2006	3898	1522.1	39.00
2007	—	—	40.00

资料来源：根据新华网和中央组织部相关统计数据整理。

表 3 - 5 显示，越来越多的妇女参与到国家及社会事务的管理中，并发挥自己在政治上的积极作用。据统计，2000 ~ 2010 年间，省部级以上女干部比例上升 2.8 个百分点，地厅级女干部比例上升 3.1 个百分点，县处级女干部比例上升 2 个百分点，村民委员会中女干部比例也上升 5.7 个百分点（见表 3 - 6）。

2001 年，中组部曾下发《关于进一步做好培养选拔女干部、发展女党员工作的意见》要求，中国省、市、县三级党政领导班子后备干部队伍中的女干部，应分别不少于 10%、15%、20%。从表 3 - 6 可以看出，截至 2009 年，女性干部占全国省（部）级

[①]   第二期中国妇女社会地位调查课题组：《第二期中国社会妇女地位抽样调查主要数据报告》，《妇女研究论丛》2001 年第 5 期。

表 3 - 6 2000 ~ 2010 年各级领导干部性别构成

单位：%

年份	省(部)级及以上		地(厅)级		县(处)级		村委会	
	女	男	女	男	女	男	女	男
2000	8.0	92.0	10.8	89.2	15.1	84.9	15.7	84.3
2001	8.1	91.9	11.0	89.0	15.5	84.5	15.5	84.5
2002	8.3	91.7	11.7	88.3	16.1	83.9	16.1	83.9
2003	9.0	91.0	12.5	87.5	16.7	83.3	16.1	83.9
2004	9.9	90.1	12.6	87.4	16.9	83.1	15.1	84.9
2005	10.3	89.7	12.9	87.1	17.2	82.8	16.2	83.8
2006	10.4	89.6	13.3	86.7	17.5	82.5	23.2	76.8
2007	10.1	89.9	13.7	86.3	17.7	82.3	17.6	82.4
2008	10.5	89.5	13.2	86.8	16.8	83.2	21.7	78.3
2009	11.0	89.0	13.7	86.3	16.6	83.4	21.5	78.5
2010	10.8	89.2	13.9	86.1	17.1	82.9	21.4	78.6

资料来源：国家统计局人口和社会科技统计司编《中国社会中的女人和男人——事实和数据》，中国统计出版社，2004，第 110 页；刘筱红，赵德兴，卓惠萍：《改革开放以来中国农村妇女角色与地位变迁研究——基于新制度主义视角的观察》，中国社会科学出版社，2012，第 133 页。

及以上干部比例的 11% ，占全国地厅级干部比例的 13.7% ，占全国县处级干部比例的 16.6% ，这个比例在 2000 年时，分别为 8% 、10.8% 、15.1% 。从中可看出 2000 ~ 2009 年女性干部在各级领导干部中比例有所上升。相关统计显示，2010 年全国女干部占干部队伍总数的比例为 23.2% ，比 2000 年的 21.3% 增加了 0.9 个百分点。[①] 从各地方女干部所占比例情况看，我国各地县处级以上女干部的比例基本达到 20% 以上。如重庆，截至 2011 年年底，党政机关共有女干部 4.22 万名，占干部总数的 25.7% ，占比超过 1/4。其中，全市县处级以上女领导干部数量为 2007 年的 3.4 倍，省部级干部有 5 名，厅局级干部有 422 名，县处级干部有 6887 名。云

① 赵梓涵：《"参政议政 有为有位"——妇女参与国家社会事务管理的能力和水平稳步提升》，《中国妇女报》2012 年 11 月 1 日，http://www.women.org.cn/allnews/25/20543.html，中国妇女网，访问日期：2014 年 3 月 10 日。

南全省的公务员中，女性比例占到 29%，其中厅级、县处级干部分别占总数的 14.5% 和 15.57%，这在全国范围内来说，任用比例处于中等偏上。而作为首都的北京市在女干部任用比例上处于全国的领先地位。其中，处级女干部比例占到 30%，局级占到 20%，县处级以上女干部比例达到 50%。[①] 据北京市妇女儿童工作委员会提供的数字，2012 年北京市女党员比例为 37.3%，比 2011 年的 34.8% 提高了 2.5 个百分点，参加北京市第十一次党代会的女代表比例为 39.5%，比第十次党代会女代表比例 36.3% 提高了 3.2 个百分点。目前北京市人大代表 774 人，其中女代表 236 人，占 30.6%；市政协委员共 737 人，其中女委员 233 人，占 31.6%，均处于全国领先位置。[②] 中共十八大上北京代表团中女代表共有 25 名，占 39.06%，女性比例继十七大之后再次居全国之首，其中大多是在教育、科技等基层一线的女性和优秀女领导干部。

在基层，全国"村两委"配备率也有很大提高，据不完全统计，目前全国有 17 个省区市在地方法规文件中明确提出村委会成员中至少要有一名女性。在最近一轮"村两委"换届选举中，有 14 个省区市采取专职专选等措施选举产生妇女委员或妇女候选人，有 26 个省区市"村两委"女干部配备率超过 90%。截至 2011 年年底，全国村民委员会成员中女性比例达到 21.97%，较 2005~2007 年村委会换届后提高 4.35 个百分点。农村妇女进"村两委"比例从 2008 年的 20% 左右提高到 2012 年的 90% 左右。[③]

此外，随着党和政府对培养女干部的重视，20 世纪末以来，我国女干部的年龄结构发生了重大的变化，从中央到地方，女干部平均年龄呈下降趋势，年龄层次逐渐降低，一些地方甚至涌现了一批"80 后"年轻女干部。近年来，随着公务员招聘制度的改

① 《各地女干部比例达 20% 以上》，中国经济网，http://district. ce. cn/zg/201212/19/t20121219_ 23955998. shtml，访问时间：2014 年 3 月 10 日。
② 《十八大代表女性比例北京全国最高》，《中国妇女报》2012 年 11 月 6 日，http://www. women. org. cn/allnews/36/2. html，访问日期：2013 年 12 月 26 日。
③ 全国妇联组织部：《党群共建 创先争优 推动妇联组织工作创新发展》，http://www. women. org. cn/allnews/40/81. html，访问日期：2013 年 8 月 15 日。

革，女性进入中央国家机关干部队伍的数量越来越多，比例也越来越大，走上较高级和较重要领导岗位的人数也越来越多，而且年龄段越小，女性干部所占比例越大，且其所占比重大于男性，说明女干部的年龄在不断地年轻化，这在很大程度上改变了干部队伍的结构（见表 3 - 7）。

表 3 - 7　中央国家机关队伍中年龄结构所占比例

单位：%

年龄段	男	女
45 ~ 49 岁	19.8	19.3
35 ~ 39 岁	14.9	11.8
25 ~ 29 岁	8.6	14.8
24 岁以下	1.3	2.6

资料来源：中央国家机关工委统战部《机关女干部成长规律调查》，《决策》2011年第 8 期。

同样，在基层民主建设过程中，村委会主任的年龄层次也不断下降，偏向于 25 ~ 45 岁这一年龄段。第二次全国农业普查数据显示，在村委会中，小于或等于 25 岁的村委会主任有 1035 人，25 ~ 45 岁的有 233944 人，在居委会中，小于或等于 25 岁的主任有 19 人，25 ~ 45 岁的有 4022 人。[1] 其中，村委会女主任有 8270人，居委会女主任有 494 人。[2] 这个统计数字虽在全国村委会和居委会主任中所占比例并不高，但妇女担任主任的年龄也是集中于25 ~ 45 岁这一范围，呈现出年轻化趋势。这主要是由于有些地方规定进入"两委"的女性年龄不得超过 50 岁，也就排除了高龄女委员，间接造成了妇女主任的年轻化。

---

[1]　国务院第二次全国农业普查领导小组办公室、中华人民共和国国家统计局：《第二次全国农业普查资料汇编》（综合卷），中国统计出版社，2009，第 352 页。

[2]　国务院第二次全国农业普查领导小组办公室、中华人民共和国国家统计局：《第二次全国农业普查资料汇编》（农村卷）中国统计出版社，2010，第 70页。

表 3 - 9 1990～2012 年中国共产党党员性别构成

单位：%

年份	性别构成	
	男	女
1990	85.5	14.5
2000	82.6	17.4
2002	82.2	17.8
2004	81.4	18.6
2006	80.3	19.7
2008	79.6	20.4
2010	77.5	22.5
2011	76.7	23.3
2012	76.2	23.8

资料来源：中共中央组织部统计资料；师凤莲：《当代中国女性政治参与问题研究》，山东大学出版社，2011，第 119 页；参见国家统计局人口和社会科技统计司编《中国社会中的女人和男人——事实与数据（2012）》，中国统计出版社，2012，第 98页；中共第十八届全国代表大会数据根据人民网十八大专题报道统计资料整理。

在中国，参与政治和决策的指标除了女性在中共中央委员会的配置比例、不同行政级别中的女性配置比例外，女性在全国人大、全国政协的配置比例也是非常重要的衡量标准。全国人大是我国最高立法机关和最高权力机关，是最重要的民意代表机构，女性在全国人大和全国人大常委会中所占的比例是高层权力领域政治参与的重要标志。从 20 世纪 50 年代初期起，全国人大女性代表、全国政协女性代表的比例虽然时有回落，但总的趋势基本上保持稳中有升。从 1978 年至 2012 年，我国女人大代表比例一直徘徊在 20.2%～21.8%之间，增长了 1.6 个百分点，基本上保持在 21%左右（见表 3 - 10）；1983～2013 年女常委所占比例在 9.0%～16.1%之间，虽然增长了 7.1 个百分点，但平均仍维持在 13.3%（见表 3 - 11）。第十二届全国人大女代表所占比例比上一届提高 2.1 个百分点（见表 3 - 10）。政协委员和政协常委中的女性比例是测量女性在政治协商部门参与状况的主要指标，近年来，全国政协委员和政协常委中女性比例呈增长趋势，但在增长幅度上，女政协委员比例明显高于女政协常委比例（见表 3 - 12、表 3 - 13）。但第十二届全国政协女委员比例比上一届仅提高 0.1 个百分点，政协女常委增长 1.6 个百分点（见表 3 - 12、表 3 - 13）。

表 3 - 10　历届全国人民代表大会代表人数及性别构成

届别及 召开年份	人数（人）		性别构成（%）	
	女	男	女	男
第一届（1954）	147	1079	12.0	88.0
第二届（1959）	150	1076	12.2	87.8
第三届（1964）	542	2498	17.8	82.2
第四届（1975）	653	2232	22.6	77.4
第五届（1978）	740	2755	21.2	78.8
第六届（1983）	632	2346	21.2	78.8
第七届（1988）	634	2336	21.3	78.7
第八届（1993）	626	2352	21.0	79.0
第九届（1998）	650	2329	21.8	78.2
第十届（2003）	604	2380	20.2	79.8
第十一届（2008）	637	2350	21.3	78.7
第十二届（2012）	699	2288	23.4	76.6

　　资料来源：国家统计局社会科技和文化产业统计司编《中国社会中的女人和男人——事实和数据（2012）》，中国统计出版社，2012，第 95 页；第十二届全国人大代表数据根据新华网全国人大统计资料整理。

表 3 - 11　历届全国人大常委性别构成

单位：%

届别及 召开年份	性别构成	
	女	男
第一届（1954）	5.0	59.5
第二届（1959）	6.3	93.7
第三届（1964）	17.4	82.6
第四届（1975）	25.1	74.9
第五届（1978）	21.0	79.0
第六届（1983）	9.0	91.0
第七届（1988）	11.9	88.1

续表

届别及 召开年份	性别构成	
	女	男
第八届(1993)	12.6	87.4
第九届(1998)	12.5	87.5
第十届(2003)	13.7	86.3
第十一届(2008)	16.6	83.4
第十二届(2012)	15.5	84.5

资料来源：参见中华全国妇女联合会妇女研究所、陕西省妇女联合会研究室编《中国妇女统计资料》（1949～1989），中国统计出版社，1991，第571页；国家统计局社会科技和文化产业统计司编《中国社会中的女人和男人——事实和数据 (2012)》，中国统计出版社，2012，第96页；第十二届全国人大常委数据根据新华网全国人大统计资料整理。

表 3-12　历届全国政协委员人数和性别构成

届别及 召开年份	人数（人）		性别构成（%）	
	女	男	女	男
第一届(1954)	12	186	6.1	93.9
第二届(1959)	83	646	11.4	88.6
第三届(1964)	87	984	8.1	91.9
第四届(1975)	107	1092	8.9	91.1
第五届(1978)	293	1695	14.7	85.3
第六届(1983)	281	1758	13.8	86.2
第七届(1988)	303	1780	14.5	85.5
第八届(1993)	193	1900	9.2	90.8
第九届(1998)	341	1855	15.5	84.5
第十届(2003)	375	1863	16.8	83.2
第十一届(2008)	395	1842	17.7	82.3
第十二届(2012)	399	1838	17.8	82.2

资料来源：国家统计局社会科技和文化产业统计司编《中国社会中的女人和男人——事实和数据 (2012)》，中国统计出版社，2012，第96页；第十二届全国政协委员数据根据新华网全国政协统计资料整理。

表 3 - 13 历届全国政协常委性别构成

单位：%

届别及 召开年份	性别构成	
	女	男
第一届（1954）	6.9	93.1
第二届（1959）	6.5	93.5
第三届（1964）	5.0	95.0
第四届（1975）	5.6	94.4
第五届（1978）	7.6	92.4
第六届（1983）	11.0	89.0
第七届（1988）	9.7	90.3
第八届（1993）	9.7	90.3
第九届（1998）	10.0	90.0
第十届（2003）	11.4	86.3
第十一届（2008）	10.1	89.9
第十二届（2012）	11.7	88.3

资料来源：参见中华全国妇女联合会妇女研究所、陕西省妇女联合会研究室编《中国妇女统计资料》（1949~1989），中国统计出版社，1991，第571页；国家统计局社会科技和文化产业统计司编《中国社会中的女人和男人——事实和数据（2012）》，中国统计出版社，2012，第96页；第十二届全国政协常委数据根据新华网全国政协统计资料整理。

尽管女性在全国人大、全国政协中所占的比例不断增加，女性的权力参与的优势也逐渐凸显，但有报告显示，1990~2013年，中国女性在全国人民代表大会中所占的比重，与其他国家女性在议会中的位置相比，还是有下降的趋势。这主要是因为世界各国议会中的女性比例逐年上升，中国则提高不大。据联合国的有关研究，任何一个群体的代表在决策层达到30%以上的比例，才可能对公共政策产生实质性影响。[①]

国际上考察妇女参政的主要指标包括妇女作为国家领导人的

① 李慧英：《社会性别与公共政策》，当代中国出版社，2002，第269页。

比例、妇女在议会中的比例、妇女在政府中的比例（主要是部长级）、妇女担任领导岗位主管领域的比例等。妇女作为国家领导人的数据显示，从世界范围看，截至 2013 年 3 月底，有统计数据的国家 193 个，其中担任国家元首或政府首脑的女性有 14 位，占总数的 7.25%。[1] 联合国妇女署发布的"2012 年妇女政治版图"报告显示，截至 2012 年 1 月 1 日，全球女性部长的比例也从 2005 年的 14.2% 增加至现在的 16.7%，其中北欧地区女性部长的比例最高，为 48.4%，其次是美洲，女性部长比例为 21.4%。女性部长比例达到 30% 以上的国家有 26 个，其中挪威的女性部长比例最高，为 52.6%。[2] 而与世界各国相比，十八大以来中国新一届党和国家领导人中只有 6 位女性[3]，而核心决策机构中央政治局常委中，依然没有 1 位女性；截至 2013 年，全国人大常委会 13 位副委员长中，只有 2 名为女性，全国政协 23 名副主席中女性也只有 2 名，而新中国成立以来从未出现女总理和女国家主席。新一届国务院副总理中有 1 位女性，25 位正部长中有 2 位女部长，女性部长所占的比例为 11.54%，在全球女性部长所占比例排序中名列第 66 位，远远落后于智利、南非等发展中国家。全国 31 个省（区市）仅有 7 位女性省级"一把手"[4]；230 多位女性任省部级领导（含副职），各级女市长超过 670 人，女干部队伍 1500 多万人。根据中组部的 2008 年统计数据，中国省部级及以上女公务员所占比

---

[1] 全国妇联妇女研究所编《世界妇女参政近况、特征及启示》，《研究信息简报》2013 年第 4 期。

[2] 王春霞：《2012 国际妇女参政状况及启示》，《中国妇女报》2013 年 3 月 4 日，http：//www.chinagender.org/sky/news_ny.php? id = 1166，访问日期：2014 年 3 月 11 日。

[3] 她们分别是：中央政治局委员、国务院副总理刘延东，中央政治局委员、天津市委书记孙春兰；全国人大常委会副委员长沈跃跃、严隽琪；全国政协副主席林文漪、李海峰。

[4] 截至 2013 年 3 月 8 日，这 7 名女性分别是孙春兰（天津市委书记）、李斌（安徽省省长）、殷一璀（上海市人大常委会主任）、张轩（重庆市人大常委会主任）、陈际瓦（广西壮族自治区政协主席）、张连珍（江苏省政协主席）、乔传秀（浙江省政协主席）。

例为 10.6%；地厅级女公务员所占比例为 13.2%；县处级及以上
女公务员的比例为 16.5%。① 这说明，在中国，女性官员尤其是女
高官仍处于稀缺状态，女性在中国正职省长中的比例，30 年来维
持在约 3% 的水平，而女性仅占全国省部级及以上干部比例的
11%。②

通常把女议员的人数和所占比例作为评价一个国家或地区政
治上男女平等进程的重要考核指标。国际上从妇女在议会中的比
例来看，1966 年丹麦妇女在议会中的比例为 11%，2001 年增加到
38%；芬兰 1965 年是 17%，2003 年增加到 41.5%；挪威 1965 年
为 8%，2001 年增加到 39.1%；瑞典 1964 年是 13%，2002 增加到
45.3%。③ 截至 2011 年年底，全世界 30 个国家的下议院或单院制
议会中，有超过三成的女性入选议会，其中 7 个国家超过 40%，2
个国家议会中的女性占 50%。另外，截至 2011 年年底，19 个国家
上议院中均有超过 30% 的成员为女性，其中更有 5 个国家的上议
院女性比例超过了 40%。④ 截至 2013 年 1 月 1 日，世界各国议会
议长的职位共 274 个，其中女性议长 39 个（包括下议院 28 个，上
议院 11 个），占总数的 14.2%。⑤ 到 2014 年，全世界国家中女议
员比例达 30% 以上的有 38 个，不仅有欧洲国家，而且包括部分非
洲、南美洲、大洋洲国家，妇女在各国议会中的决策影响力不断
增大。而我国改革开放 30 多年来，从没有一位女性担任过全国人
大常委会委员长；从 1978 年至 2008 年的 30 年间，我国女全国人
大代表比例基本徘徊在 21% 左右；1983～2013 年女全国人大常委

① 《女性高官升迁路线图》，经济观察网，http：//www. eeo. com. cn/2012/0118/
219622. shtml，访问日期：2014 年 3 月 10 日。
② 《调查显示女性仅占全国省部及以上干部比例 11%》，http：//money. 163. com/
12/0308/07/7S2AOPES00253B0H. html，访问日期：2013 年 4 月 11 日。
③ 薛宁兰：《社会性别与妇女权利》，社会科学文献出版社，2008，第 95 页。
④ 《女性政治参与：改善全球政治生态——2011 年议会中的女性》，《中国妇女报》
2012 年 7 月 3 日，参见 http：//www. china-woman. com/rp/main？ fid = open&fun =
show_ news&from = view&nid = 84133. 访问日期：2014 年 3 月 9 日。
⑤ 全国妇联妇女研究所编《世界妇女参政近况、特征及启示》，《研究信息简报》
2013 年第 4 期。

比例平均仍维持在 13.3%，最低的年份 1983 年只占 9%（见表 3 – 11）。这与 1995 年世界妇女大会《行动纲领》规定的各国妇女参政比例要达到 30% 的要求差距仍然比较大。各国议会联盟的统计数据表明，中国女性在"议会"中的比例从 1987 年至 1998 年的全球第 17 位，下降到 2008 年的第 61 位；到 2013 年，女性在全国人大比例上升到 23.4%，排名也仍然是第 61 位。表 3 – 14 是截至 2014 年 4 月 1 日中国与国际议会联盟下议院女议员比例 30% 以上的排名情况对照表。

表 3 – 14　中国与国际议会联盟下议院女议员比例 30% 以上的排名情况
（截至 2014 年 4 月 1 日）

名次	国家	选举时间	众议院席位	女议员数	女议员比例
1	卢旺达	2013 年 9 月	80	51	63.8%
2	安道尔共和国	2011 年 4 月	28	14	50.0%
3	古巴	2013 年 2 月	612	299	48.9%
4	瑞典	2010 年 9 月	349	157	45.0%
5	南非	2009 年 4 月	400	179	44.8%
6	塞舌尔共和国	2011 年 9 月	32	14	43.8%
7	塞内加尔	2012 年 7 月	150	65	43.3%
8	芬兰	2011 年 4 月	200	85	42.5%
9	尼加拉瓜	2011 年 11 月	92	39	42.4%
10	厄瓜多尔	2013 年 2 月	137	57	41.6%
11	比利时	2010 年 6 月	150	62	41.3%
12	冰岛	2013 年 4 月	63	25	39.7%
12	西班牙	2011 年 11 月	350	139	39.7%
14	挪威	2013 年 9 月	169	67	39.6%
15	莫桑比克	2009 年 10 月	250	98	39.2%
16	丹麦	2011 年 9 月	179	70	39.1%
17	荷兰	2012 年 9 月	150	58	38.7%
18	东帝汶	2012 年 7 月	65	25	38.5%
19	墨西哥	2012 年 7 月	500	187	37.5%
20	安哥拉	2012 年 8 月	220	81	36.8%
21	阿根廷	2013 年 10 月	257	94	36.6%
22	德国	2013 年 9 月	631	230	36.5%

续表

名次	国家	选举时间	众议院席位	女议员数	女议员比例
23	坦桑尼亚联合共和国	2010 年 10 月	350	126	36.0%
24	乌干达	2011 年 2 月	386	135	35.0%
25	马其顿	2011 年 6 月	123	42	34.1%
26	新西兰	2011 年 11 月	121	41	33.9%
27	哥斯达黎加	2014 年 2 月	57	19	33.3%
27	格林纳达	2013 年 2 月	15	5	33.3%
27	斯洛文尼亚	2011 年 12 月	90	30	33.3%
30	奥地利	2013 年 9 月	183	59	32.2%
31	阿尔及利亚	2012 年 5 月	462	146	31.6%
32	津巴布韦	2013 年 7 月	270	85	31.5%
33	意大利	2013 年 2 月	630	198	31.4%
34	圭亚那	2011 年 11 月	67	21	31.3%
34	葡萄牙	2011 年 6 月	230	72	31.3%
36	喀麦隆	2013 年 9 月	180	56	31.1%
37	瑞士	2011 年 10 月	200	62	31.0%
38	布隆迪	2010 年 7 月	105	32	30.5%
61	中国	2013 年 3 月	2987	699	23.4%

资料来源：http：//www.ipu.org/wmn-e/classif.htm，访问日期：2014 年 4 月 10 日。

　　二是职位副职化相当普遍，女性权力被边缘化现象非常明显。虽然我国女干部人数随着我国妇女解放程度的深入而不断增加，但从整体上来看，现任女领导、女干部在参政过程中，不可避免地面临副职多、正职少，虚职多、实职少，群团部门多、党政主干线和经济主战场少，低级别多、高层次少，边缘部门多、主流部门少等现象，女干部副职化和被边缘化已成为不容置疑的事实。女性在各级领导岗位上任职的比例本来偏低，担任正职的女性更少，处于较低决策影响力的副职位置已成为普遍现象，因为副职大多主管科教文卫计生工作等。即便是在社会组织中，女性担任高层和中层管理者的比例也低于男性。中组部公布的数据显示，2009 年，正职女干部在同级正职干部中的比例分别为：省部级以上 7.3%、地市级 10.4%、县处级 14.8%。2000 年省、地、县、乡四级领导班子中，正职女干部分别占 1.7%、6.15%、

7.05%、3.4%。① 第三期中国社会妇女地位抽样调查主要数据显示，2.2%的在业女性为国家机关、党群组织、企事业单位负责人，为男性相应比例的一半。调查显示，在高层人才所在单位，一把手是男性的占 80.5%，单位领导班子成员中没有女性的占20.4%。② 同时，在我国各级权力机构中，基本上呈现出级别越高女性所占比例越低、正职越少，女性提升常出现从低一级副职直接升职到高一级副职的现象。决策机构中女性的缺损乃至边缘化，使女性的政治参与不是主体性的权力运作，而仅仅是局限于通过向决策层呼吁、倡导和建议的方式表达利益诉求，这就使广大女性对立法和主流决策的作用和影响非常有限，其利益不能在决策层有效地表达和融入于政策之中，这种长期以来形成的"劣势积累""劣势叠加"，造成女性与男性的差距越来越大，最终导致长期以来公共政策忽略甚至牺牲女性利益，严重偏离了社会公正的目标。

政治结构中的传统性别角色分工和性别隔离使妇女在某种程度上成为政治的"点缀"，导致妇女参与国家和社会事务的程度偏低，各级党政领导班子中女领导干部所占比例较低，不但副职多、虚职多、边缘部门多，而且还具有鲜明的"分配性"和"服从性"特征，使女性在权力参与的重要职位上"缺席"，面临权力边缘化的尴尬境地。目前我国女干部多集中在传统上被认为适合妇女的领域，多在"软"的岗位上担任副职领导，大多负责教育、卫生、环境、计划生育、群众团体等"非要害""非实权"的部门，并没有真正进入决策层的核心，而男性则相对集中于行政、立法、司法等权力较大的部门，负责国家的国防、金融、外交等。我国各级权力机构中，级别层次越高的职位女性比例就越少，国家权力顶端的决策层，女性更是少之又少。这样就导致妇女参与国家和社会事务管理的实际参与水平和层次相对低，她们在很大程度上是一种非权力的外围参与。

---

① 《调查：省部级以上干部女性占比 11%》，《新京报》2012 年 3 月 8 日。
② 第三期中国妇女社会地位调查课题组：《第三期中国社会妇女地位抽样调查主要数据报告》，《妇女研究论丛》2011 年第 6 期。

　　在基层群众自治组织中也同样如此，大部分的村委、支委存在着明显的社会性别分工，女性进入村委、支委后，大多负责妇女、计划生育或者卫生等非要害、非实权、远离核心权力的工作，难以在决策方面发挥作用，而男性则往往负责经济发展、基层建设等重要工作，处于村级事务管理的权力顶端，拥有决定农村社会未来发展方向的权力。甚至有些村庄，女性之所以能够进入村委会，并不是因为她们的能力突出，而是因为要完成"村民委员会成员中，妇女应有适当名额"这一指标，因此，她们是作为男性正职领导的陪衬和装饰而存在的，以体现民主和平等。

　　三是妇女政治参与渠道偏少，参与面狭窄。妇女政治参与水平与其参与渠道的通畅、宽广程度有很大的联系，虽然在改革开放后政府致力于疏通妇女政治参与渠道，但当前我国妇女参与政治的方式依旧偏少，参与形式较为单一，主要包括政治投票、政治选举、政治结社、政治表达、政治接触等，明显滞后于政治民主化发展的进程。此外，绝大多数妇女通过政治投票和政治选举的方式来参与政治，政治结社、政治表达、政治接触等参与形式难以在妇女群体中得以体现。政治结社即团体参与，也就是妇女参与到各种妇女团体组织中。中国女性的团体组织主要是各级妇联、各级女职工委员会与其他的妇女组织。而我国妇女的团体组织欠发达，尚存在较多的问题，如妇联组织及其他妇女团体组织权力的弱化，自身制度体系的欠缺等，导致妇女团体组织的影响力日渐削弱，在民主监督、民主管理和民主决策等方面无法充分发挥作用，因而难以激发广大妇女的政治参与热情，促进她们积极参政。政治表达即表达自己的政治观点和政治态度以达到影响政府决策的目的。近年来，妇女对所在单位和社区提过意见的比例不断上升，但涉及政治领域少之又少。由于长期以来社会将政治划分在男性领域内，并对女性进行了主观定位，造成女性对参政的压抑和政治表达的自卑，怯于表明自己的政治立场和发表自己的政治观点，完全未充分发挥自己的政治表达权利。政治接触即为解决个人或小部分群体利益而接触官员的行为，也就是通过来信、来访等合法形式来同政府接触。然而，由于当前我国各项制度尚未完善，政府有关部门的不作为及寻租行为，导致政府接触渠道不通畅，难以发挥真正的作用，加之妇女自身文化素质较低，对法律法规不甚明确，以致当前妇女的政治接触行为趋向非制度化。这种状况在农村较为普遍。因为随着农村男子的外出打工，农村妇女已成为农村社会经济发展中的重要力量，农村村庄呈现女性化趋势日益明显。在农村宅基地、土地分配和征收、房屋拆迁赔偿等涉及妇女利益的纠纷和矛盾时，不少妇女参与越级上访和集体上访，由此引发了农村妇女大量的无序化、非制度化的政治参与泛化。农村妇女非制度化政治参与现象的扩大，主要是因为妇女具有明显的从众性倾向，容易受到感性的影响，一旦有妇女采取了非制度化参与的方式，其他妇女很有可能也会跟随，从而形成一个庞大的、无序的流动团体，其消极影响不容忽视。

四是妇女政治参与程度区域性失衡，基层妇女政治参与比例偏低。改革开放以来，表面上我国各地区和城乡之间妇女所享受的政治权益是相同的，但是由于经济、文化等方面存在区域性的差异，使欠发达地区及农村妇女对自己应享有的权益不够了解，政治参与冷漠现象严重，导致在实际操作中妇女的政治参与程度区域间差距甚大，地区之间发展极不平衡。甚至有些落后地区基层女干部极度紧缺，再加上社会对妇女参政的歧视，导致女性后备干部来源严重不足，面临青黄不接的尴尬局面。从地域分布上来看，我国妇女的政治参与状况存在着明显的地区和城乡差异，大中城市和沿海经济比较发达地区明显好于内陆欠发达地区，而城镇妇女政治参与状况又明显好于农村。例如，2011 年浙江省杭州市级人大代表 514 人，其中女性代表占 26.1%；市政协委员 504 人，其中女性委员占 31.7%；市级党政领导部门配备女干部的领导班子比例为 64.6%；乡镇党委班子女负责人数有 246 人。① 浙江

---

① 《2011 年度杭州市妇女发展情况通报》，http：//www. hangzhou. gov. cn/main/zwdt/bzbd/szcf/T389905. shtml，访问日期：2013 年 4 月 10 日。

全省已有 20541 个村党组织完成换届选举，选举产生女委员 7115
人，其中女书记 665 人，已完成换届选举的村民委员会有 10315
个，选举产生女委员 9263 人，其中女主任 231 人。[1] 同样，在地
方政府地级市这一级，据笔者近年来在舟山市调研，并根据舟山
市妇联统计资料，截至 2011 年，舟山市总人口是 112.13 万人，其
中女性为 53.29 万人，占总人口比例为 47.92%，全市副厅级和县
处级女领导干部情况见表 3-15。

表 3-15　舟山市副厅级和县处级女领导干部统计

项目	人数	所占比例	党政正职	党派			文化程度		
				共产党	民主党派	无党派	研究生	大学	大专
全市副厅级	6	—	1	3	2	1	1	5	
全市县处级（含非领导职务）	100	14.1%	11	85	5	10	14	60	26

资料来源：舟山市妇联内部统计资料。

表 3-15 显示，作为全国三线城市、全国改革开放最前沿、人
均 GDP 已超过 1.2 万美元的发达地区舟山群岛新区，全市副厅级
女干部仅 6 名，县处级女干部人数仅 100 人，只占全市县处级干部
比例的 14.1%，党政正职中副厅级女干部仅 1 名（已退休）、县处
级女干部只有 11 名。这说明在我国东部地区，县处级及以上女干
部所占比例仍然偏低。

而在欠发达的西部地区和农村，妇女的政治参与程度要远远
落后于东部地区。第二次全国农业普查对全国 637011 个村的村干
部情况所做的调查显示，东部、中部、西部、东北四大地区中女
干部比例最高的是东北地区，达到 22.9%，最低的是西部地区，
占 15.3%，而甘肃又是全国女性村干部比例最低的省，仅占
7.7%；任党支部书记、村委会主任的女干部比例最高的是上海和

[1]　《浙江妇女参政能力不断提升　200 女性进入市县班子》，http://news.zj.com/
detail/1330561.shtml，访问日期：2013 年 4 月 10 日。

北京，分别为 9.9%、5.9%，最低是西部地区的甘肃和青海，都不足 1%。① 由此可见，妇女政治参与程度区域性差距较为明显，农村和中西部地区妇女政治参与水平有待进一步提高，政府应注重各地区和城乡之间的均衡性，致力于促进区域整体水平的趋同。

此外，在基层，特别是广大农村地区，妇女参与村民自治、担任村委会成员的程度更低，以上海为例，仍然还有 137 个村委会没有妇女成员，占村委会总数的 8.5%。② 作为中国政治、经济快速发展的龙头城市，上海农村妇女的参政比例却没有与其政治经济程度相匹配，相反，参政比例明显偏低，中国其他偏远落后的农村数据更低。第二期中国妇女社会地位调查数据显示，在全国 1178 个村委会样本中，女性担任村委会委员的已达到 75.9%，但尚有 24.1% 的村委会干部中没有女性。党支部中没有女委员的高达 57.6%。③ 民政部统计资料显示，2011 年，全国村委会中女性村主任只占 11.2%，与居委会中女主任占 43.1% 相比，差距很大（见表 3 - 16）。这充分说明女干部在基层的比例与广大妇女的地位和作用以及在全国人口中的比重仍不够协调。

表 3 - 16　2011 年基层组织成员中性别构成

单位：%

	居委会		村委会	
	女	男	女	男
成　员	49.4	50.6	22.0	78.0
主　任	43.1	56.9	11.2	88.8

资料来源：国家统计局社会科技和文化产业统计司编《中国社会中的女人和男人——事实和数据（2012）》，中国统计出版社，2012，第 103 页。

① 国务院第二次全国农业普查领导小组办公室，中华人民共和国国家统计局《第二次全国农业普查资料汇编》，中国统计出版社，2009，第 774 页。
② 上海市妇儿工委办：《市人大、市政协视察调研换届选举中推动农村妇女进入村委会落实情况》，http://www.few.gov.cn/portal/html/gzxx/gongzuojianbao/shiji/2013/0125/20487.html，访问日期：2014 年 3 月 8 日。
③ 第二期中国妇女社会地位调查课题组：《第二期中国社会妇女地位抽样调查主要数据报告》，《妇女研究论丛》2001 年第 5 期。

四　我国妇女政治参与的特色路径、挑战及创新

中国和西方对妇女问题的研究路径不同，在理论和实践上差异都较大，中国社会不同于西方世界的具体国情，以及中国女性与西方女性之间的处境存在很大差别。纵观西方三波女权主义浪潮，可以看出西方女权主义是在西方特定的文化、历史、政治、经济以及社会背景中产生和发展起来的，西方女性参政权主要是通过妇女自下而上的女权运动而获得的，有广泛而深刻的社会心理基础，妇女的参与意识也普遍较强；而中国历史上没有发生大规模独立的女权运动，我国的传统文化并没有孕育出像西方那样激烈的、富于战斗性的、具有广泛影响的女权主义思潮。中国妇女政治参与的历程，既体现在国际妇女觉醒运动中走向解放的共性，又有自己的特性，形成了国家主导下妇女政治参与的"中国模式"——妇女的政治参与有合法的意识形态背景，其优越性是西方妇女参政运动和女权主义运动所不可比拟的，丰富和创新了国际妇女参政运动理论。但是，随着改革开放的发展、市场化改革的逐步深入，以及社会制度环境的深刻变迁，国家主导下的中国妇女政治参与的实践模式遭遇了一系列现实难题，对我国妇女解放和推动性别平等的进程带来了极大的挑战。

（一）我国妇女政治参与的特色路径与挑战

中国的"男女平等"以及妇女参政权是在社会主义制度下拥有合法的意识形态背景下、受国家和政府的鼓励、支持而获得的，是在国家和政府自上而下的政治动员下进行的，是通过政治性的社会运动实现的，是社会主义革命的组成部分，始终处在国家的视野中，[①]

①　李小江：《50 年，我们走到了哪里？——中国妇女解放与发展历程回顾》，《浙江学刊》2000 年第 1 期。

妇女参政权的取得某种程度上是国家保护的结果，属于"后发展外生型"的。中国传统性别文化的影响根深蒂固，广大妇女还未能摆脱性别本质主义的束缚，缺乏强烈的自主参政意识，仍处于"要我参政"的阶段，妇女自身素质的提高、主体意识的觉醒、强大的非政府妇女组织的外围力量等因素尚未具备。这就决定了我们不能完全照搬西方的模式，应建构国家和政府强有力的推动下的有中国特色的妇女政治参与评价指标体系，构建政府主导型和社会自主型相结合的妇女有序政治参与模式。这种政府主导的妇女政治参与模式的构建既可以发挥我国政府的优势，又能大力支持社会自组织能力和自我发展能力较弱的妇女有序政治参与，在实践中提高妇女的参政能力，对进一步加强社会治理创新有重要作用。

中国妇女获得政治权利的历程，既体现中国妇女在国际妇女觉醒运动中走向解放的共性，又有自己的特色和创新。首先，中国历史中的女性一直生活在阶级、民族矛盾之中，女性的命运与国家的、民族的命运紧紧联系在一起。因此，中国的妇女解放运动是伴随着中华儿女争取民族独立解放的发展过程，即国家主导下的自上而下的"中国模式"，党和政府借助于法律、政策和各种具体的社会制度安排，运用行政力量来全面贯彻执行男女平等的社会政治意图，从而实现了妇女政治参与的权利。这一特性或创新是中国妇女争取政治权利实践的一个重大的体制优势，其优越性是西方女权主义运动所不可比拟的，也是中国妇女争取政治权利的实践获得超常规发展的根本原因。其次，中国争取妇女的政治权利是由具有先进思想的男性率先提出来并加以倡导的，西方女权主义思想在中国最早是被中国男人接受并主要由男人来传播的。换句话说，中国女性解放运动的领导者并不是中国女性自己，而是她们性别的对立者——男性。[①] 因此，在妇女争取解放的道路上，中国的妇女争取政治权利的运动也不是直接与男性对抗，而

---

① 鲍晓兰主编《西方女性主义研究评介》，三联书店，1995，第262页。

是始终有广大开明男性的支持和帮助。中国在妇女解放的道路上男性是同盟军，中国的女性通过"同担责任"的信念和男性始终站在一条战壕里，这就大大加速了中国妇女解放运动的历程，使中国妇女在三五十年走完了西方妇女二百年未竟的道路。最后，从历史渊源上看，西方女权主义思想传入中国之前的几千年里，华夏历史上虽然涌现出了众多的杰出女性政治家，但是传统文化并没有孕育出像西方那样激烈的、富于战斗性的、具有广泛影响的女权主义思潮。在中国的封建社会中，由于传统的中国文化中的纲常伦理思想对女性的极大束缚，使中国不具备女权主义思想产生的先天土壤。中国封建社会的女性受压迫最深，中国革命最突出的特点之一就在于其反父权家长制度的性质。

与西方女权运动不同，中国妇女政治权利的获得不单纯是妇女解放运动的结果，在某种程度上，它更是国家保护的结果。突出表现在新中国成立后的女性解放运动和男女平等，实际上是社会主义国家以立法和集体动员的形式实现了的结果。新中国成立以来我国通过国家推动妇女参与政治的实践，即妇女参政道路的"中国模式"，有其成功经验，但也存在很大的历史局限。由于以民族、阶级解放涵盖妇女解放的道路的确存在很大的性别盲点，忽视了女性主体意识的觉醒，致使中国女性自主意识极其薄弱，每每消释在与男性的"合谋"或者对其力量的借用中，难以形成强烈的自我意识，女性本身的要求和渴望被淹没在宏大的民族话语之中，或一味处于依赖状态而不能完成实现真正平等的历程。这就导致了中国妇女政治参与存在诸多问题。由于中国女性解放从一开始就不是一种自发的以自我意识的觉醒为前提的运动，女性的解放很大程度上是在国家的保护下取得的，没有经历过西方女性独立的抗争过程，这就导致女性意识很难真正独立起来。随着改革开放的发展、市场化改革的逐步深入，社会制度环境的深刻变迁，国家主导下的妇女政治参与实践模式遭遇了一系列严峻的挑战。

一是妇女性别赋权尺度仍然在低位徘徊。联合国从 1995 年开始推出"性别赋权指数"（GEM），用以衡量世界各国政治经济决策参与中的男女平等状况。当前我国性别赋权尺度仍然在低位徘徊，女性对政治的参与程度名次在世界仍居后位。性别赋权指数（GEM）位于第 72 位[①]，女性在全国人大代表的比例与联合国要求的妇女在议会30%的比例还有差距，妇女参政议政的绝对人数比例偏低，这与女性在总人口中占近一半的比例和妇女对经济社会发展作的贡献严重不对应。二是妇女在参政结构上"五多五少"问题突出。妇女参政的"五多五少"是指年纪大的多，年纪轻的少；副职多，正职少；虚职多，实职少；群团部门多，党政主干线和经济主战场少；机关党委书记和纪检组长多，正副职领导干部少。妇女政治参与在地区之间发展也不平衡。三是从参政领域来看，职务的性别化非常明显。职务不是按照能力和政绩来考量，而是按照性别来安排。即使是进入了决策层和权力执行层，女性大多主管一些"非要害""非实权"的部门，以历次换届为例，一般在省部级有超过30%的女性常委主要从事组织、工会、妇联、外事等工作。四是妇女发展面临诸多问题，非制度化参与有泛化趋势。当今社会转型带来的女性在市场竞争中弱势群体的地位以及有关妇女权利和利益的受损等问题，使妇女发展仍面临诸多问题与挑战：如受教育与就业性别歧视仍未消除，甚至有加重的趋势，在高考录取中部分高校女生与男生的录取分数线差距不断加大；妇女在资源占有和收入方面与男性差距仍存；当前妇女依然处于权力的边缘地位，导致女性政治参与领域窄化和边缘化，妇女参与决策和管理的水平仍然较低。这些困难和问题导致部分弱势妇女采取非制度化政治参与途径有泛化的趋势，给社会稳定带来不利影响。

（二）社会转型中国家干预机制下妇女政治参与实践创新

国际妇女运动和女权运动的理论实践给我国妇女解放事业留

[①] 联合国开发计划署：《2009 年人类发展报告：跨越障碍：人员流动与发展》，刘民权、王素霞、夏君译，中国财政经济出版社，2009，第 186～189 页。

下了丰硕的成果，当前在世界各国都努力建立和完善提高妇女地位的国家机制的潮流下，我国政府也推动建立促进妇女解放和提高妇女政治参与水平的干预机制。通过对国际妇女运动理论的研究，推动读者深入思考，为社会主义市场经济下切实实现性别平等，探索提高妇女政治参与水平的路径。

从主观上，妇女的政治参与最终需要广大妇女有自觉要求发展的主观愿望和自身的努力。妇女能否成为全面建设小康社会伟大实践的参与者和成果的享有者，能否与男性平等和谐发展，妇女自身素质的高低至关重要。有学者认为，当前中国妇女最大的问题是女性的自我主体意识和群体意识的淡薄，这进一步强化了女人原本是对男人而后是对国家对社会的依赖，使女性群体在社会变革中"整体地"处于被动和滞后状态。[①] 所谓女性主体性，是指女性作为主体的内在因素，包括独立意识、自主意识、竞争意识、进取意识、创新意识与成就意识等；女性的自我主体意识是女性作为有感觉的人的主体认识，对自身客体存在的价值、道德等一系列活动的认识、感受和评价。女性意识到真正意义上的解放，需要女性自身的觉醒。女性必须自己真正意识到不平等的存在，认识到要想在家庭和社会中拥有自己的一席之地，依靠别人和任何外力是行不通的，女性的自尊、自信、自立、自强才是唯一的途径；同时女性也要有强烈的社会责任感，争取女性自己政治的权利和应得的尊重，在提高自身的文化素质和劳动技能的同时，增强女性自身就业的竞争能力，以自身的进步与贡献赢得社会的支持和尊重。

客观上，需重新理性地审视、界定国家（政府）在提高妇女政治参与水平中的角色。针对社会转型期两性间在政治社会领域存在的差距，需要借鉴国际妇女运动理论和女权主义思想，从理论上厘清女性遇到的新的困惑和问题。在政治领域，政府必须提高妇女参政水平、程度和范围，加快促进妇女参政的"最低比例

---

① 李小江：《关于女人的答问》，江苏人民出版社，1998，第96页。

制"的立法工作，确保妇女参政比例与其所代表的人口比例相适应。在政策法规上，要拓宽妇女政治参与的渠道，切实维护妇女权益，促进社会的和谐稳定。法律与政策是实现男女平等的制度保证。这些年来，《妇女权益保障法》《婚姻法》等法律法规的制定与实施，大大维护了妇女的权益。国家和政府在妇女解放实践中起着关键性的作用。进一步转变政府职能，突出政府的公共服务职能，从进一步加强政府领导、提高女性主体意识、重构妇女解放理论范式和促进男女实质性合作这几方面入手，提高政策的性别敏感度和可操作性，综合运用各种手段，将国家干预和提高妇女自主性结合起来，既不缺位又不包办，实现妇女政治解放和自我解放的统一。

第四章 当代中国妇女政治参与
缺失的原因与对策分析

　　从当代中国妇女在公共政治领域参与情况来看，无论是民主参与还是权力参与，在实际参与水平、参与规模、参与途径等方面都存在很多问题，女性所拥有的政治潜能没有得到有效发挥，特别是在继续深化改革和保持经济、社会快速发展的今天，受政治、经济、文化、社会和妇女自身等因素的影响，妇女在政治参与的广度和深度上都有待进一步的提升。客观上，从当前我国妇女政治参与的内外环境来看，多元分化的政治背景和社会现实强化了妇女政治参与难度，经济、政治、文化及社会等多方面因素制约妇女政治参与：经济上的从属地位制约着妇女政治参与的广度和深度；现有政治体系难以给妇女政治参与提供充分、有效的政治参与渠道；资源和机会不足制约了妇女政治参与的外部环境，性别平等的正式制度供给不足及其实施机制的无效力是妇女政治参与缺失的制度因素；传统男尊女卑的性别文化及社会性别制度中的消极因素影响妇女政治参与意识。这些经济、文化、社会等各方面因素影响和制约了妇女政治参与的进程，在一定程度上强化了妇女参政的难度，提高了妇女参政的门槛，导致妇女在民主参与和权力参与层面上的严重缺失。从主观上来看，妇女自身素质状况已成为制约其政治参与的瓶颈。客观因素中正式制度的制定和执行缺失公正考量等结构性因素导致了资源分配中性别不公现象长期存在；主观因素中妇女提升自身素质是增强其参政议政的能力、在新形势下实现妇女社会政治权利的有效途径。

一 当代中国妇女政治参与
缺失的客观因素分析

我国妇女政治参与的程度和强度，受到多方面因素的影响，主要受经济上的弱势地位、制度缺失和政策的缺位以及传统社会性别结构和性别文化的束缚等诸多方面因素的制约，客观上导致了妇女长期在政治权力领域参与的缺位。

（一）经济弱势地位制约着妇女政治参与

马克思主义基本原理认为，经济基础决定上层建筑，经济地位是实现政治民主的重要基础。社会经济地位的不平等是导致女性政治参与机会被剥夺的根源。恩格斯早在 19 世纪就从社会地位的角度探讨了妇女政治参与的可能性。他认为，私有制的出现导致男性财产的集中和私有化，从而出现男性对女性的奴役。他指出："妇女解放的第一个先决条件就是一切女性重新回到公共劳动中去"①，以使妇女经济上不再依赖于男子，只有女性与男性社会经济地位的真正平等才能实现两性政治参与的平等。而当前我国妇女相对于男性而言，在经济上仍处于弱势地位，而对社会经济资源占有的多少，往往会造成其享受政治权利的差别，一般来说，人们拥有的社会经济资源和对政治社会事务参与度是成正比的，妇女在经济领域中的不平等现象的长期存在，根本上制约了其政治参与平等权的实现。

一是妇女在经济上的从属地位制约了其政治参与行为。改革开放以来，尽管妇女在社会与家庭中的经济地位有了一定程度的提高，但是从总体上来说，妇女在经济上仍然处于被动和从属的地位，经济上的从属地位决定了她们在政治地位上的从属性，缺

---

① 恩格斯：《家庭、私有制和国家的起源》，载《马克思恩格斯选集》第 4 卷，人民出版社，1995，第 72 页。

乏独立自主性。第二期中国妇女社会地位调查资料显示，1999 年城镇在业女性包括各种收入在内的年均收入为 7409.7 元，是男性收入的 70.1%，2000 年男女两性的收入差距比 1990 年扩大了 7.4 个百分点；以农林牧渔业为主的女性 1999 年的年均收入为 2368.7 元，仅是男性收入的 59.6%，差距比 1990 年扩大了 19.4 个百分点。[①] 而第三期中国妇女社会地位调查资料显示，近年来中国在业女性的经济收入有了较大增长，但与男性相比，收入差距明显，如 2010 年，城乡在业女性的劳动收入分别仅为男性的 67.3% 和 56.0%。[②] 可见，男性收入远远高于女性，自然也就处于主导地位，使部分女性不得不在经济上依附于男性。经济上的独立是妇女得以自主选择和参与各项活动的条件。中国妇女的政治参与程度，或多或少都受到其经济上从属地位的影响。而由于经济上的从属地位，绝大部分妇女没有能力通过再教育或者培训来提高自己的基本素质，加强自己对国家和社会事务的认知和理解，更无法表达自己的利益诉求，严重制约了妇女政治参与的经济成本和政治参与能力的提升。在市场经济浪潮的冲击下，处于转型期的妇女面临着现实当中由于社会变化和改革催生的性别分化乃至性别歧视的挤压，妇女拥有的社会政治资源有限，由于社会交往渠道的狭窄，能从外部调动的社会资源非常有限，不具备应有的政治认知，即使她们的能力不亚于男性，其政治影响力也远远不及男性，其对公共事务决策的影响程度偏低，相对于男性处于劣势地位。而在中国经济较为落后的农村地区，妇女的经济地位更为低下。虽然在村庄女性化背景下，农村妇女已成为农村社会经济发展中的重要力量，由于农业在家庭中的收入比重持续下滑，妇女在家庭中经济上仍然处于被支配的地位，导致她们在村级治理中不掌握话语权，妇女参与村级治理的比例依旧不高，在村级治理政治资

① 第二期中国妇女社会地位调查课题组：《第二期中国社会妇女地位抽样调查主要数据报告》，《妇女研究论丛》2001 年第 5 期。

② 第三期中国妇女社会地位调查课题组：《第三期中国社会妇女地位抽样调查主要数据报告》，《妇女研究论丛》2011 年第 6 期。

源分配中仍然居于弱势地位，处于农村权力结构中的边缘阶层。这种经济上的受支配状态，直接影响了妇女参与政治生活的能力和深度，对其造成严重的消极影响，使妇女在家庭甚至整个社会生活中的受重视程度不够，从而使妇女的参政议政权显得微不足道，严重制约了她们政治参与的积极性。

二是妇女政治参与的深度和广度受经济收入的影响。从整体上看，我国绝大多数妇女仍处在传统的生产生活模式中，位于生产劳动的初级环节，导致其经济收入和社会地位不高，使妇女自身发展与经济社会发展并不协调，直接削弱了其政治参与能力。从总体上看，在市场经济浪潮的冲击下，不管是城镇妇女还是农村妇女，她们的经济收入，与男性相比普遍较低。第三期中国妇女社会地位调查资料显示，我国女性在业者的劳动收入多集中在低收入和中低收入组。如2010年，在城乡低收入组中，女性分别占59.8%和65.7%，比男性高19.6个百分点和31.4个百分点；在城乡高收入组中，女性分别占30.9%和24.4%，均明显低于男性。[1] 由于"两性不平等地位并没有得到根本改善，男性控制着大部分资源，掌握着社会权力与经济命脉，而占全人类半数的女性却占有很少的资源。虽然她们也在社会上就业，但经济收入远远低于男性。事实上妇女成为市场经济的最大受害者，自由竞争的市场机制只考虑经济原则，而不过问平等与社会公正原则"[2]。这就在很大程度上限制了妇女政治参与的深度和广度。当前我国妇女经济收入偏低主要由三个因素造成。首先，妇女的就业层次、就业质量偏低。目前我国妇女主要从事第一、第二和第三产业中技术和学历要求较低的岗位，如批发零售、社会服务、教育、文化、卫生等领域的工作，工资收入低于从事金融保险、科学研究、综合技术服务等领域的男子收入。其次，妇女的在业率偏低，再就业困难。在当前市场重新配置劳动资源、就业压力逐渐加大的

① 第三期中国妇女社会地位调查课题组：《第三期中国社会妇女地位抽样调查主要数据报告》，《妇女研究论丛》2011年第6期。
② 邱仁宗主编《女性主义与公共政策》，中国社会科学出版社，2004，第362页。

情况下，妇女的在业率远低于男性。1990年男性的在业率为96.1%，女性为90.5%，2000年男性的在业率为93.6%，女性的在业率则下降至87.0%，[①] 而2010年男性的在业率为87.2%，女性则为71.1%，[②] 可见20多年来，男女两性的在业率的差距从5.6个百分点发展至16.1个百分点的差距，在业率差距持续拉大，说明女性从事有报酬工作或劳动的比例明显小于男性，这直接导致女性的经济收入低于男性。最后，在中国广大的农村地区，农业女性化趋势明显。我国大部分村庄不仅存在农业女性化现象，而且越来越多的农村呈现出"村庄女性化"的状况。村庄女性化指的是当前我国农村在劳动力大量转移的情况下，男性转移的速度和比重远高于农村妇女，绝大部分留守在农村的妇女不仅在人口结构比例上超过男性，而且大都承担着生产劳动和家务劳动，成为农村劳动、生活的主力军。[③] 当前农村落后的生产方式造成了农村妇女在从事农业活动时，效率和效益的低下，从而直接导致农业经济收入的减少。即使是外出打工，从事非农业生产的女性，其经济收入，依然低于男性。有关调查数据显示，农村妇女从事非农业生产经营获得的报酬为总收入的13%，比男性低9.6个百分点。[④] 可见，农村妇女在经济收入上更加不及男性，她们为生活所迫，为满足眼前自身和家庭的生计而努力劳作，从根本上无暇于村级事务的参与，政治参与对于她们来说就是一种奢侈品。因而，低下的经济收入，在一定程度上阻碍了妇女依法行使自己的政治权利，限制了她们自身能力和作用的发挥，使她们无法以经济参与来提高政治参与的水平。

---

① 第二期中国妇女社会地位调查课题组：《第二期中国社会妇女地位抽样调查主要数据报告》，《妇女研究论丛》2001年第5期。
② 第三期中国妇女社会地位调查课题组：《第三期中国社会妇女地位抽样调查主要数据报告》，《妇女研究论丛》2011年第6期。
③ 付翠莲：《村庄女性化格局下妇女政治参与困境及其消解》，《长白学刊》2013年第6期。
④ 第二期中国妇女社会地位调查课题组：《第二期中国社会妇女地位抽样调查主要数据报告》，《妇女研究论丛》2001年第5期。

（二）制度缺失和政策缺位限制了妇女政治参与

当前我国的非制度化政治参的发生过程基本上是利益受侵犯——制度化政治参与渠道受阻——非制度化政治参与这么一个复杂的过程。而制度化政治参与渠道不通畅、体制机制不健全是制约妇女政治参与的关键因素。"体制"指国家机关、企业、事业单位等的组织制度，如管理体制、领导体制等。"机制"原指机器的构造和工作原理，又指有机体的构造、功能特性和相关关系等，引用到公共管理研究领域泛指一个工作系统的组织或部分之间的相互作用和方式。政治参与体制机制的健全程度是政治运行机制的重要组成部分，直接影响政治运行机制功能的有效发挥。良好的政治参与机制的建立可以在政府和公民之间形成有效的沟通，从而弥补公民在政治参与方面的缺失。由于我国妇女政治参与体制机制不健全，妇女政治参与陷入制度困境，即促使性别平等的正式制度供给不足及其实施机制的无效力，成为制约妇女政治参与的制度因素。

第一，法律制度的不健全挫伤了妇女政治参与的积极性。新中国成立后，党和国家为了进一步提升妇女的主人翁地位，基本上形成了以宪法为基础、以妇女权益保障为主体，包括国家各种单行法律法规、地方性法规和政府各部门行政法规在内的一整套保护妇女权益和促进男女平等的政治法律体系，有力地保障了包括妇女选举权和被选举权的各项政治权利。然而在施行过程中，某些政策条文带有明显的歧视，还有某些政策从字面上就直接与《中华人民共和国宪法》及《中华人民共和国妇女权益保障法》相违背，明显限制了妇女的政治参与行为。例如，《国务院关于安置老弱病残干部的暂行办法》《国务院关于工人退休、退职的暂行办法》等规定男女退休年龄不同：男干部 60 岁、女干部 55 岁退休，男工人 60 岁、女工人 50 岁退休。此项规定不仅违反了《中华人民共和国宪法》第三十三条第二款"中华人民共和国公民在法律面前一律平等"的规定，也与《宪法》第四十八条第一款"中华人民共和国妇女在政治的、经济的、文化的、社会的和家庭的生活等各方面享有同男子平等的权利"的规定相违背，同时与《中华人民共和国妇女权益保障法》的相关规定相抵触。此外，部分法律和政策规定相对模糊，执行起来缺乏可操作性。如我国《妇女权益保障法》中规定："在全国人民代表大会和地方各级人民代表大会的代表中，应当有适当数量的妇女代表"，这项规定太过于模糊，没有将"适当数量"进行量化，容易使党政领导班子降低女性的配备数量。从政策层面上讲，党和政府对推进妇女政治参与问题非常重视；但从操作层面的具体措施上看，不少地方和部门及许多单位在执行具体政策时，又把妇女发展与社会发展割裂开来，使性别平等的准则呈现弱化的趋向，而性别偏见和性别歧视呈现出强化的趋向。这就说明了由法律上的男女平等达到事实上的男女平等还是一个艰巨而长期的任务。

第二，培养和选拔女干部的公共政策失利与制度缺失。当前公共政策中还存在不利于妇女政治参与的因素。一些政策措施含有男女不平等的条款，具体实施时给妇女带来不利影响。如在所有行业女性比男性早退休的政策，从新中国成立初期执行至今没有变更，明显是将性别歧视通过政策制度转化为既定的事实，严重侵犯了妇女的平等参政权利，通过年龄来限制和减少女性参与政治的机会，使女干部的工作年限减少，影响了她们的职业发展，大大减少了女性干部的晋升时间和空间，对培养选拔女干部极为不利。此外，在培养和选拔女性干部时缺乏一系列可操作的制度和程序来保证妇女的"适当名额"，这就留下了相当大的制度缝隙。如没有明确规定选举委员会成员中女性应该占的比例，没有规定女性候选人的比例等。有些人事部门重男轻女的倾向较为明显，在选拔女干部时，求全责备，有先入为主的思想，对女干部的各方面能力抱不信任的态度，不敢把女干部放在重要岗位上委以重任。同时，培养选拔女干部的制度也不够完善。现有的培养选拔女干部政策力度不够，政策也不够细化，缺乏可操作性、连续性和稳定性，干部选拔时给妇女的门口窄、门槛高，妇女的成长空间小，遏制了妇女政治参与的势头。我国在选举制度上实行直接选举和间接选举的方式，宪法规定"县、不设区的市、市辖区、乡、民族乡、镇的人民代表大会由选民直接选举"。这种直接选举制度的规定使妇女能够更为有效地在实践中充分体现自己的政治权利，然而，由于当前选举制度并没有明确规定妇女参与选举的必要性、妇女投票的法律效益以及妇女候选人的选举资格，一些地方在选举过程中，特别是在广大农村基层地区，歧视妇女候选人，甚至取消妇女候选人的名额，提高妇女候选人的选举条件从而使妇女达不到选举的要求自动放弃竞选机会的事情时有发生。《村委会选举法》中明确规定在村委会中妇女应有"适当名额"或者"至少要有一名妇女"，部分农村地区认为政策只要有一名妇女干部进入村委会，就完成"适当名额"的要求，或者是村委会要"有一名"妇女干部来做妇女工作。有些地区妇女在村委会选举中没有占到适当名额，妇女被挤出村委会的情况相当普遍，有的村委会中没有妇女委员的事实虽然与《村委会选举法》不相符合，但仍被视为合法或是有效。这些选举制度中存在的问题，严重侵犯了妇女的政治参与权利，挫伤了妇女积极参与政治的热情和积极性，阻碍了妇女政治参与的发展进程。

第三，妇女政治参与机制不完善，是阻碍妇女政治参与的根本原因。由于妇女政治参与机制的不完善和参与渠道的不畅通，导致了妇女用合法的形式和正常的渠道参与政治生活的意愿和愿望受到限制，她们不能通过合法的渠道和形式进行表达。当合理合法的诉求不能通过正常的渠道进行表达或满足时，就会采取非法或非理性的手段去满足她们的愿望。而这种做法不仅会损害党和政府的权威和威信，也会危害社会的公共安全，不利于社会的长久、稳固发展。所以当前妇女政治参与机制不完善是我国妇女非制度化政治参与的最根本的原因。这部分将在第五章重点阐述。

第四，保障机制的不完善降低了妇女政治参与的比例。新中国成立以来，虽然已经从法律法规和各类政策上明确了妇女在政治社会中的地位，国家的性别保护政策也有体现，也在相关政策法规中规定了妇女享有的各项权利和权益，主流政治话语一直倡导的两性平等参政也得到有关部门响应，但受复杂的社会因素的影响，相关机构和部门只是体现在"姿态"和口号上的重视，在实践中性别平等参政的政策过程有明显的滞后性，导致我国对于妇女政治参与的保障机制严重缺失，使性别保护政策难以有效落实，未能充分调动妇女政治参与的热情，为妇女政治参与创造良好的政治环境，直接导致妇女在权力参与层面上比例偏低，未能从根本上改变妇女在政治参与中的弱势地位。一是保障妇女参政比例的规定有待量化。中国高层次的权力部门，如中共中央政治局、中共中央委员会、全国人大、全国政协等机构，尚未有明确保证妇女代表人数和比例的规定；在农村，即使对妇女参与村级治理有所规定，其规定也很模糊，如《村委会组织法》中规定"在村民委员会中，妇女应当有适当名额"，"适当"一词太过抽象，缺乏实际操作性，使妇女参政的比例完全取决于决策者的主观意见，弹性空间过大，不具有强制性和法律的权威性，不利于妇女进入权力部门。二是保障妇女政治参与的法律有待完善。在我国相关的法律和法规中，尚无对各级政府和机构执行妇女参政倾斜性政策的监督机制和监督程序，甚至对于违反妇女政治参与保护性规定的相关政府和部门，并无任何的惩罚和制裁措施，这使法律不具有真正的约束力和实际可操作性，导致妇女参政权的实现缺乏法律的保护。三是保障妇女政治参与的机制有待健全。培养选拔机制不健全，是导致女性参政比例偏低的主要原因。我国在培养和选拔女干部的过程中形成了一套体系，但该机制不够细化，太过笼统，缺乏针对性，也不够透明，缺乏公开、公正性，导致女干部的选拔和培养缺少必要的保障。而一些地方将配备女干部当作一项任务，为完成上面的指示而不得不提拔女性干部，完全抱着敷衍的态度，不重视女干部的培养，将其视为男性的陪衬。四是保障妇女政治参与政策的扭曲。虽然最高层面的元政策在立法的基本原则上已经规定了性别平等的基本原则，但在操作层面的具体措施和分配等规则中依然比较明显地保留了男女不平等的传统，也就是说出现了一个非常矛盾的现象：一方面，党和政府对推进男女平等问题非常重视；另一方面，不少地方和部门又把妇女发展与社会发展割裂开来。或者说具体单位机构在执行具体政策时，性别平等的准则呈现弱化的趋向，而性别偏见和性别歧视呈现出强化的趋向。① 如在实际操作过程中，不少地方政府在配备女干部时，将保障妇女参政的政策进行了扭曲，如将党政领导班子中需配备至少 1 名或 1 名以上的女性理解为只需要 1 名女性，如此便扼杀了更多妇女参政的机会，减少了女性参政的人数。

第五，妇联组织的弱化减少了妇女政治参与的影响力。据统计，目前全国妇联已有 16 个团体会员，83.3 万多个妇联基层组织，7.6 万多名妇联干部和近百万兼职妇女工作者。② 妇女联合会作为我国最大的群团类妇女组织，其目标群体是妇女，在维护妇女权益方面、推动妇女政治参与的过程中应发挥积极作用，并且不断地创造条件使妇女能够走出家庭，自主参政。但在实际中，妇联作为一个法律意义上的社会团体，缺乏强制力，长期依附于党政组织且越来越趋向于行政化，特别是许多基层妇联处于组织虚置和作用弱化的境地，其服务的目标群体——广大妇女遇到问题寻找妇联帮助时，作为"妇女娘家人"的妇联更多的是与其他相关政府主管部门合作，听从于相关主管部门的意见，借助其行政力量去解决。一方面，由于妇联的政治资源（人事任免权）和经济资源（活动经费）均掌握在党支部手中，所以常被当作党的工作部门，作为群团组织的功能被忽视，作为妇联成员的物质需要或精神需要很少得到满足。③ 而长期以来基层妇联组织存在缺乏资金运转、自身机制不健全、解决妇女诉求效率低等问题，导致其在妇女同胞中的威望大大下降，凝聚、组织和号召妇女的能力逐渐弱化，实质上起不到正确引导和推进妇女进行政治参与的作

① 付翠莲：《在平等与差异之间：女性主义对自由主义的批判》，社会科学文献出版社，2013，第 245 页。
② 《中国妇女组织的兴起、发展与变革》，《中国妇女报》2010 年 3 月 3 日。
③ 高雪莲：《农村妇女政治参与的现状与制约因素分析》，《学理论》2011 年第 11 期。

用。另一方面，妇联组织作为一个毫无实权的组织，通常负责妇女和儿童的工作，对于国家重大事务和政策缺乏话语权，从而容易使广大妇女反映的问题得不到充分的解决和及时的反馈，这极大地打压了妇女对妇联的信心，严重阻碍了促进妇女政治参与的工作的完成进度，使妇联的影响力进一步下降。在农村地区，基层妇联组织的功能更加弱化，受到"两委"的制约和限制，甚至一些基层妇联组织的职能转变为计划生育部门，成了只负责计划生育工作检查、育龄妇女定期检查、怀孕妇女例行检查以及制作每年的计划生育报表等工作的部门，妇联组织的本职工作完全被忽略，忽视了反映妇女的要求，保障妇女的权益，代表妇女利益的组织功能。妇联组织功能的弱化，不仅不能解决妇女的特殊问题和替妇女说话办事，而且严重降低了妇联在妇女群体中的影响力，造成妇女群众对参加妇联组织的消极态度，从而极大地压抑了妇女通过妇联维权或进行利益诉求表达的热情，阻碍了当前我国妇女有序政治参与的整体发展程度。因此，如何满足广大妇女对妇联工作提出的更多更高的要求，如何应对政府职能转变带来的组织约束机制和资源获取方式的变化，进一步促进广大妇女通过妇联组织参政议政、更好地维护自身权益，我国妇联组织还有很多工作要做。

总之，现有的制度体系仍然难以给广大妇女提供充分有效的政治参与渠道，在实际操作过程中依然无法切实保障妇女拥有与男性同等的政治权利。因此，国家和政府应该在体制机制上实行向妇女倾斜的政策，以保证妇女能够进入政治领域，实现自己的政治参与权。

（三）传统社会性别结构和性别文化束缚了妇女政治参与

我国妇女政治参与层面上的缺失，除了制度因素的制约之外，传统的社会性别结构和性别文化对妇女政治参与的影响也不容忽视。文化是一种无形的产物，但对有形的社会产生重大的潜移默化的影响，甚至能改变人们的思想和态度。温迪·布朗（Wendy

Brown）认为，"历史上，政治生来便具有明确的男性认同，在这一点上，政治超过了其他任何人类活动。政治更局限于男性，其专有独断程度比其他进取领域有过之而无不及。与大多数社会实践相比，政治有着更为强烈而自觉的男性意识"[1]。中国传统政治文化在几千年的根深蒂固的"男主外，女主内""男尊女卑"等观念的影响下，在以男性为本位并在男权文化的审视之下，早已形成了根深蒂固的社会潜意识并渗透到各个社会生活领域，为了维护男性的绝对权威和政治地位，禁锢着人们的思维，使妇女的政治参与行为得不到社会大众的理解和支持，导致妇女政治参与的文化氛围先天不足。

一是传统社会性别分工对妇女政治参与的限制。受几千年传统文化的影响，历史上从夏朝始奴隶制父权家庭就已十分普遍，各贵族均以父权家长制为核心，隋唐以来实行的始终将女性排除在外的科考制度更是明确地剥夺了女性参与政治选拔的权利。千百年的政治传统使妇女始终处于被压迫的地位，铸就了传统文化对妇女政治参与的政治冷漠，造成了妇女与政治的隔绝状态。人们对女性"柔弱""温柔""贤内助""贤妻良母"等定位早已根深蒂固，认为政治应该是身强体壮、深谋远虑、性格刚毅的男性的"专利"。这种"存在于特定历史或文化情境中的对两性分工的规范性期望和社会互动中与性别相关的规则"[2]，以及陈旧的性别分工传统思想禁锢了妇女的思维，给广大妇女铐上了封建的枷锁，最终给妇女政治参与带来极大的负面影响。传统的"男主外、女主内"性别分工模式使男性主要从事于公共领域的活动，而女性则往往被要求从事私人领域的活动。第三期中国妇女社会地位调查数据显示，有 61.6% 的男性和 54.8% 的女性认同"男人应该以

① 〔英〕简·弗里德曼：《女权主义》，雷艳红译，吉林人民出版社，2007，第33页。

② Gilbert, L. A. "Measures of psychological Masculnity and Femininity: A Cornment on gaddy," glass and amkoff, *Journal of Consulting Psychology*, Vol. 32, 1985, pp. 163 - 166.

社会为主，女人应该以家庭为主"的观点，男性比女性高 6.8 个百分点；而 2010 年城乡在业女性工作日用于家务劳动的时间分别为 102 分钟和 143 分钟，男性则为 43 分钟和 50 分钟，[①] 女性用于家务劳动的时间远多于男性。这种传统的家庭性别分工思想，造成了女性与政治社会生活的脱节，对政治事务的知晓度低，并对妇女的心理素质产生了一定的影响，内心容易产生自卑的心理。这种自卑心理压抑了妇女自我才能的发挥，使她们不能有效地开发自身的潜能和创造力，不敢向社会偏见挑战，不敢轻易涉足权力领域，不敢向男性中心意识公开挑战；多数妇女更愿意从事专业技术工作，对于复杂多变的人的管理感到畏惧，存在逃避的倾向，不愿意从事领导管理工作。这种自卑心理致使有些妇女在工作中缺乏自信心，自我评价过低，不愿做具有风险、开拓创新的工作，遇事瞻前顾后，缺乏魄力。尤其是在市场经济条件下引入竞争机制不再按比例扶持妇女政治参与的情况下，大部分妇女就会因缺乏竞争力而丧失机会或被淘汰。这在一定程度上影响了她们政治参与的热情，压榨了她们关注家庭和自身专业技术以外事务的精力，压抑了她们政治参与的欲望，束缚了她们参与政治的能力。而部分妇女通过积极的政治参与，并获得了一定的政治地位后，由于传统性别分工思想影响着社会和政府部门领导对妇女参政的接纳和支持度，导致部分地方领导在选拔女性干部时，所订立的标准要比男性苛刻得多，这大大拔高了妇女进入权力部门的门槛，严重阻碍了她们参与政治的路径，减少了她们进行权力参与的机会，在一定程度上影响了女性领导者的思维方式、行为方式、综合协调和决策能力，造成两性政治参与在事实上的不平等，进而影响到她们参与政治的效能感和积极性。

二是传统的婚嫁习俗对妇女政治参与的限制。在中国的传统

---

① 第三期中国妇女社会地位调查课题组：《第三期中国社会妇女地位抽样调查主要数据报告》，《妇女研究论丛》2011 年第 6 期。

婚嫁习俗中，除了入赘之外，大部分女性婚后都是随夫而居，这在一定程度上决定了妇女以夫家为主的角色，当然，从夫居对基层妇女的影响比较深。从夫而居的习俗，造成妇女因为婚姻而远离自己所熟悉的地方，失去了以往在娘家多年形成的社会关系网络和社会影响力，成为某个城镇或者村庄的外来人士，从陌生到熟悉再到被接受是一个漫长的时间，需要经过多年的努力，而妇女要想从政或者进行政治参与行为，首先必须熟悉所在地的人文风俗，了解当地的权力分布以及政策机制等，更要得到大众的支持。此外，妇女如果想要在自己的婆家或者所嫁地有威信和影响力，又是一件非常困难的事，毕竟很多地方还是以血缘关系为枢纽，或多或少具有排外思想。特别是在改革开放后，各地劳动力不断向外转移，寻求更多发家致富的机会，导致人与人之间的沟通和交流逐渐减少，人们彼此间的关系更加淡薄，新嫁入的妇女更难被社区或者村庄所熟悉，甚至很难被自己的家庭所接纳，在家庭中并无话语权，毫无地位可言。特别是在一些比较偏远落后的农村地区，他们的宗族观念非常强烈，完全不相信外姓人士，因而，外姓媳妇和妇女没有继承家业、参选和投票的权利，她们始终无法真正融入当地，难以取得较高地位，更不用说进行政治参与行为。因此，传统从夫居的婚姻习俗，在一定程度上限制了妇女特别是已婚妇女的政治参与行为，影响妇女的参政权利，制约了她们自身的发展和进步。

三是社会对妇女参政的偏见磨灭了妇女的政治参与热情。新中国成立后，我国在宪法上确认了男女两性平等的参政权利，广大妇女逐渐进入了曾经专属于男性的公共政治领域。但当前，我国社会整体环境对妇女政治参与的接受度不高，大众传媒对妇女政治参与的宣传度不足，社会因素不但在妇女参政上未发挥积极作用，甚至阻碍了妇女政治参与的步伐。特别是在现实生活中，社会上对于女性参政仍存在着偏见。在"男外女内""男强女弱""男公女私"等二元对立性别角色的塑造和宣传下，整个社会对女性参政存在着巨大的偏见，认为女性不适合搞政治，缺乏必要的领导者素质，容易被情绪影响等。可见，妇女的参政不仅得不到社会的理解和公正的对待，而且还容易遭到家庭的反对和责难，这就使妇女丧失了参与政治的信心和热情，怯于跨出家庭。社会对妇女参政抱有偏见，这种不良的参政环境和偏见极大地影响了中国妇女政治参与的进程，造成了政治领域的性别不平等，使女性在参政过程中遭遇诸多的歧视和阻碍，久而久之磨灭了女性对于参政议政的热情和兴趣。

四是舆论媒体的宣传致使妇女怯于参政从政。良好的社会舆论环境能够促进妇女积极参与政治，鼓励更多的妇女进行参政行为，反之则会抑制她们政治参与的热情和积极性，造成妇女严重的心理负担，甚至使她们怯于表达自己的真实想法。首先，我国舆论环境对妇女政治参与问题不够关注，且过分宣传和强调妇女的"主内"责任，为妇女参政造成了强大的舆论压力，在一定程度上限制了妇女的政治参与行为，使她们害怕受到舆论的谴责而不敢违背社会主流意识进行参政行为。而当今舆论媒体在对妇女政治参与方面发挥的作用有限。有相当一部分大众传媒甚至刻意传播一些有碍妇女发展进步的观念和导向，如一些舆论媒体经常出现暗示或体现"男主外，女主内"、"男尊女卑"、男强女弱等二元化的传统观念。其次，一些广告或影视剧迎合某些人的低级趣味，把女性形象商品化，热衷渲染女性的"性"，甚至一些学者还公开在杂志上发文主张妇女"回归家庭"，不主张妇女到公共领域从事政治参与活动。再次，在新闻报道中，参政妇女常常是作为男性陪衬的角色而出现，主流媒体习惯于无限扩大男性领导人的政绩，而忽略了对参政妇女的优秀业绩宣传，这在一定程度上影响了妇女政治参与的积极性。如在铺天盖地的影视媒介中，"男权政治"是主线，女性只是其中的点缀或者是牺牲品，不管是古代还是现代题材的影视著作，普遍都是一部男性英雄的成长史，而缺乏对妇女政治参与的大篇幅特写。最后，除了媒体的制约之外，社会大众对参政妇女造成的舆论压力也不容忽视。一方面，人们通常会对参与政治的妇女或者所谓的"女强人"指指点点，始终戴着有色眼镜看待妇女的政治参与行为，认为政治"女强人"有负于"贤妻良母"的角色，改变了社会对于女性角色的定位，超越了人们对妇女进行政治参与行为的容忍底线，从而对其进行强烈的舆论抨击和谴责；另一方面，社会对妇女政治参与的包容度也不高，通常会用双重标准来看待和苛求妇女干部，将女性固有的特点看成是弱点，一旦她们出现了一点小纰漏，就将其进行无限放大和宣传，给她们造成了强大的舆论压力，严重影响了妇女的参政前途，打压了她们的政治参与心理。可见，这种不利于妇女政治参与行为的舆论环境，不仅增加了妇女参政的心理压力，使广大妇女怯于挣脱"主内"的角色束缚，走上参政从政的道路，而且还扼杀了她们追求两性政治平等的萌芽，使妇女政治参与流于表面，无实质进展。

二　自身素质状况是制约 妇女政治参与的瓶颈

妇女的政治参与受政治、经济、文化等外部社会环境的影响的同时，还受其自身素质的制约，妇女政治参与的深度和广度在很大程度上受妇女自身素质的束缚。而妇女自身的整体素质，特别是政治素质和文化素质偏低，是造成其政治参与不足的"内因"。毛泽东的《矛盾论》认为，外因是变化的条件，内因是变化的根据，外因通过内因而起作用。妇女的自身素质包括妇女的政治思想素质、文化素质、身体和心理素质等综合素质，而当前妇女自身素质的局限性严重制约了其政治参与能力。

（一）整体政治理论素质偏低削弱了妇女驾驭全局的政治能力

政治理论素质通常是指作为政治活动主体的个人所具有的政治觉悟、政治修养、政治能力、政治道德、政治意识和政治心理等的总和。

它是个人政治思想、政治方向、政治立场、政治观点、政治态度、政治信仰、政治鉴别力、政治敏锐性和政治技能的综合表现。[1] 具备良好的政治素质，能在政治活动中发挥较大的作用，体现出高度的政治责任感。由于历史和现实的原因，我国妇女整体的政治理论素质偏低，驾驭全局的政治能力明显偏弱，主要表现在以下几方面。

一是妇女政治参与意识和权利意识薄弱，参政自信心不足。公民政治参与意识是指公民积极参与政治事务的心理态度，如有意识地积极参与选举，积极参与监督政府的各项行为活动，经常看《新闻联播》等政治类新闻，积极加入党派组织等。而权利意识是指人们对于一切权利的认知、理解和态度，是人们对于实现其权利方式的选择，以及当其权利受到损害时以何种手段予以补救的一种心理反应，它构成了公民意识和宪法精神的核心。[2] 从整体上来看，由于受到自身政治理论素质弱化因素的影响，当前我国妇女的政治参与意识和权利意识不强，参与政治的心理准备不足，参政热情不高。第二期中国妇女社会地位调查数据显示，有15.1%的女性主动给所在单位、社区提过建议，但男性却为31.3%，比女性高出了16.2个百分点。[3] 可见，相对于男性而言，女性的主动参与意识较为淡薄，部分妇女还未意识到参政议政是法律赋予自己的合法权利，不自觉地将自己排除在政治领域之外，主动放弃了参与政治的机会。而在一些农村地区，妇女的政治参与意识更为淡薄，在村委会换届选举过程中，农村妇女不像男性那样积极拉选票，争取获得更多人的支持，以能够在村委会中任职。绝大多数农村妇女在民主选举、村务民主决策和管理中放弃了话语权，仅以旁听者和局外人的角色参加集体会议，或者纯粹是为了走过场和应付村委会硬性的"出席"要求，在村民会议上只是"听会"，没有真正关注会议的具体内容，对于谁担任村干部

① 师凤莲：《当代中国女性政治参与问题研究》，山东大学出版社，2011，第176页。
② 辛世俊：《公民权利意识研究》，郑州大学出版社，2006，第102页。
③ 第二期中国妇女社会地位调查课题组：《第二期中国社会妇女地位抽样调查主要数据报告》，《妇女研究论丛》2001年第5期。

持无所谓态度。因此，在选举投票时往往随众、随夫，缺乏自主性，对村民自治的信心不足，政治效能感较为低下，这样就导致了农村妇女在村级治理过程中被边缘化了。由中华全国妇女联合会主持的"推动中国妇女参政"项目文件显示，在农村，女性占农村劳动力的 65%，但在村委会成员比例中仅占 21.4%，仅有 1%～2% 在决策性岗位上。① 城镇女性政治参与意识虽然高于农村女性，但她们与城镇男子相比，政治参与意识仍显薄弱，她们对于社会事务的关注点集中于住房和社保，忽视了对于参政、选举等方面议题的参与和关注。而妇女长期置身于政治领域之外，将会使她们的政治参与意识愈加薄弱，她们的沟通、表达和管理能力也就得不到有效锻炼，以致在政治参与过程中错失较多的参政机会，结果直接导致了中国妇女政治参与的困境。

二是妇女政治知识储备严重不足，对政治认知程度较低。政治认知是指关于政治制度、政治制度的作用及这些作用的执行者，以及政治制度的输入和输出的知识和信仰。作为公民政治认知对象的，一般有政治象征、政治典则和政治程序等方面。② 从对政治认知情况看，妇女对政治象征的认知水平要高于对政治典则的认知水平，但从妇女对当人民代表的态度，对单位、社区工作的关注及对政界人物的知晓程度来看，明显低于男性；从妇女对政治典则的认知水平来看，第三期中国妇女社会地位调查资料显示，有 83.4% 的人知道中国目前有专门保护妇女权益的法律，比 10 年前提高了 9.6 个百分点，其中，80.8% 的人认为《妇女权益保障法》在保护妇女权益方面有用，③ 绝大部分妇女知道宪法规定了妇女的选举权和被选举权，也了解"年满 18 岁的中国公民"有权参加选举，但对自身政治权益密切相关的《村民委员会组织法》和

---

① 闵杰：《中国妇女参政尚需大力推进》，《中国新闻周刊》2012 年第 13 期。
② 邓秀华：《长沙、广州两市农民工政治参与问卷调查分析》，《政治学研究》2009 年第 2 期。
③ 第三期中国妇女社会地位调查课题组：《第三期中国社会妇女地位抽样调查主要数据报告》，《妇女研究论丛》2011 年第 6 期。

《城镇居民委员会组织法》的了解程度远远不够，如 2008 年一项调查资料显示，在 106 名被调查的农村妇女中，51.89% 的人"不太了解""不了解"和"不知道有"《村民委员会组织法》这个法律；22.64% 的人"不知道"《村民委员会组织法》中关于"村民委员会成员中，妇女应当有适当名额"的规定；37.74% 的人"不大了解"和"完全不了解"村干部选举程序。在被调查的 230 名城市妇女中，约 93.48% 的人"不太了解""不了解""不知道"有《城镇居民委员会组织法》这个法律；80.87% 的人不能准确地说出"基层人大换届选举几年进行一次"。① 由此可见，妇女对于政治典则的认知水平相当有限，对维护自身权益的法律法规并不熟悉，甚至不知道。从妇女对政治程序的认知情况来看，绝大多数妇女认为各级人大代表中需要妇女代表，认为城市社区居民委员会和村委会成员中需要有妇女代表，知道妇联组织是维护妇女权益的组织。这说明，大部分的妇女已经认识到维护自身的合法权益，需要通过合法的组织和程序参与政治。但当前妇女政治参与很多是手段式参与，对于政治参与的认知还只是停留在维护利益层面。因此，妇女整体的政治理论素质偏低阻碍她们理解政治并参与政治，即使有政治参与的条件和机会，也难以掌握政治参与所必需的知识和技能，对国家的政治参与制度和政治参与程序缺少足够的了解，进而也不可能培养出公民应具有的政治责任感。

　　三是妇女政治参与经验、技能和艺术缺乏，政治效能感低。由于历史和文化的原因，从整体上看，妇女参与政治或者其他社会实践的机会非常有限，社会阅历和政治阅历相对简单，在成就需求、权力意识、竞争意识等非智能素质方面均弱于男性，往往缺乏必要的政治参与的经验、技能和艺术，政治效能感普遍偏低。戴维·赫尔德指出："政治效能感，即人们对他们影响政府的能力

① 师凤莲：《当代中国女性政治参与问题研究》，山东大学出版社，2011，第 176~177 页。

的评价，以及他们感觉到的在政府当中的利益所得，无疑与接受正式教育的程度有关"①。政治效能感（sense of political efficacy）是研究政治态度与政治参与的重要工具，一般被看作衡量一个人是否愿意积极投入到政治参与当中的因素之一，是一定的个体或社会群体对自身影响政治体系的能力和对政治体系就其要求做出回应的心理认知，是公民对政治家和政治秩序的主观感觉。政治效能感的高低与公民政治参与的强弱呈正相关关系，影响着公民政治参与积极性与其态度，也就是说，人们的政治参与活动的程度与其政治效能感是呈正相关的。罗伯特·达尔认为影响公民政治参与有六大因素，其中"公民个人效能感"的因素是指"如果你认为你的所作所为无足轻重，因为你无论如何不能有效地改变结果，那你就不大会介入政治"；"公民个人的政治知识因素"即"如果你觉得你的知识太有限了，不能有所作为，你就不大会介入政治"；"参与政治的障碍阻隔因素"指"你遇到的障碍越大，你就越不大会介入政治"。② 在我国，由于大多数女性群体长期被排斥在国家决策权力和信息之外，对政治参与影响决策的期望值偏低，从而降低了自身介入政治的欲望。特别是在自上而下的政治体制下，妇女在国家政治话语下"先验地"被独立、解放，以及只有少部分妇女获得政治地位和权益，这使大多数妇女认识到国家的强势力量以及对其形成一种决策依赖，妇女政治参与似乎仅仅与国家的政策有关，没有形成女性群体参政的内生性动力，而自身缺乏参政的紧迫感，这种政治体制也很难激活妇女内在的政治参与诉求。因此，在现实政治生活中妇女无形中可能强化了"因受到政策保护才进入政治权力体系"的这种认识，政治效能感不强。而较低的政治效能感则又会影响她们的政治参与行为，引发更多的非制度化政治参与事件的发生。

---

① 〔英〕戴维·赫尔德：《民主与全球秩序：从现代国家到世界主义治理》，胡伟译，上海人民出版社，2003，第191页。
② 〔美〕罗伯特·A. 达尔：《现代政治分析》，王沪宁等译，上海译文出版社，1987，第173页。

（二）受教育程度总体上偏低限制了妇女政治参与能力的发展

社会性别理论认为，两性间的许多差异实际上是文化性的而不是生物性的，这说明文化水平在一定程度上成为造成男女两性差异的原因之一。政治参与程度是与人们受教育水平呈正比的，"受教育程度的高低对公民的政治态度和政治行为有着相当直接的影响和作用"[1]。而文化水平与一个人的政治态度和行为有着直接的关系，一般而言，文化素质越高，对政治参与热情也相对较高，反之，则政治参与程度较低。改革开放后，我国逐年加大对教育资源和资金的投入，全民素质有了普遍的提升，男女两性受教育差距显著缩小。但是，相对于男性而言，妇女的文化素质整体上偏低，导致她们没有足够的政治素养参与政治。因为女性教育水平与女性政治地位提高的关系是相辅相成的，良好的教育是提高妇女政治参与的必要条件之一，也是妇女社会地位和政治地位提高的最基本的因素。妇女受教育水平的提高可以促进其政治地位的提高，而政治地位的提高又反过来促进妇女受教育水平的提高。一项调查显示，文化程度与参与程度之间的相关关系较显著，因而女性群体间政治参与存在较大差异，突出表现为未上过学、家务劳动时间长和不在职的女性被动型参与率高达75%，只有1/4的女性在尽力了解候选人情况后认真填选票；高学历女性自主参与程度高，高中、中专学历的女性自主参与率最高（80.1%）。[2]

受中国传统的性别政治文化"女子无才便是德""男尊女卑"等思想观念的影响，女性接受教育的机会和程度明显不及男性。调查数据显示，我国15岁及以上人口一般文盲率女性与男性分别为7.29%和2.52%，[3] 女性的文盲率超过男性近4.8个百分点。第

---

① 陶东明、陈明明：《当代中国政治参与》，浙江人民出版社，1998，第217页。

② 李芬、慈勤萍：《女性政治参与状况的研究》，《社会》2003年第12期。

③ 参见国家统计局人口和社会科技统计司编《中国社会中的女人和男人——事实与数据（2012）》，中国统计出版社，2012，第65页。

三期中国社会妇女地位抽样调查数据显示，我国 18~64 岁女性的平均受教育年限为 8.8 年，城镇女性 10.1 年，农村女性 7.1 年。女性中接受过大学专科及以上高等教育的占 14.3%，接受过高中及以上教育的占 33.7%。城镇女性中，25.7% 的人受教育程度在大学专科及以上，54.2% 的人接受过高中及以上教育；农村女性上述比例分别为 2.1% 和 11.6%。① 此外，在我国，不同地区的妇女受教育水平也呈现出不同的程度，从整体上来看，西部地区妇女受教育程度低于东部地区妇女。我国中西部农村妇女平均受教育年限为 6.8 年，比京津沪和东部地区农村妇女分别低 2.2 年和 0.8 年，比该地区农村男性低 0.5 年；妇女中接受过高中阶段及以上教育的只占 10.0%，远低于京津沪和东部地区农村妇女，也比该地区农村男性低 4.6 个百分点。② 特别是在落后偏远的农村地区，男女两性的受教育水平差距更大。地域的不同、男女两性教育资源的差异，直接导致了妇女受教育程度普遍偏低，也就造成了她们的文化素质低于男性，参与社会和国家事务管理的能力弱于男性。而文化的弱势严重制约了女性参与政治生活及管理社会公共生活，使女性难以成为政治生活及社会生活中的主导力量，从而在根本上限制了妇女政治参与能力的发展，限制了她们参政议政权利的行使，造成了妇女政治参与水平和程度的偏低。总之，妇女整体的文化素质偏低最终影响了妇女参政议政能力的提高，影响了妇女政治参与的程度与水平。

（三）特殊的生理、心理素质影响了妇女政治参与广度与程度

与男性相比，女性复杂的生理结构在一定程度上对女性的政治参与造成影响。一般来讲，妇女要经历"五期"（经期、孕期、

---

① 第三期中国妇女社会地位调查课题组：《第三期中国社会妇女地位抽样调查主要数据报告》，《妇女研究论丛》2011 年第 6 期。

② 第三期中国妇女社会地位调查课题组：《第三期中国社会妇女地位抽样调查主要数据报告》，《妇女研究论丛》2011 年第 6 期。

产期、哺乳期和更年期），在养育子女和家务劳动方面所付出的精力和劳动远远多于男性，这在很大程度上减少了她们参与政治的时间和精力，缩短了她们实现自我价值和社会价值的宝贵时间，消耗了她们干事业的部分精力与体力，从而使妇女总体文化程度偏低，对女性的政治参与造成了一定的障碍。在心理素质上，由于长期受到传统封建观念的束缚和父权制的影响，女性的依赖心理、自卑心理、对从政的排斥心理等，加剧了女性参与政治生活的劣势，在不同程度上构成了妇女参政的心理障碍。传统习俗和依赖心理使妇女社会交往渠道狭窄，能从外部调动的社会资源非常有限，不具备应有的政治认知，即使她们的能力不亚于男性，其政治影响力也远远不及男性，其对公共事务决策的影响程度偏低，相对于男性处于劣势地位。此外，受其人格素质中的一些自卑、顺从、软弱等特质影响，妇女政治参与的心理准备不足、意识不强、实践经验不足，无法从根本上摆脱女性自身的依赖性的约束，即使意识到法律赋予了自己政治参与的权利，也没有积极的态度和足够的信心去行使。这种保守和闭塞的心理结构的束缚促使广大妇女进入了一种恶性循环的状态，直接阻碍了她们的政治参与程度和参与方式，使妇女在政治参与上处于劣势。

（四）多重角色冲突瓜分并冲淡了妇女参与政治的精力和热情

现代社会女性面临着社会价值、家庭价值、个人价值的多元并存的取向，承担着社会责任、性别责任等多重责任，面临职业角色、伦理角色多样化的角色扮演，常常会陷入现代角色与传统角色的冲突中，无法逃避事业与家庭的双重负担，无法回避"社会人"（社会职业角色）和"家庭人"（家庭主妇角色）的多重角色冲突，他们不单要做一个好女儿、好妻子、好母亲、好儿媳，而且在单位还要做一个好干部、好职工，往往奔波于社会和家庭之间，除了和男性一样积极地参与社会劳动外，还承担繁重的家务劳动，在追求事业和家庭的平衡过程中超负荷运转。多重角色的扮演分散了妇女政治参与的精力，严重影响了她们的身心健康，淡化了她们的进取意识，使她们在社会竞争中和男性相比处于明显的劣势。一是女性自然生育特征和家务劳动是导致女性角色冲突的直接原因。生育和家务劳动直接导致女性参与社会劳动的时间和精力减少，女性的提拔、晋升、继续教育等受到巨大影响。如在家务劳动中，男女两性用于家务劳动的时间极其不平等，近年来虽然两者差距有所缩小，但是女性承担家庭中"大部分"和"全部"做饭、洗碗、洗衣服、做卫生、照料孩子生活等家务的比例均高于 72.0%，而男性均低于 16.0%。而女性承担"辅导孩子功课"和"照料老人"主要责任的各占 45.2% 和 39.7%，分别比男性高 28.2 个百分点和 22.9 个百分点。① 二是传统社会价值取向和现代思想的交织是导致女性角色冲突的客观原因。传统文化以"男主外，女主内"的模式来规范两性角色，女性人生的主要价值甚至全部价值被定位在生育和家务劳动上的"私域"范畴；而现代社会虽然已经开始打破"男外女内"的分工模式，但要求女性与男性一样，既要具有较高的科学文化知识素质和较强的专业技术能力，又要具备强烈的竞争意识、参与意识、机遇意识和风险意识，在社会竞争中成为生活的强者和事业的成功者。这样，现代社会要求妇女既要做好本职工作，传统的性别分工又要求妇女照顾好家庭，女性的社会属性和家庭属性同时被强化，最终传统与现代角色的冲突冲淡了女性政治参与和从政意识，大大降低了其政治参与的积极性，影响了女性政治参与的精力和热情。

三　提高我国妇女政治参与水平的对策思考

为了保障广大妇女政治参与权益，必须采取必要的措施，从制度、文化等方面出发，改善当前妇女政治参与的环境，提高妇

---

① 第三期中国妇女社会地位调查课题组：《第三期中国社会妇女地位抽样调查主要数据报告》，《妇女研究论丛》2011 年第 6 期。

女的文化教育水平，疏通妇女政治参与的渠道，健全妇女政治参与机制，充分发挥妇女组织的作用，以进一步提高妇女的政治参与意识和能力。

（一）将性别意识纳入决策主流，实现"社会性别主流化"

现实政治中的政治决策是男性占据主导地位的政党和国家机关的一种政治活动，男性几乎占据着决策垄断者地位，具有明显的决策优势，这很可能导致在决策中对女性利益的忽略或者盲视。而政治参与应该是包含占人口一半的女性的大多数普通公民的一种政治活动。因此，将性别意识纳入决策主流是针对当前政治参与不平等的现状而提出的，要求给予妇女政治地位以特别强调和关照。

1996 年 3 月，联合国妇女地位委员会第 40 届会议讨论了包含"将性别意识纳入决策主流"内容的决议案，自此，"社会性别主流化"被联合国确定为促进性别平等的全球战略。1997 年联合国经济及社会理事会通过了对"社会性别主流化"的一致定义。所谓社会性别主流化，是指在各个领域和各个层面上评估所有计划的行动（包括立法、政策、项目方案）对妇女和男子所产生的影响。作为一种战略，它使对妇女和男子的关注和经验成为设计、实施、监督和评判政治、经济及社会领域所有政策和方案的有机组成部分，从而使妇女和男性能平等受益。社会性别主流化的最终目标是达到社会性别平等，是将平等的机会整合到所有体系、结构、行为、政策、项目和计划中去，乃至将平等的机会整合到人们的思想和行为的理念中去。[①]

从我国目前公共政策的制定和执行的情况来看，在公共政策的决策过程中具有男性化的倾向。詹姆斯·安德森给公共政策下

---

① Teresa Rees：《修补性政策、适应性政策及改造性政策》，《妇女研究论丛》 2000 年第 2 期；参见付翠莲《社会性别视角下女性参政的公共政策分析》，《中共宁波市委党校学报》 2008 年第 5 期。

的定义认为："公共政策是由政府机关或政府官员制订的政策"①。公共政策的制定过程一般包括五个环节：问题的形成、政策方案的制定、方案的通过、政策的实施和政策评价。问题的形成、目标的制定取决于决策者，决策者的立场以及他所代表的利益集团，他所处的社会政治经济环境都会影响其目标的制定；政策方案的制定、方案的通过、政策的实施和政策评价更是在很大程度上依赖于决策者的价值判断。决策进程的每一步都牵涉对社会秩序和现实状况的认识和把握，以及不同利益集团之间的平衡与磋商。而由于历史、文化及自身方面等原因，妇女在公共领域视域中被边缘化，很少有参与政府的决策过程的机会，决策者中女性的缺失造成了公共政策制定的系列过程完全遵循了男性价值体系框架，体现了男性权威体系。正如有学者认为，公共政策的目标是针对所有社会成员扩大选择的过程，而不是只针对社会的某个部分，如果绝大多数妇女被排除在公共政策关注范围以外，不能从公共政策中受益，那么，这种公共政策显然是不公正的和畸形的。②

目前我国公共政策中性别意识普遍缺失。新中国成立后，从公共政策的范畴上讲，涉及性别公正的公共政策分为以下三种：同等对待政策、特殊保护政策和性别主流化政策。同等对待政策强调的是个人之间的平等权利，并且通过对社会体系的修补来确保人们得到系统的对待。但这种以男性为评判标准的做法，要求女性依照法律规定得到和男性同等对待的策略势必造成新的不平等。社会性别理论认为，在起点不平等的基础上，同等对待政策并不一定能够带来平等的最终结果。而特殊保护政策是建立在对男女两性区别的客观认知基础上，针对妇女因性别差异所形成的弱势提出的行动方案。虽然在短期内弥补了同等对待政策的不足，但同样不是充分的解决方案，因为在制定政策的过程中将女性定位为能力差的弱者，忽视了女性的选择权和能力的发展，表面上

① 〔美〕詹姆斯·E. 安德森：《公共决策》，唐亮译，华夏出版社，1990，第4页。

② 李慧英：《社会性别与公共政策》，当代中国出版社，2002，第4页。

似乎女性的地位的确提高了，但这种实践上的策略极其容易转化为女性的心理意识，助长女性的依赖心理和弱势心理，长远看来女性不能真正获得独立，也不能真正实现男女性别平等。因此特殊保护政策虽然目前来看是必要的，但在某种程度上也有局限性。而性别主流化政策不仅认识到了男女两性的差异，触及了男性主导的核心意识，但不是寻求通过对妇女帮助以适应社会现状，而是试图转变社会体系和社会结构使之适应男女的性别差异，使社会系统更具灵活性以适应不同类型人群的需求。

亚里士多德有句名言："公正意味着同等人同等对待之，不同等人不同等对待之"。针对两性间在政治社会领域以及决策层存在的差距，政府必须提高妇女的政治参与水平、程度和范围，提高妇女参与决策和领导的能力，通过完善和健全我国的社会主义民主政治制度，以有效的措施保障妇女能通过各种渠道和方式参政议政。一是政府必须承担起促进妇女和社会协调发展的责任，必须创造一个公平的社会环境，为弱势群体提供必需的帮助，为社会成员提供平等的发展机会和条件。二是政府应把性别意识纳入所有政策和方案的主流，使社会性别意识在决策中主流化，在决策结构中增加女性决策人的比重，并强化男性决策人的社会性别意识，要把性别主流化政策纳入妇女政治参与全过程。三是建立国家和地方一级的性别平等机制，以保证性别主流化政策能得以有效地贯彻和实施。通过这些措施，最终使社会性别主流化达到改变不平等的社会和体制结构的目标，使之对妇女和男子双方都得到平等和公正的对待。

社会性别意识政策是以人类两性均衡发展为目标，并且是指向未来的促进可持续发展的政策。因此，将社会性别意识纳入决策主流，在社会政策和立法上体现社会性别意识，必将对两性的最大发展产生深远的影响。当然，通过主流化政策实现性别平等是一个复杂的、改革性的政策手段，也是一项长期的艰巨复杂的社会系统工程，需要全社会在政治、经济、文化、思想等领域的相互支持。

（二）完善妇女政治参与保障制度，制定可操作的法律法规

公民有序政治参与不是随心所欲进行的，而是必须以宪法和相关法律所允许的范围为基本框架，保证公民的政治参与在遵循制度化、法律化和可操作的程序下得以实现。当前，我国妇女政治参与的政策制度与社会政治文明发展不协调，保障妇女参政的制度明显没有落到实处，为了适应妇女日益提高的政治参与积极性，提高妇女参政水平，必须完善妇女政治参与的性别保障制度，制定可操作的法律法规。一是要适当提高女干部比例，实行配额政策。在各级党政领导班子的配备中，适当地提高女干部的比例，并且对女干部的配备比例下达硬性指标，运用具体的量化标准，确保班子成员中女干部人数，以保障妇女参政的利益，增强妇女政治参与的积极性和主动性，从而提高妇女的参选率和当选率。二是要完善女干部选拔制度，贯彻公平、公开、公正原则。在干部的选拔过程中，要扩宽妇女可参加选拔的部门、单位的广度和宽度，增加妇女政治参与的机会，同时为了提高选拔的透明度，增加其规范性、公平性和公正性，必须面向全社会进行公开招聘选拔，同时做到消除选拔男女干部的双重标准，使用平等民主的性别评价标准。三是抓紧妇女参政的法制建设，为妇女参政提供可操作的法律依据。在《宪法》和《妇女权益保障法》的基础上，综合各地区妇女的参政情况，尽快制定并颁布关于中国妇女政治参与的详细法规，明确妇女政治参与的形式和实现的具体途径，确定妇女的参政权利及其相应的义务，清楚界定侵害妇女政治参与的违法行为及其法律后果等，以弥补我国现行法律法规在妇女政治参与问题上的不足和遗漏，改善妇女参政法律依据不足的境况，使维护妇女有序政治参与的法律能够更加切实可行。

（三）拓宽妇女政治参与的渠道，搭建妇女政治参与平台

在民主政治的不断进步中，拓宽妇女参政的渠道，搭建妇

联、工会等妇女政治参与平台，使更多的女性能够有机会进入到参政领域，从而进一步加强妇女参政的力度。目前我国妇女政治参与的渠道主要有人民代表大会、政治协商会议、工会、青年团、妇联、村民自治、政务公开等形式，虽然在一定程度上为妇女政治参与提供了平台，但是从整体上来看，妇女政治参与的渠道仍然较少。第一，丰富妇女政治参与形式，拓宽参与渠道。妇女的参政多属于权力参与层次，真正的自主参与形式非常少，为此，党和政府可以根据妇女的特点和特殊情况，创建新的政治参与形式，以强化基层自治组织的政治参与权利，吸引广大妇女积极响应和参与，比如开展"妇女座谈会""女干部和妇女交流会""政策制度论证会""女性权利讨论会""网络问答会"等参与活动，听取女性的意见和建议，使各项决策的执行更加民主化、科学化、公开化。第二，提高妇联、工会等妇女政治参与平台的地位，增强妇女政治参与平台的功能。将妇联、工会等组织提升至可以媲美政府部门的地位，使其能更好地发挥联络和促进各级妇女组织的功能，千方百计为妇女政治参与提供有利的环境条件和政策支持，同时加大对妇女权益的保障力度，提升对妇女干部的培养和输送力度，使妇联等组织成为培养女性干部的人才库，为妇女参政提供更大、更好的平台。此外，妇联、工会等组织可以建设动态的、多层次的、多界别的资源信息网站，通过对广大妇女的了解，及时解决她们的困难，根据妇女所反映的问题和意见，通过汇总和整理，向党和政府传达妇女的心声，并提出解决该类问题的对策、制度和法律法规，以调动妇女政治参与的积极性。

（四）加强对女干部的培训教育，培养权力核心层女干部

增加女干部的人数，提高对女干部的培养和教育力度，是逐渐向女干部打开通往核心权力层大门的重要方法。在培养过程中，需要多管齐下，共同致力于女干部的培养。一是要建立高层领导

培养女干部责任制。各级组织的领导要排除各种阻力，发现、培养、推荐妇女人才，要根据新形势下遇到的新问题、新情况，把培养选拔女干部纳入干部队伍、领导班子建设规划的总盘子。各级政府部门要担负起女干部的教育培训重任，为女干部能够通过公平、公正的方式成为权力核心层中的一员搭桥铺路，不得对女干部的升职加以阻拦。二是要增加女干部接受培训和教育的机会。党和政府应为女干部提供更多深造学习、专业培训、基层锻炼、轮岗锻炼、交流锻炼、强化培训等培养和教育的机会，通过理论学习与实践锻炼的结合，使女干部能够得到全方位的锻炼，以开阔视野，丰富领导经验，提高理论水平，拓展执政能力，为广大妇女干部走上核心领导层打下坚实的基础。三是要加强女干部后备力量建设。为了保证女干部队伍建设的可持续性，应建立女性人才库作为女干部的后备人员，并规范女干部的选拔任用制度，遵循"优先提拔女干部""男不占女位"等原则，当女干部职位或者权力核心层出现空缺时，可以从女性人才库中选拔适合的女性作为候补人员，以此来保持女干部的数量和职位，保证女干部选拔的可持续发展，增加女干部进入核心层的机会。

（五）摒弃传统性别文化观念，构建先进的性别文化理念

性别文化作为文化形态存在着的男女两性生存方式及所创造的物质与精神财富，包括人类发展过程中的性别意识、道德观念、价值标准、行为方式、风俗习惯等，是由社会或某一些人共同承认的有关性别的价值观和意义体系。传统的等级化、对抗式、排斥性的性别文化观念造成了人类文化发展进程中两性文化的不平等状态。而以推进性别关系的和谐及男女共同发展和自由发展为目标，以权利的个性化、选择的多样化和向弱势群体的倾斜为原则的先进性别文化，则是一种主张男女两性人格和尊严受到平等对待，保障男女两性参与政治、经济、教育、社会、文化和家庭

生活的权利和机会平等，提倡男女两性在社会和家庭生活中平等相待、和谐相处、良性互动、共同发展的文化理念。[①] 这就需要在全社会广泛深入地宣传妇女在人类社会发展中所起的作用，普及男女平等、尊重妇女的进步理念，大力弘扬先进的性别文化，限制传媒传播不健康的性别意识，以提高舆论引导的能力，强化人们对社会主义先进性别文化的心理认同，最大限度地形成男女平等发展的社会共识，创造有利于妇女发展的社会文化环境，构建与社会发展相适应的，有利于性别平等、公正、和谐生存与发展的文化。当然，先进的性别文化的建设是一项复杂的系统工程，是包括男性、女性在内的整个社会共同的责任，需要全社会的力量共同完成。

（六）充分发挥舆论媒体作用，营造妇女政治参与的氛围

舆论媒体具有强大的社会传播力量，在营造妇女政治参与氛围、扩大妇女政治参与程度、提高女干部影响力等方面能够发挥巨大的作用。为了提高妇女政治参与水平，首先，必须营造良好的社会环境氛围，充分发挥舆论媒体的传播中介作用，加大宣传在现代化建设中勇于奉献、开拓创新、成绩卓著的优秀女干部的力度，树立新时代妇女的楷模，以她们的拼搏精神和辉煌业绩冲击世俗偏见，成为影响和带动广大妇女踊跃参与政治的新风尚。其次，要借助媒体力量，宣传女性干部在经济社会发展中的重要作用，呼吁全社会重视和支持女性干部的发展，在全社会形成有利于妇女干部成长的良好氛围，让更多的人关注到妇女政治参与问题，以提高女干部的影响力，从而鼓励更多的妇女参政。再次，要加大宣传马克思主义妇女观，党和国家有关妇女问题的政策和法律知识，宣传妇女从政及实现男女平等的重要意义的力度，消除人们对妇女政治参与的疑虑，营造良好的有利于女性干部成长

[①]　谭琳：《略论先进性别文化的构建》，《中共中央党校学报》2010 年第 3 期。

发展的舆论氛围。最后，要注重发挥新闻媒体的监督作用，国家应该对新闻媒体关于女性政治参与的报道给予足够的关注，形成与妇女互动的广阔平台，从新闻媒体上关注妇女的政治诉求，并及时对一些具有普遍性妇女政治参与的问题做出回应，以增强妇女政治参与的动力与信心，保证妇女政治参与的社会效应。

（七）高度重视妇女的政治文化教育，提高妇女自身素质

妇女的自身素质直接决定其政治参与的能力。而教育是提高妇女知识水平、促进公民政治参与的有效手段，现代社会中受教育程度的高低对女性公民的政治意识、政治态度和政治行为有直接的影响。阿尔蒙德认为："在通常所调查的性别、居住地、职业、收入、年龄等人口统计学变量中，看来都不如教育变量更能决定政治态度。"① 马克思、恩格斯在《神圣家族》一书中，极为深刻而又精辟地表达了妇女与社会进步的天然关系："某一历史时代的发展总可以由妇女走向自由的程度来确定，妇女走向自由的程度取决于妇女的素质"②。提高妇女自身素质，一是要高度重视妇女的教育程度和职业地位的提升，因为具备高等教育程度和合适专业职业经验是争取政治资源时的两个最重要的条件；同时要重视加大对妇女进行多层次、多渠道的继续教育和在职教育，加强培训锻炼，不断提高其文化综合素质。二是各级政府和公众媒体要对女性进行必要的政治知识的培训和宣传，确保其公民权利的实现与自身的权利利益紧密联系起来，提高妇女的政治觉悟和政治思想水平，使妇女切身体会到自己在政治活动中的重要作用。妇女自身政治参与意识淡薄也需要国家制度安排给予激励和发动。三是妇女自身要加强理论学习，提高自身政治修养，培养自身的政治主体意识，通过各种政治社会化的途径与渠道，广大妇女要

---

① 〔美〕阿尔蒙德、维巴：《公民文化——五国的政治态度和民主》，马殿君等译，浙江人民出版社，1989，第455页。

② 《马克思恩格斯全集》第2卷，人民出版社，1995，第249~250页。

努力提高自身的参政议政意识，对自身享有的法定权利和义务有自觉的认识，对政治系统和政治现象及国家的制度、法律、法规等形成自觉的政治认同，不断提升自身的政治理论素质和驾驭全局的政治能力，进一步增强历史的使命感和责任感，为拓宽自身政治参与路径奠定坚实的基础。

第五章　社会转型视野下我国妇女
有序政治参与路径探索

　　在由传统社会向现代社会的结构性变动的深刻变革时期，社会各方面的利益分化严重，各阶层的利益主体和利益诉求渐趋多元化和复杂化。由于体制的固有弊端以及自身素质等多重因素的限制，特别是制度性政治参与渠道的局限，当今国家层面的制度供给总体上滞后于妇女不断高涨的政治参与需求，保证妇女政治参与的制度不健全，广大妇女通过合法渠道进行利益表达不充分，导致其利益诉求不能得到有效的表达，从而引发了大量无序化、非理性化的政治参与现象的发生。我国社会转型期虽然极大地触发了广大妇女利益表达的愿望和政治参与的热情，但由于长期形成的民主体制还很不完善，政治制度建设仍然滞后于现实发展的需要，政治参与的社会环境和政治文化传统的缺失导致的政治参与的制度结构不健全、不均衡，以及政治参与机制不完善、政策以及法律不健全，广大妇女无法通过合理、合法的渠道去实现自己的政治权利和表达利益诉求，再加上当前妇女政治参与主体的素质局限，部分妇女不了解或不知晓如何通过正确行使政治权利来维护自己的切身利益，使她们的利益诉求不能通过更加广泛的制度化的渠道进行利益表达、沟通与协调而予以满足，由此而引发的部分妇女无序参与、非制度性参与等非常态政治参与现象日益增多，并有逐渐泛化的趋势，其消极影响不容忽视。如何引导妇女走向制度化和有序的政治参与的途径？通过阐明奠定妇女有序政治参与的经济基础，优化其有序政治参与的政治环境，重塑其有序政治参与的文化底蕴；通过政府推进与社会自主相结合的妇女有序政治参与模式，引入协商民主，在政府和公民之间建立顺畅的利益表达机制，引导广大妇女走向制度化和有序的政治参与的政治实践，建立政府主导型和社会自主型相结合的妇女有序政治参与模式，以预防和避免非制度性政治参与的泛化，进一步促进社会稳定及和谐、协调发展。

一　转型期我国妇女的非制度化政治参与状况

马克思曾经指出："人们为之奋斗的一切，都同他们的利益有关。"[1] 目前我国的政治参与正朝向以社会利益分化和利益关注为基础的、有着明确利益目的和要求的方向转化，非市场化的政治参与中的利益缺位被逐渐补足，利益预期、利益关注和利益冲突显性化逐渐成为人们政治参与的目的诉求。政治参与的内驱力蕴藏在人们的利益关系之中。转型期由于利益分化严重，利益表达渠道不畅通，或者成本、门槛太高，政治制度建设滞后于现实发展的需要，保障公民政治参与的制度还不完善，导致公民包括广大妇女采取非制度化的参与途径表达利益诉求，引起非制度化政治参与的扩大，给现有社会秩序和社会稳定带来巨大冲击。

（一）政治参与制度化理论与非制度化政治参与

西方政治学中的制度主义研究源远流长，最早可以追溯到古希腊哲学家对城邦政体的研究。但对于政治制度化的研究却始于亨廷顿对发展中国家政治发展中"发展与稳定"失衡困境的研究。在亨廷顿看来，政治发展意味着政治制度化水平的提高，而政治现代化主要表现为民众政治参与的扩大，如果二者发展不平衡则

---

[1] 《马克思恩格斯全集》第 1 卷，人民出版社，1995，第 187 页。

会导致政治不稳定，陷入"发展与稳定"失衡困境。要想达到二者的平衡，就需要增强政治制度化水平。亨廷顿认为，制度就是指"稳定的、受珍重的和周期性发生的行为模式"，制度化就是指"组织和程序获取价值观和稳定性的一种进程"①。政治制度化则是指政治体系中的政治角色或机构的政治活动按照法定的程序和规定进行。政治参与的制度化水平直接关系到社会各阶层之间的利益协调状况。政治稳定依赖于政治制度化水平的提高，但政治参与并非总与政治稳定呈正相关关系。亨廷顿指出，政治稳定取决于政治参与和政治制度化之间的比例关系，当政治参与程度高而政治制度化程度低时，扩大的政治参与可能导致政治不稳定。因此，亨廷顿认为，发展中国家在政治制度化方面滞后，致使公民的政治诉求难以通过合法渠道得到表达并在该国政治体系内部得到缓解，这种情况下，"社会的动员和政治参与的扩大日新月异，而政治上的组织化和制度化却步履姗姗，结果，必然发生政治动荡和混乱。政治上的首要问题就是政治制度化的发展落后于社会和经济变革。"② 扩大政治参与是现代政体与传统政体的重要区别。亨廷顿认为，"一个传统的政治体制，其结构越是多元化，权力越是分散，则其政治现代化引起的动乱越小，适应政治参与的扩大也就越容易"③。发展中国家通过提高政治制度化水平与扩大政治参与之间形成一种良性的互动关系，以进一步推进社会稳定与政治发展的进程。

亨廷顿强调一国公民政治参与的水平一定要与该国的制度化水平相吻合，否则将会导致政治不稳定，政治参与的剧增就产生政治动乱。由此他得出以下三个连续递进的公式。

---

① 〔美〕塞缪尔·亨廷顿：《变化社会中的政治秩序》，王冠华等译，三联书店，1989，第 12 页。

② 〔美〕塞缪尔·亨廷顿：《变化社会中的政治秩序》，王冠华等译，三联书店，1989，第 5 页。

③ 〔美〕塞缪尔·亨廷顿：《变化社会中的政治秩序》，王冠华等译，三联书店，1989，第 160 页。

社会动员 ÷ 经济发展 = 社会颓丧

社会颓丧 ÷ 流动机会 = 政治参与

政治参与 ÷ 政治制度化 = 政治动乱[①]

在这里亨廷顿主要阐述了在现代化过程中，由于社会动员程度的提高往往会提高人们的期望，而经济的发展则是提高社会满足人们期望的能力。而在现代化发展到一定阶段，社会动员的程度和速度往往远远高于经济发展的速度，这样就会在需求的满足与需求的形成之间出现差距，从而会使人们普遍产生"社会挫折感"。特别是发展中国家在社会纵向流动和社会横向流动的渠道不通畅状况下，无法通过得到缓解的"社会挫折感"就会促使人们力图通过政治参与的途径向政治体系施加巨大压力。如果政治参与迅速扩大而政治制度化程度却未能实现相应的提升，换句话说，政治制度尚不具备组织和疏导政治参与的机制和能力，大量非制度化的政治参与方式就会泛化，就会发生政治动乱。由此得出，发展中国家在政治发展起步之前，必须通过加强政治制度化建设，为公民参与提供政治参与的合法途径，将公民的政治参与要求与压力在体制内得以释放，这样就能够有效避免"参与爆炸"所导致的无序政治参与，从而进一步增进政治稳定，促进社会发展。亨廷顿进而指出，如果公民的政治参与水平日益高涨，而政治制度化水平并不能够满足公民的参与需求，就会导致不稳定而陷入政治参与的模式难以抉择的困局。他认为解决困局的途径就是要建立"强大的政府"，即"有能力制衡政治参与和政治制度化的政府"，该政府建立高效而顺畅的政治制度，并在"完善其政治制度化的速度与扩大群众参与水平二者之间求得最佳值，适时适度地调频这二者之间的相互共振，走出政治上的协调"[②]，就能够在最大程度上吸纳公民政治参与的热情，从而把公民的政治参与的能量转

①　〔美〕塞缪尔·亨廷顿：《变化社会中的政治秩序》，王冠华等译，三联书店，1989，第51页。

②　沈宗美：《中译本序》，载〔美〕塞缪尔·亨廷顿《变化社会中的政治秩序》，王冠华等译，三联书店，1989，第5页。

化到政府的制度中来，避免政治秩序受到破坏。① 这种由政府引导民众扩大政治参与的过程，也是逐步走向民主化过程的最佳途径。

从西方政治参与理论来看，"只要是对政府的决断施加影响的行为"，都列入政治参与的范畴，并未强调政治参与的合法性与否。阿尔蒙德通过对利益表达渠道的分析，将政治参与划分为合法的接近渠道和强制性的接近渠道。其中，合法的接近渠道主要有三种：一是个人联系渠道，指利用家庭、学校、地方和社会联系作为接触政治上层人物的工具；二是精英任务代理，是利益集团可以非常有效地利用的一种接近渠道；三是正式的和机构性的接触渠道，如大众传播工具、政党、立法机构、内阁和政府行政机构也是常见的接近渠道。反之，他将暴乱及政治恐怖策略归为强制性的接近渠道，认为政治恐怖策略是最极端的强制方法。② 蒲岛郁夫从政治参与的形态的角度将政治参与划分为"体制内"和"体制外"的两种形态。"体制内"的政治参与即是合法的政治参与，其中主要包括：投票、选举活动、地区活动（公民运动）、个别接触等。"体制外"的政治参与就属于非制度化政治参与的范畴，"暴力行为"是非制度化政治参与的直接体现。国内学者一般根据是否符合一定的制度规范和合法程序，把政治参与分为制度化政治参与和非制度化政治参与两大类。对政治参与制度化的内涵解释国内学者一般有两种看法，一种看法认为，政治参与制度化是指政治参与的制度规范在政治社会化的过程中和人们参与的实践过程中获得价值认同的模式化的过程；③ 还有一种看法认为，制度化政治参与是指普通公民在通过制度渠道来影响和推动政治系统决策的活动。④ 有学者指出，"一般而言，公民的投票、法案讨论等制度化、程序性都较高，但其他形式政治参与的制度化、

① 孟军：《寻求发展与稳定的平衡》，中国社会科学出版社，2010，第104页。
② 〔美〕加布里埃尔·A. 阿尔蒙德、小 G. 宾厄姆·鲍威尔：《比较政治学——体系、过程和政策》，曹沛霖等译，上海译文出版社，1987，第210～224页。
③ 李元书、刘昌雄：《论政治参与制度化》，《江苏社会科学》2001年第5期。
④ 陈剩勇、钟冬生、吴兴智：《让公民来当家：公民有序政治参与和制度创新的浙江经验研究》，中国社会科学出版社，2008，第347页。

程序化相对较低"①。

综上所述，笔者认为，政治参与制度化是指公民主要通过合法、理性和程序性的方式参与政治生活，用以直接或间接地影响政治决定，试图影响和推动政治系统决策过程的活动。改革开放以来，党和政府在推进公民政治参与制度化建设中不断迈出新步伐，越来越多的公民通过制度化参与的渠道如人民代表大会、政协会议、行政复议和行政诉讼、信访、听证会、开放式会议以及基层社区的公民选举和村民代表大会等方式参与公共事务，表达自身利益和需求；党和政府也大力支持工会、共青团、妇联等人民团体充分发挥桥梁纽带作用，通过民主实践逐步培育形成政社分开、权责明确、依法自治的现代社会组织体制和群众自治组织，逐步形成"党委领导、政府负责、社会协同、公众参与"的"社会管理"格局，进一步调整社会利益关系、回应社会诉求，从而有效地化解社会矛盾，维护社会公正、社会秩序和社会稳定。

另外，改革开放以来，虽然我国在推进公民政治参与制度化建设中取得了长足的进步，但由于发展中不平衡、不协调、不可持续问题依然突出，保障公民政治参与的制度需要进一步完善，政治参与的制度化水平还无法满足公民利益诉求的需要，政治体系还不能为公民充分拓宽有效的政治参与渠道，公民通过合法渠道进行利益表达不充分，从而引发了大量无序化、非制度化政治参与现象的发生。孙关宏也指出："作为公民试图影响政府人事和政策的行为，政治参与不仅表现为定期的选举投票这样的制度化途径，它还表现为各种各样的利益表达形式，即一种非制度化的政治参与活动"②。方江山认为，非制度化政治参与是"突破现存制度规范的行为，也是在社会正常参与渠道之外发生的活动"③，而这些正常参与渠道之外的活动主要指"不符合国家既有的法律、

①　马振清：《中国公民政治社会化问题研究》，黑龙江人民出版社，2001，第150页。
②　孙关宏：《政治学概论》，复旦大学出版社，2004，第67页。
③　方江山：《非制度化政治参与：以转型期中国农民为对象分析》，人民出版社，2000，第39页。

规章、政策、条例等所规定的程序而采取的影响政府决策的政治行为"①。有学者将非制度化政治参与称作制度外政治参与或非法政治参与，也有学者将其称为非常态（无序）参与。② 王邦佐认为："非常态参与是在政治参与条件受到限制、剥夺或按照常规途径无法实现预期政治目标时，参与主体可能转向以非常规的方式参与政治，即非常态参与。以非常态方式参与的行为者通常出于强烈的政治动因，在一般参与方式无法达到目标的情形下，会以请愿、示威游行甚至政治暴力等形式实现更换政界官员、影响政府决策、改变政治制度等政治目的"③。王明生认为，非制度化政治参与是法律及相关制度规定以外的政治参与方式或行为，可能是合法的也可能是非法的，或者是法律没有做出明确规定的参与方式。④ 何清涟将非制度化政治参与概述为直接违反有关的法律和制度的规定的一类活动，⑤ 诸如违规上访、暴力抗法、非法聚集、冲击政府机关等活动通常具有以人力和组织资源为基础的共性，它们直接违反了有关法律和制度规定。

综上所述，非制度化政治参与是与制度化政治参与相对应的概念。笔者认为，非制度化政治参与是指在制度化渠道缺乏或者不通畅的条件下，公民的利益表达活动难以通过正式的制度渠道来组织和安排，而是突破现有制度和规范框架，采用各种不符合制度的参与方式。具体来说，非制度化政治参与就是不符合国家宪法、法律、行政法规、行政规章以及一些其他的规范性法律文件规定的制度、方式和程序而进行的影响和推动政治系统决策的活动。⑥ 特别需要

① 陈剩勇、钟冬生、吴兴智：《让公民来当家：公民有序政治参与和制度创新的浙江经验研究》，中国社会科学出版社，2008，第348页。
② 王维国：《公民有序政治参与的途径》，人民出版社，2007，第104页。
③ 王邦佐：《新政治学概要》，复旦大学出版社，2006，第206页。
④ 王明生：《当代中国政治参与研究》，南京大学出版社，2012，第11页。
⑤ 何清涟：《现代化的陷阱——当代中国的经济社会问题》，今日中国出版社，1998，第56页。
⑥ 付翠莲：《村庄女性化格局下妇女政治参与困境与消解》，《长白学刊》2013年第6期。

指出的是，这里所指的制度化政治参与以外的其他各种的利益表达形式，是属于非制度化的，但不一定是违法的，也包括合理但不合法的边缘型政治参与行为。而非法的政治参与或反制度化政治参与是指一种在违反国家制定的法律法规的前提下试图影响政府政策的活动，主要是通过暴力等非法手段，反对政府的政策或统治方法，危及国家政治稳定的参与活动。非法的政治参与或反制度化政治参与带有极强的破坏性和反社会性，如聚众闹事、依靠宗教势力和社会黑恶势力介入达到牟利的目的等表现形式属于非法的政治参与，给社会的稳定发展带来巨大威胁，是国家严厉打击的范畴。在任何国家和地区，法律都不会允许反对其基本政治制度和社会制度的行为存在。因此，反制度化的政治参与行为必然是非法参与行为，但非法政治参与行为并非都是反制度化的政治参与行为。

　　当前，我国政治参与的情况存在着制度化参与不足和非制度化参与频繁现象。亨廷顿通过对政治参与和政治制度化之间关系的研究认为，非制度性政治参与发生的正常顺序一般是：个人非政治行动（个人避免卷入政治）、个人政治行为（个人的政治接触）、集体非政治行动（集体的、非政治性质的诉求和行动）、最后是集体政治行动（集体性的、政治性质的诉求和行动）。[①] 方江山指出，非制度化政治参与具体表现为三种类型：第一类是在社会有正常参与渠道的背景下，公民不愿、不会、不能利用这些渠道，由此在参与中表现出来的情绪化的行为；第二类是在现存政体中制度规范僵化，制度不完备，或存在缺陷的背景下，公民在参与中表现出来的行为；第三类是在社会既有的正常参与的背景下，公民采取的非常态的行为。[②] 从非制度化政治参与中参与者的目的来看，既有支持性参与，也有抗议性参与；从参与者采用的

①　〔美〕塞缪尔·亨廷顿、琼·纳尔逊：《难以抉择——发展中国家的政治参与》，汪晓寿、吴志华等译，华夏出版社，1989，第179～180页。

②　方江山：《非制度化政治参与：以转型期中国农民为对象分析》，人民出版社，2000，第38页。

手段来看，既可以采用和平手段（如行贿），也可以采用暴力手段（如拦路断道、冲击政府），但无论是采用和平手段，还是采用暴力手段，都已经超越了现行法律和制度所允许的范围。在我国，非制度化政治参与形式一般有以下几种：个人接触、越级上访、群体性上访、暴力围攻等。近年来因土地征用、房屋拆迁引起的补偿款问题以及因环境污染侵害居民生存和发展问题引发的群体性暴力事件，已经逐渐发展成为我国非制度化政治参与的新形式。

非制度化政治参与是一种突破现存制度和规范框架的无组织现象，必然对现有制度产生巨大冲击且影响制度的合法性，进而削弱政治体系的合法性。有学者曾尖锐地指出："如果制度准备不足，扩大政治参与可能导致政治不稳定"①。因此，在社会转型期，扩大公民有序政治参与的渠道，调整社会各方面利益，融合多元的社会价值，不失时机地将非制度化政治参与转化为制度化的政治参与，使大量的非制度化政治参与尽量在制度范畴内或制度安排框架内得以释放，使政治参与活动的总量、速度能够与制度的承载力相适应，确保政治参与的发展和制度承载力的提升始终处于相互调节和动态发展的良性循环轨道。

（二）我国妇女非制度化政治参与的表现形式

根据上述国内外学者对非制度化政治参与的界定和分类，笔者认为，非制度化政治参与可以划分为个人的非制度化政治参与和群体性非制度化政治参与两大类。个人的非制度化政治参与主要是个人为了解决由于个人或利益受到侵害或者个人权利没有得到保障而采取的制度外的参与方式，比如贿赂、恐吓等。而群体性非制度化政治参与主要包括不符合法律程序规定的群体上访、游行、围攻政府机关等。② 具体到妇女的非制度化政治参与的表现

① 杨根乔：《论当前我国妇女参政的现状、问题及对策》，《当代世界与社会主义》2004 年第 2 期。

② 麻宝斌、马振清：《新时期中国社会的群体性政治参与》，《政治学研究》2005 年第 2 期。

形式，主要有政治冷漠、个人体制外接触、越级上访、非理性的
网络政治参与、非法聚集以及暴力对抗等几类。

1. 群体政治冷漠普遍

政治冷漠是一种与政治参与相伴而生的现象，是一种政治态
度或政治行为。在《当代西方政治学新词典》中对其的解释为：
"政治冷漠，属于政治社会学范畴。作为一种政治态度，它指的是
一国的公民对政治活动的冷淡和对政治问题的漠视；作为一种政
治行为，它指的是对政治参与的疏远和逃避。"[①] 王浦劬指出，政
治冷漠是指"消极的政治态度在政治行为上的表现，即不参加政
治生活，对于政治问题和政治活动的冷漠和不关心"[②]。它既是指
对政治活动和政治问题冷淡、漠视的政治态度，又是指对政治参
与疏远、逃避和不介入的政治行为，是"无政治阶层"民众不参
与政治的一种政治态度和政治行为。[③] 当今在各种政治共同体中，
不论在发达国家还是发展中国家，政治冷漠现象都不同程度地存
在。虽然亚里士多德曾经说过，"人类在本性上是一个政治动
物"[④]，每个人都不可能游离于国家制度之外独立生存，但之所以
会出现政治冷漠这一现象或行为，罗伯特·达尔认为，人是一种
社会动物，"但无论由于本能还是由于学习，他们都不必然是政治
动物，至少不是完全相同意义上的政治动物。纵然他们生活在一
个社会之中，他们也不需要关心这个社会的政治，不需要积极参
与政治生活，也不需要珍爱社会的政治体制和价值观。有些人这
样做，但许多人并不这样做。"[⑤] 因为"在大多数政治体系中，对
政治事务极感兴趣，关心并了解政治，活跃于公共事务中的人在

---

① 潘小娟、张辰龙编《当代西方政治学新词典》，吉林人民出版社，2001，第
　420页。
② 王浦劬主编《政治学基础》，北京大学出版社，1995，第219页。
③ 向海英：《论我国政治冷漠现象的成因与对策》，《社会科学论坛》2007年第3
　期。
④ 〔古希腊〕亚里士多德：《政治学》，吴寿彭译，商务印书馆，1965，第7页。
⑤ 〔美〕罗伯特·A. 达尔：《现代政治分析》，王沪宁等译，上海译文出版社，
　1987，第129页。

成年人中所占比例不大。一般来说，他们往往是少数"①。但政治
冷漠阻碍公民意愿的表达和利益的实现，并将对政治参与以及整
个政治发展产生影响。如果政治冷漠现象扩大，群体利益和诉求
无法协调，改革就会失去动力。

当代中国妇女的群体政治冷漠现象尤为突出，在政治生活领
域属于"沉默的大多数"。从整体上来看，妇女的政治冷漠具体表
现为妇女的政治参与意识较低，不关心政治或回避政治、被动参
与或盲目跟从，政治参与的自主性和自觉性较低，不参与、不介
入以及消极参与程度高。如在民主选举中部分妇女由于受文化水
平偏低、封建思想浓厚等影响，民主意识淡薄、自治观念不强，
广泛存在着"谁干都一样"的思想，在民主选举过程中行使选举
权利的意识弱化。许多地方在选举人大代表时，很多妇女参选率
虽然很高，但冷漠的心态显而易见：或者抱应付的态度，投票时
随心所欲；或者怀游戏心理，甚至进行恶作剧；或者随大溜，有
的还乐于接受他人的包办代替；或者对贿选等违法现象熟视无
睹。② 很多女性公民政治参与的主动性和自觉性很低，真正出于自
主意识自愿参加国家政治生活的女性所占比例不高，在政治参与
中对政府有较强的依赖性和一定的盲从性，往往把自己当作国家
和政治的附属物，容易放弃或让渡政治权利，不能有效地行使民
主权利，致使民主选举和管理等制度的落实常常流于表面化和形
式化。此外，大多数妇女民主政治参与从意识到行为都存在被动
性，甚至很多妇女缺乏政治参与的意识和渴望，缺乏政治主体意
识，自主性不强，在选举过程中不愿意抛头露面，不能积极主动
地展示自己、宣传自己，而且容易自我满足，对奋斗目标制定得
太小；在参加选举的人中，有相当一部分妇女参与只是一种被动
参与，而非自主参与，一般是组织安排干什么就干什么，领导让
参与则参与，没有安排就不去参与。大部分妇女对公共事务缺乏

---

① 〔美〕罗伯特·A. 达尔：《现代政治分析》，王沪宁等译，上海译文出版社，
1987，第 131 页。
② 唐昊：《诊断"政治冷漠症"》，《中国改革》2004 年第 7 期。

一种主人翁的责任感和主体意识，过分强调自己的家庭功能，而忽视自己的社会功能，漠视自身的权利，怀疑和低估自己的政治参与能力，在政治参与过程中处于被动地位，从众心理强，这样导致女性进入领导层职位的人数较少，特别是担任政治、经济、文化等主要部门的正职人数更少，她们的政治影响远远还没达到与她们所占人口比例相应的程度。女性群体政治冷漠反映出女性的政治认同感和政治效能感较低，也显示了当前女性群体自身与国家共同体之间关系的疏离。而政治冷漠是妇女参与国家政治生活的极大心理障碍，对民主政治的建设和推进有极大的危害。因为"最应当反对的是漠不关心，而不是无政府状态或专制，因为漠不关心可以几乎分毫不差地创造无政府状态和专制"①。政治冷漠使广大妇女对政治的不信任感增强，也使女性进入领导决策层的动力不足，导致妇女的权益和利益没有被合适地代表。因此，通过构建新型的、符合民主政治要求的政治文化，动员广大妇女在正确思想的指导下积极有序参与政治生活，逐步提高她们的政治参与的热情与能力，是帮助妇女跳出冷漠心理，积极投身政治生活热潮的有效途径。

2. 个人体制外的接触

个人体制外的接触主要是指公民依靠个人的主观努力，通过与掌握公共权力的官员交往，从而实现进入政治领域的政治参与活动。这里说的个人主观努力通常是以人情、面子为主导的。随着当前我国利益竞争机制与权力腐败之间千丝万缕的关系，使由人情、面子带来的权力腐败现象更加隐蔽与普遍。在现存政治体制中由于制度规范僵化、制度不完备、不充足或缺乏的背景下，部分妇女在政治参与中的个人接触主要表现为为实现个人利益而采取的行贿或者受贿行为，严重干扰了正常民主秩序。如选举投票过程中，由于选举程序不完善、不透明，或者这些参与渠道或

---

① 〔法〕托克维尔：《论美国的民主》（下卷），董果良译，商务印书馆，1988，第894页。

是收效不显著，或是成本太高昂，部分妇女为获取个人和家庭利益或者为避免个人和家庭利益受损害为目的而通过行贿等收买相关官员的办法来实现自己的利益，达到利己性的接触活动。又如在对社会资源进行分配时，妇女个人或托人通过与一些掌握公共权力的官员"接触"，从而为自己获取更多的资源等。再如当妇女自己或亲友触犯法律法规时，往往通过疏通"关系"去开脱罪责，最终大事化小、小事化了。向官员行贿是建立在裙带关系和扩散性的人际关系基础上的以个人利益为驱动力的参与，这类行为在现阶段中国农村也非常普遍。如有的妇女主动接触有一定权力的村干部，尤其是接触实际掌握村务权力和公共资源的村支书和村主任，达到获取个人和家庭利益的目的；有的单独到干部办公室、干部家里向村干部进行"搬弄是非"，还有的采取送钱送物的行贿方式进行拉票和贿选，甚至有以出卖人格的"性贿赂"达到个人利益的最大化。这种通过个人接触来进行政治参与的方式对我国的民主化进程以及社会秩序带来极大的危害，使人治破坏法治、法治让位于人治，个人利益替代公共利益的功利主义盛行。郭夏娟教授在一篇关于女企业家政治参与的调查文章中指出，在经济发达地区，"女企业家的非制度化政治参与有合法的方式，也有不合法的方式，如某些企业在地方上的经济贡献很大，对本地区的经济发展有重要的带动作用，而地方政府为了政绩和发展经济的需要，会给这些企业的企业家以特殊的政治参与机会，比如聘请其担任某些政治职务等。但这种凭借物质财力和社会资本而成功参政并不是以非法的形式出现。也有不合法的政治参与方式，如有的女企业家重金贿选各级人大代表、政协委员等职务，谋取政治权力和政治地位，进行权钱交易等"[①]。这部分女企业家为了获取利益，通过个人体制外接触破坏市场规则，以至于使社会失去活力。因此，为了消除妇女的非制度化政治参与方式，政府应该

---

① 郭夏娟、董以红：《女性·财富·政治——温州市女企业家的政治参与的调查》，《中华女子学院学报》2006 年第 2 期。

重视"以人为本"，在强化妇女的法律意识的同时，又要建立健全符合我国国情的权力监督和权力制约机制。

3. 以越级上访表达利益诉求

信访是国家机关了解民情的一个重要的渠道，也是人民群众实现基本诉求、对国家事务中出现的一些问题向有关部门反映的一个重要渠道。当人民群众利益受损时，通过诉诸制度化政治参与的路径，以法律允许的利益表达方式，包括上访、信访、公开与当事人交涉等，或者给有关的领导写信，打市长热线，到信访办申诉，或向报社、电台、电视台投诉等，或向有关部门举报、反映情况，提出意见和要求。但由于制度化路径的低效或制度安排的缺失，诸多的合法利益诉求机制与表达渠道并不能有效地实现其参与目标，导致部分群众采取越级上访的方式表达利益诉求。

所谓越级上访，就是指上访人越过所在基层单位，或者越过应该处理他提出诉求或反映问题的单位，到其上一级机关去上访。① 越级上访的特征就是上访者在表达自身利益诉求时没有按照正常的上访程序逐级向上反映情况，而是越过所在基层单位，或者应该处理其提出诉求或反映问题的单位，直接向上级部门或高层领导反映问题，试图通过上级的行政命令来解决问题。近年来，在下岗再就业、农村宅基地、土地分配和征收、房屋拆迁赔偿等涉及妇女利益的纠纷和矛盾时，不少妇女采取越级上访和集体上访、聚众闹事等方式，导致消极参与、非制度化政治参与现象泛化。据调查，当前在征地拆迁等原因引发的信访或一系列群体性事件中，有相当部分参与者是妇女。目前由于各级信访机构名称繁多、规格不统一，内部职能交错，缺乏相互的沟通和协调，造成信访效率低下，信访制度解决问题能力弱，往往对弱势群体亟须解决的问题采取拖延的办法，甚至敷衍了事或置之不理，真正通过信访渠道解决问题的情况并不多，这种情况使妇女的利益诉求无法得到系统的、有效的表达，导致部分利益受损的妇女走上

---

① 王维国：《公民有序政治参与的途径》，人民出版社，2007，第151页。

了越级上访的道路。近年来，妇女通过信访进行利益诉求的现象在增加，如根据有关资料统计，目前在农村信访案件中妇女所占人数达到了 70%～90%，已经成为名副其实的信访主力军。[①] 这一方面说明妇女利益表达诉求愿望增强；另一方面也反映出了信访的低效状况，最终把部分利益受损群体推向越级上访的道路。而越级上访、聚众上访对社会负面影响很大，在维稳倒逼情势下，实践证明，只要得到上级的关注事情解决得就快。因此，很多妇女把这种上访形式当成解决自身利益诉求的重要途径。实际上，越级上访是不能彻底、快速解决信访人的问题和诉求的，上一级机关处理问题时还是要将很多实际工作返回基层进行办理。越级上访会给上一级机关的工作造成混乱，浪费了大量的社会资源，又破坏了正常的工作程序，对依法治国方略造成了负面影响。

4. 非理性的网络政治参与

20 世纪 90 年代以来，互联网的普及应用为我国公民政治参与提供了便捷、低廉的渠道和平台，也为公民直接参与政治提供了技术可能性。由于网络政治参与本身所具有的方便、快捷以及开放性、匿名性等特点，为公民提供了在网络上可充分享受的信息和言论自由权，极大地激发了公民政治参与的热情。网络公共论坛、微博、微信等自媒体更是迅速成为人们自由表达意愿的公共场所。由于在现实社会中制度性政治参与渠道不通畅，普通网民在现实生活中得不到解决的问题，往往希望通过上网制造网络舆论的方式来求得解决。由于互联网的普遍匿名制以及活动难追踪的特性，缺乏有效的监管，特别是相关的规则制度建设还没有及时跟进，当前我国网络政治参与基本处于无序状态，致使一些别有用心的人在网上发布虚假信息，捏造各种政治谣言，通过混淆视听以蛊惑民心，甚至散播反动言论，扰乱民心，如果不能正确引导，极易引发"参与爆炸"，破坏社会稳定，阻碍我国民主政治

---

① 林建：《试论农村妇女非正常上访的原因及对策》，《中共福建省委党校学报》2006 年第 9 期。

的健康发展。

《第33次中国互联网络发展状况统计报告》（2014年1月）显示，目前中国网民已达到 6.18 亿人，其中男女性别比例为56∶44，女性网民数量已经超过 2.71 亿，① 这说明当前妇女的政治参与意识也离不开网络传媒的影响，网络已成为最基本、最方便快捷的政治参与方式、政治表达途径。在传统的方式下处于"家庭和工作"双重压力的女性难以花费大量的时间和精力参与到政治生活中来，但在信息化时代，特别是具有自媒体属性的微博、微信的出现，给普通妇女提供了一个表达自身利益诉求和政治意愿试图影响政府决策的便捷的平台。妇女在政治和社会生活中接受的经济、政治、文化信息很大一部分是通过网络传播媒介获得的，她们也能更容易、更自由地在网络上表达自己的利益诉求和政治意愿。但当前通过类似微博、微信、网络公共论坛等自媒体网络方式进行的政治参与，由于表达平台门槛较低、自由度较高、信息发布便捷，具有明显的开放性、虚拟性、匿名性等特点，政治控制有一定的难度，使大部分妇女在进行利益表达或者"围观式政治参与"过程中，表达和参与形式大多表现得更为直接和情绪化，这其中可能带有一定的非理性成分。特别是网络政治参与中经常会出现不负责任的政治言论，攻击、诋毁党和各级政府，造成网络舆论的误导，给部分对社会现实不满的个人或组织利用网络散布谣言、进行政治煽动，制造社会混乱提供了捷径和便利条件，这对各级党委和政府的政治控制能力造成极大的挑战，对社会政治稳定造成一定程度的威胁。另外，由于相关部门对网络政治参与的用户并不存在回应的压力，而大部分妇女的政治参与效能感比较低，参与热情随着论坛热、微博热、微信热下降也逐渐降低。特别是如果政府或官员对参与者进行打压，网络政治参与面临的政治梗阻困境也会令女性公民的政治参与热情骤减。总

---

① 中国互联网络信息中心：《第33次中国互联网络发展状况统计报告》，http：//www.cnnic.net.cn/hlwfzyj/hlwxzbg/hlwtjbg/201403/P020140305346585959798.pdf.

之，当前妇女的网络政治参与仍是一种非理性的政治参与，需要正确引导和加以程序化、制度化规范，同时还要挖掘类似微博、微信这样的自媒体网络政治参与方式的制度性空间，让网络政治参与成为女性进行政治参与的一个稳定、持久的制度化渠道。

5. 参与非法聚集进行维权

非法聚集是群体性非制度化政治参与的主要形式，主要是指不符合法律程序规定的群体上访、游行、集会、围攻政府机关等方式。近年来，随着社会利益分化的扩大化，部分公民自身权益受到侵害，如因征地拆迁引发的群体性事件、环境污染引发的环境抗争、工地拖延农民工薪酬发放等引发的抗争事件，大批民众通过非法聚集、围堵等方式，向政府机关或单位表达意愿、提出相关要求。这类事件及其酝酿、形成过程中的串联、聚集等活动，称为非法聚集。当前随着城市化的进程不断加快，由于城市的拆迁和农村中的土地征用补偿不到位或不合理等引发的诸多问题日益突出，很多城镇拆迁户和乡村失地农民在利益得不到有效解决时，就会到人员密集处或者相关行政部门所在地"散步"、游行、示威、静坐。这类非法聚集活动往往是集体性的，参加人数少则十几人，多则成百上千人或者更多，主要有以下集中表现方式：大规模人员违规越级集体上访；人数较多的非法聚会、游行、示威；非法集体罢工、罢市；聚众堵塞公共交通枢纽、交通干线，破坏公共交通秩序或非法占据公共场所；聚众阻挠、妨碍国家、省、市、区、街道重点建设工程施工等。①

近年来，由于征地补偿和拆迁安置不到位，而引发的众多群体性事件中，形成了一个独特的群体——"信访妇女"，妇女参与的人数越来越多，对社会产生的不良影响越来越大。特别是"农嫁女"土地权益受侵害的问题是一个自实施农村家庭联产承包责任制以来广泛存在的问题。而土地权益是农村妇女最关心、

---

① 李广科、李录堂：《基于利益表达的农民工行为失范的制度解释》，《电子科技大学学报》（社会科学版）2010 年第 1 期。

最直接、最现实的利益。第三期中国妇女社会地位调查数据显示，2010 年没有土地的农村妇女占 21%，比 2000 年增加了 11.8 个百分点，高于男性 9.1 个百分点。其中，因婚姻变动而失去土地的占 27.7%，男性仅为 3.7%。在由于征用、流转等原因而失去土地的农村妇女中，不能获得补偿款等收益的占 12.1%。[①] 当前一些非制度化政治参与事件的参与主体由于地位、能力及经济上的弱势，如一些妇女在拆迁安置或征地补偿过程中利益受损，或者农嫁女由征地产生的土地权益受损问题，往往通过上访甚至越级上访，通常在行动中采用类似的"弱者的武器"[②] 的形式来表示自己的不满进行消极抗争，利用自己弱势女性的特殊身份，往往不是暴力的对抗，而采取一些诸如堵在上访队伍最前列，采取到相关政府部门静坐、哭闹、喊冤、下跪等形式，甚至满地打滚、以死威胁等取闹方式，其影响更容易扩大，最典型的是成都唐福珍自焚事件。这种抗争或集体行动严重扰乱了社会的公共生活，如果对其处理不当也会成为影响社会不安定的因素。

　　当前，我国的环境抗争的一个显著特征是妇女的积极参与。环境抗争（environmental contentions）是城市治理过程的常规现象。它起因于民众反对各种与之毗邻的具有环境污染、有毒物质危害的"危险设施"（hazardous facilities），这类设施包括垃圾场、变电站、殡仪馆、炼油厂、精神病院等。[③] 近年来，随着我国城市化进程的不断深入，邻避冲突在我国逐渐成为"社会运动的日常形式"，比如厦门 PX 项目、广州番禺事件、上海磁悬浮项目、北京六里屯垃圾焚烧发电厂项目、宁波宁海 PX 项目等。邻避冲突（英文简称作 NIMBY），即"不要在我家后院"（Not In My Back Yard），

① 彭珮云：《在全国维护农村妇女土地权益工作交流会上的讲话》，《中国妇运》2012 年增刊（会议专版）。

② 〔美〕斯科特：《弱者的武器》，郑广怀等译，译林出版社，2007，前言第 2 页。

③ Kunreuther, Kevin Fitzgerald & Tomas D. Aarts, "Siting Noxious Facilities: A Test of the Facility Siting Credo," *Risk Analysis*, Vol. 13, No. 3, 1993.

主要是指在现代化进程中，社会必需的公共设施遭到选址排斥而引发的群体抗议现象，诸如垃圾处理厂、核能发电厂、污水处理厂、焚化炉、精神病院、监狱、传染病中心等设施陆续兴建，这些设施在为社会整体产出正外部性效应的同时，也给公共设施附近的居民制造出负外部性（Negative Externality）影响，即成本由少数人负担，但利益被社会大众所享有，从而也给设施附近的民众生活带来影响，进而引发了邻近居民群体性抗争现象。由于邻避设施的兴建而引发的集体上访、集会、阻塞交通、围堵党政机关、静坐请愿、聚众闹事等群体行为，对政府管理和社会稳定造成很大影响。

在西方社会，女性参与的环境抗争比较普遍，在频繁发生的环境抗争中，妇女往往处于涉及日常生活、可持续发展、环境质量等斗争的中心抑或最有影响力的支持者的位置，[①] 而往往会成为妇女运动和环境运动开展的契机。文化生态女权主义认为，妇女积极参与环境抗争是因为妇女创造生命与自然孕育生命之间存在着本原联系，因此，女性对自然往往采取关照和维持的态度。研究者发现，社会分工的性别角色差异决定了在对资源环境的依存度上存在着显著的性别差异；获取资源的方式、数量和获得资源的结构决定了性别角色对环境的作用力存在显著差异。而性别角色所分享的由环境质量退化导致的环境负担、环境风险、生存风险等不同，决定了妇女在面对环境恶化时往往成为最容易受到伤害和最脆弱的人口群体。[②] 因此，环境抗争是女性参与公共生活、参与政治表达的一个崭新领地。据研究者的观察，参与环境抗争的女性，"从全职主妇、退休妈妈到行为艺术的女孩们，从举着标语下跪的老太太到'散步'的准妈妈，从反对焚烧到开展分类，女性在环境抗争中成为重要的力量。……从抗争的轨迹看，女性

---

① 〔美〕黛安·罗谢瑞、巴巴拉·托马斯－斯来特：《社会性别与环境：女性主义政治生态学的视野》，胡玉坤译，《妇女研究论丛》2000 年第 4 期。

② 王朝科：《性别与环境：研究环境问题的新视角》，《山西财经大学学报》2003 年第 3 期。

在抗争各个阶段都发挥了作用"①。参与环境抗争以女性特有的行动选择表明了作为抗争主体的在场和立场，将原本隐匿于家庭的女性角色带入公众视野，在与政府的互动对话中积极争取机会发言和表达自己的声音。

上述妇女非制度化政治参与形式反映出当前妇女政治参与的非均衡性现象。政治参与的非均衡性与政治参与需求（demand of political participation）和政治参与供给（supply of political participation）之间的平衡有关，表现为两种情况：一是如果政治参与供给高而政治参与需求低，正式制度可能出现结构性供给过剩现象，政治参与表现为公众的政治冷漠现象，需要通过动员的方式促使公众政治参与；二是如果政治参与需求高而政治参与供给低，即国家的正式制度对公民政治参与的回应不足，即公众政治参与需求表现为刚性而正式制度回应程度低，这样就会导致大量非制度化政治参与现象发生。政治参与均衡化能够提高社会成员对政治制度的认同感，使社会弱势群体获得表达政治（或利益）诉求的机会，能够在一定的政治结构当中保有与其他社会力量博弈的能力。我国妇女政治参与的不均衡状况都与这两种情况相符合。如在农村选举过程中，一方面，在形式上国家正式制度对于政治参与机会的供给还是比较充足的，但农村妇女对村委会选举普遍冷漠，对自己的"选票的效力"缺乏信心，不投票或者随意委托他人投票，"选谁都一样"的心理导致选举形式化，妇女的政治参与属于"动员型政治参与"；另一方面，近年来在农村基层民主选举中"贿选"、出卖选票、灰色势力、乡村宗族意识干扰选举的现象时有发生，甚至在征地补偿、拆迁安置不到位或不能满足心理欲求时，很多妇女会参与甚至发动暴力抗拆、堵塞交通道路、围堵政府机关大门、围攻政府、暴力攻击各级干部和执法人员的非制度化政治参与的事件。从整体上来看，目前我国妇女的政治

① 陈晓运、段然：《游走在家园与社会之间：环境抗争中的都市女性——以 G 市市民反对垃圾焚烧发电厂建设为例》，《开放时代》2011 年第 9 期。

参与基本上是手段式参与，而不是目的式参与。政治学理论把政治参与分为两类，目的式参与是指参与者把政治参与本身当成一种目标来追求，或者至少是当作目标之一来追求。而手段式参与则是参与者把政治参与当作实现其他目标的手段，政治参与本身并不是目的。[1] 妇女的非制度化政治参与基本上都是以维护正当的各种利益为主要政治目标，非制度化政治参与行为只不过是一种手段，本身并不是其政治参与的目的，她们并没有把非制度化政治参与本身当作一种目标自觉地去追求。绝大多数妇女作为参与主体之一具有非组织性的特征，多是为了自己或小团体的利益而临时聚集到一起，没有组织和各种规章制度，参与目的很单纯，只要诉求得到满足或参与活动被阻止，就会立即解散和停止行为。

二　我国妇女的非制度化政治参与的原因和影响分析

随着我国转型期经济社会的不断发展，利益群体逐渐分化，极大地触发了包括广大妇女在内的公民利益表达的愿望和政治参与的热情，我国公民政治参与意识随之不断提升，但"公民众多的利益要求不可能都直接输入到政治系统，政治系统也不能同时受理那么多的利益要求"[2]，特别是长期形成的民主体制还很不完善，政治参与的社会环境和政治文化传统的缺失，导致了我国公民政治参与的制度结构不健全、不均衡，体制内的权益表达、救济机制失效，使公民的各种要求不能通过更加广泛的制度化的利益表达、沟通与协调渠道来满足，由此导致了弱势群体容易通过非制度化途径来表达自身的利益诉求。当前包括妇女在内的弱势群体的非制度化政治参与的泛化严重影响到政治稳定，将会逐渐侵蚀政治合法性资源，进一步影响我国政治发展及民主制度建设

---

[1]　顾协国：《舟山市农村妇女政治参与问题调查研究》，《浙江海洋学院学报》（人文科学版）2006 年第 1 期。

[2]　王维国：《公民有序政治参与的途径》，人民出版社，2007，第 91 页。

的进程。为了能更好地防范妇女非制度化政治参与及其危害，在充分了解非制度化政治参与产生的原因基础上，透视其影响和带来的后果，促进非制度化政治参与向制度化政治参与方向转化。

（一）我国妇女非制度化政治参与的原因

现代民主政治本质上是一种程序政治和参与型政治，主要依靠国家与社会的良性互动和博弈去实现一种动态的平衡。妇女的非制度化政治参与行为，既与现阶段我国政治参与的制度结构不健全、不充分和不均衡有关，也与妇女整体素质不高和经济地位偏低、政治效能感弱有关，即在社会能提供正常参与渠道的背景下，妇女不会、不愿、不能利用这些渠道，由此在政治参与中表现出来情绪化行为；同时也与社会转型期导致的社会结构断裂的政治参与环境有很大关系。这几方面的因素结合起来，导致妇女容易通过非制度化政治参与途径表达自身利益诉求。

1. 维稳背景下的制度供给缺失，或制度化政治参与渠道不畅通，是非制度化政治参与的客观原因

改革开放以来所取得的巨大成绩一方面有赖于各种主客观条件，另一方面，也依赖于这些年来相对稳定的政治社会局面。邓小平曾说过：“中国的问题，压倒一切的是需要稳定。没有稳定的环境，什么都搞不成，已经取得的成果也会丢掉”[1]。然而，“稳定压倒一切”的政治思维定式成为各级政权施政的重要目标和考量标准，最后导致了“运动式治理方式的体制化”的结果，即把运动式治理定型化和常规化，看起来貌似制度化建设，但实际上却与强调法治、规则、程序的制度化建设南辕北辙，造成制度化政治参与渠道不畅通。因为处理社会矛盾的体制化（或运动式）趋势与制度化建设有着本质的区别，在很多情况下甚至截然对立：制度化的核心是法治，而体制化的核心是人治；制度化要求法律在权力之上，而体制化则是将权力凌驾于法律之上；制度化的关

---

① 《邓小平文选》（第3卷），人民出版社，1993，第284页。

键是权力的适当分散与制衡，而体制化的关键是权力的进一步集中；制度化的渠道是司法建设和社会建设，而体制化的渠道则是架设更多的政府部门和过度行政化；制度化认为稳定和表达缺一不可，而体制化则认为稳定压倒一切；制度化相信化解社会矛盾需要全社会的参与，而体制化则相信解决社会矛盾只能依靠政府的力量。① 对此，于建嵘认为这种"刚性稳定"主要是指"一个社会的政治和社会结构缺乏必要的韧性和延展性，没有缓冲地带，执政者时刻处于高度的紧张状态，企图运用一切资源来维系其'专政'地位，最终可能因不能承担十分巨大的社会成本而使政治统治断裂和社会管治秩序失范"②。为了"消除"这些矛盾，政府会采取各种措施，在维护社会稳定的同时来维系自己的"专政"，最终社会结构形成一种"静态稳定"或"刚性稳定"的格局。而这种稳定模式对于公民的利益表达是"以堵为主"，社会矛盾积累到一定程度，一个偶然事件就容易引发群体性事件。

社会利益格局的不断重新分化与调整，对妇女产生了双重影响。全球化和城市化给妇女带来的益处和风险并非均衡分配。一方面，如果利用全球化带来的机会促进性别平等，妇女可以从中受益，她们的政治参与意识就会得到整体性的增强；另一方面，社会转型带来社会结构调整、资源重新配置带来的性别利益分化、分层愈来愈严重，市场经济体制下底层妇女被迫沦为弱势的、边缘的劳动力，而市场经济下配额制的取消使妇女参政比例下降，处于权力结构的边缘化和副职化状态。在利益格局大调整的背景下，由于利益分化，不同的利益阶层的妇女之间的话语权也出现不平衡状态，处于底层的妇女，包括农村妇女、下岗女职工、进城务工妇女以及老年妇女等弱势群体，容易产生不公正感和相对剥夺感。当这些弱势群体的妇女感到自己的合法权益受损，或受到不公正对待时，由于对她们来讲能够利用的正常参与渠道的匮乏，

---

① 清华大学课题组：《以利益表达制度化实现长治久安》，《学习月刊》2010年第23期。

② 于建嵘：《抗争性政治：中国政治社会学基本问题》，人民出版社，2010。

就会选择采取非制度化的方式来表达利益诉求，从而引发了妇女非制度化政治参与现象发生。由于我国政治民主和政治参与的制度化、法制化水平相对滞后，而相应的配套制度欠完善，部分妇女在利益受损或心态失衡时利益表达的愿望高涨，而政治参与的制度化和法制化水平无法满足其不断增强的政治参与要求，从而妇女利益诉求多元化与转型期各种制度化政治参与的渠道闭塞和狭窄形成鲜明对照。这种政治参与的非均衡性导致底层妇女容易走上非制度化政治参与道路。由于"稳定压倒一切"的政治思维造成地方政府以追求社会的绝对稳定为目标，当弱势群体的被剥夺感没有可以纾解的渠道而采取各种抗议行为时，现行体制也不能提供有效的渠道来应对其政治诉求，抑或没有足够的制度渠道来消解和吸纳公民的诉求，而是采取压制和打击，从而激化了矛盾。

非制度化政治参与主要是在现存政治体制中，由于制度规范僵化、正常的制度化参与渠道不畅和参与机制存在缺陷的背景下，公民在参与中表现出来的行为。一般来说，如果制度完备或利益表达和诉求渠道畅通，公民能通过正常渠道来表达和维护自己的合法利益，就不会采取非制度化政治参与方式。当前，在政府主导型的政治体制格局下，我国保障公民政治参与的制度化渠道虽然很多，包括人民代表大会制度、政治协商制度等具有较高制度化的参与制度，同时又有选举制度、政治协商制度、信访制度、听证制度、新闻媒体的舆论监督制度，以及城市社区自治制度、农村村民自治制度等，但另一方面，这些制度性参与渠道是政府自上而下控制的结果，它表明公民参与的内容、方式、程度与幅度等受制于政府。[1] 由于这些制度化政治参与形式本身呈现出政府主导下的公民参与的基本特征，即政府设置并控制着公民参与渠道，把握整个参与过程，决定是否采纳参与结果，而公民获取政治信息手段相对落后，获取渠道单一狭窄，政府与公民之间信息

① 魏星河：《当代中国公民有序政治参与研究》，人民出版社，2007，第180~182页。

交流和沟通缓慢。在政府看来，公民的积极参与存在某些弊端，会提高不切实际的公共期望，使政策过程变得迟缓，增加决策过程成本，积极参与可能会削弱当选委员或官员的权威性或者合法性。因此，政府经常有意识地尽量让公民少介入政府的决策活动。即使政府允诺公民参与，但更倾向于采用象征性的参与形式，即将公民的政治参与变成一种奢侈的民主摆设，形式上有模有样，但结果却不为政府所重视。当前，我国政治参与制度的不完善表现为制度化的政治参与渠道具有二元性质，它们既是政治参与体制，同时又是政治控制和社会调控体制，并且往往是后一种性质压倒前一种性质……其结果就是使中国政治参与体制对"输出性""动员性"功能较为敏感，而对"输入性""自主性"功能则反应迟钝。① 加上这些渠道行政化、机关化倾向比较严重，亲和力不够，社会公众对其依赖感不强，从而制约了公民政治参与愿望和行动。这种政府主导下政治参与的缺陷导致了公民参与的形式化、仪式化及公众的冷淡。

由于制度化政治参与渠道和参与范围的狭窄，或者参与渠道不畅通，普通妇女群体性地被排除在制度化政治参与渠道之外，从而使妇女对制度化政治参与缺乏足够的信任感。制度不完备或者制度化政治参与渠道不顺畅，造成妇女政治参与渠道的缺失，或者参与途径效果并不理想，妇女的切身利益得不到有效维护。当弱势妇女权益受损时一个选择通常是保持沉默，另一个选择如学者于建嵘所说，"愈来愈多的农民开始自己组织起来，不是设法走进制度性参与，而是走向暴力性的非制度性参与"②。当妇女的利益诉求找不到相关制度性的渠道向上级机关表达时，积聚的要求就很容易以一种超过法定规则程序之外的渠道爆发出来。我国近年来大量的涉及农村妇女利益的纠纷和矛盾不断出现，如征地拆迁、旧城改造、企业改制、非法集资、物业纠纷、"农嫁女"土

地权益问题等，妇女越级上访、蓄意滋事甚至聚众闹事等事件经常发生，给社会公共生活造成了一定影响。这主要是源于当制度化政治参与渠道不能满足妇女高涨的政治参与需求时，广大妇女在对利益诉求、利益表达未果时而产生利益"相对剥夺感"，妇女作为社会行动者并不是完全被动地应对社会结构性因素的影响，而是通过反思不断寻求行动策略。正如泰德·罗伯特·格尔所言："每个人都有某种价值期望，而社会则有某种价值能力。当社会变迁导致社会的价值能力小于个人的价值期望时，人们就会产生相对剥夺感。相对剥夺感越大，人们造反的可能性越大"[①]，社会就越不稳定。当然，制度建设有一个逐步完善的过程，面对如今妇女利益诉求高涨的现状，制度建设与之还不能形成一种动态的平衡关系。

2. 公意代表机构不完善，对政治权力监督不充分，参与机制不健全甚至存在缺陷，是导致妇女非制度化政治参与的又一因素

公意代表结构是指在政治体系中集中和行使多数公民意志的政治结构，通常是由公民通过投票选举等权力委托行为建立，在公共权力的行使中占有极其重要的地位。……公意代表结构是公民政治参与的支撑性渠道，而政治权力的单向运行阻碍了民意的自下而上的表达。[②] 以作为公益代表机构的主体的人民代表大会为例，当前我国人大或人大常委会对于国家相关权力部门的监督还不到位，常常是事后监督多于事前监督和事前防范，这种监督缺位也影响了其职能的发挥。此外，人大的选举制度仍不完善，甚至可以说中国从来就没有过普选制，仅仅局限于县乡两级的直选有很大的弊端；人大代表的本质内涵，就是在人民普选基础上产生并组成人民代表大会，代表人民直接行使权力。而中国共产党组织对人大实行全面的政治领导，缺乏广泛的民主和多党竞争的

---

① 参见蔡禾、李超海、冯建华《利益受损农民工的利益抗争行为研究——基于珠三角企业的调查》，《社会学研究》2009 年第 1 期。

② 陈剩勇、钟冬生、吴兴智：《让公民来当家：公民有序政治参与和制度创新的浙江经验研究》，中国社会科学出版社，2008，第 372～373 页。

政治，导致人大代表构成的代表性不广泛，参与机制不健全。从当前我国公民有序政治参与的主要方式是民主选举来说，选民对于自己选举投票所起到的作用评价不高，致使选举制度的效用大打折扣。总之，我国的公意代表机构——各级人民代表大会在现实中的运作缺乏权威性，往往只是政府行政部门、司法部门以及检察机关获得其行为合法性的来源，被指责成为橡皮图章样的摆设。这种职能被削弱、名不副实的公意代表机构造成公民政治参与制度建设滞后。

当然，由于历史原因和现行体制的限制，我国人民代表大会作为最广泛的民意机关还存在有待进一步完善的问题。首先是代表结构不尽合理，各级人民代表大会和政协会议中女代表所占比例偏低。当然，人大肩负的职责重大，这就要求其代表的素质和结构能满足履行职责的要求，女性代表所占比例低与女性素质有待提高有很大关系。但经过新中国成立后 60 多年的发展，我国妇女各方面素质都有了质的飞跃，占人口近一半的女性在经济社会领域所做的贡献也与日俱增，这与当前女性在全国人大和全国政协中所占的比例极不相称。作为最高的国家权力机关暨立法机关的全国人民代表大会"这个共和国中最高层次上的、最具代表性的民选机构"[1]，多年来，女性在全国人民代表大会中的比例一直徘徊在 21% 左右。2007 年 3 月十届全国人大五次会议审议的十一届全国人大代表名额，明确规定全国人大代表中的女性比例不低于 22%，这是中国首次对女性占全国人大代表的比例做出明确规定。2013 年第十二届全国人民代表大会上女代表比例才历史性地达到 23.4%，这一数字使全国人大女代表的比例突破了从 1978 年的五届人大开始一直在 21% 左右徘徊的状况。但目前全国人大女代表的席位仍然是比例较小的，各级人大中分配给妇女的席位很少，仍然与国际上女性在议会中所占的议席不低于 30% 的规定还有一段距离。国际上，在法律中规定女性比例以确保女性政治参

<hr>

[1] 朱光磊：《当代中国政府过程》，天津人民出版社，2008，第 28~32 页。

与即性别配额制或性别比例代表制，在国际社会正逐渐成为世界潮流。1997 年，各国议会联盟在印度召开会议，在《新德里宣言》中，号召各国政党、国家与议会机构要为女性保留席位，认为"比例代表制"最能保障女性进入决策层。就妇女参政，联合国提出了理想的目标（男女两性各占 50%）、令人满意的目标（女性的比例不能低于 40%）和现实的目标（女性的比例不能低于30%）。近年来，大约有 40 个国家已经通过宪法修正案或选举法，在议会选举中引入了性别配额制，有 50 余个国家的主要政党将按性别配额推选国家议会候选人写入纲领中。① 而近 20 年来全国人大代表中的女性比例在全世界女议员比例的国际排名却持续下跌。此外，"两会"制度中关于性别结构还存在一些不合理的问题存在，如在全国人大专门委员会中，女委员多集中在华侨、环保、内务司法和民族事务等委员会中，在一些重要的委员会中如农村和法律委员会中女委员所占比例相对更少。

其次，当前有关促进妇女参与各级人大的法律、政策规定过于原则，强制性和操作性不够。如《中华人民共和国全国人民代表大会和地方各级人民代表大会选举法》第六条规定："全国人民代表大会和地方各级人民代表大会的代表中，应当有适当数量的妇女代表，并逐步提高妇女代表的比例"；《中华人民共和国妇女权益保障法》第十条规定："妇女享有与男子平等的选举权和被选举权"，"国家采取措施，逐步提高全国人民代表大会和地方各级人民代表大会的代表中女性代表的比例"。但这些规定因为没有相应的配套措施，而成为一纸空文。当前，我国女人大代表大多数是"女性精英"，她们很难反映基层妇女的真实利益需求，而人数甚微的基层女人大代表对政治决策系统缺少与其地位相应的影响力，这就使普通妇女的利益诉求很难通过基层人大有效转化为政治决策，造成实际上的女人大代表与普通妇女之间处于某种游离状态。

---

① 缪珍南：《关于地方性法规中规定人大代表女性比例的思考》，《四川省情》2008 年第 3 期。

最后，女人大代表和政协委员参政议政能力参差不齐，好多被当作"花瓶"和点缀。近年来人大代表和政协委员"干部化""老板化""明星化"问题非常突出，一些女人大代表或女政协委员并不必然地具有性别意识，她们中的许多人，视野中并没有性别议题，不能自觉地将女性关注的议题带入人大议事日程，充当妇女利益的代言人。我国大多数人大代表和政协委员不是专职化，近年来有部分女人大代表或女政协委员政治素质不高也引起舆论质疑，如政协委员倪萍从来不投反对票或弃权票的言论同样遭到质疑；政协委员张晓梅的提案建议把"三八妇女节改成女人节""女性经期应该休假""四天半工作制"等都引起舆论非议，她的建议"实行家务劳动工资化，切实保障女性权益"被解读为"老婆做家务，老公发工资"的"雷人提案"。这说明部分女代表和女委员需要加强履职政治素质的培训和社会性别意识培训。

3. 妇女整体政治素质和文化水平低，把握有序政治参与的能力差，是非制度化政治参与的主体性原因

随着经济社会迅速发展，当前我国女性获得经济利益的渠道多样化，传统的女性群体日益分化，利益关系变得日益复杂。不同阶层女性之间的利益差别也很大，女性中已经出现了高收入者群体、中等收入者群体和低收入者群体。在女性多元化的经济利益主体的基础上将产生潜在的多元化的女性政治利益主体，使社会政治力量结构在女性群体中发生变更，女性新阶层结构形成，而城市中女性群众组织如雨后春笋般地发展起来，如女企业家协会、女知识分子联谊会等，非公有制组织中的妇女组织也纷纷建立起来。女性群体中的潜在的多元政治利益主体的孕育，客观上推动着女性各阶层在政治契约的基础上结成新型的政治关系，从而为民主政治建设，为男女平等的实现奠定坚实的社会基础。另外，当前我国妇女整体政治素质和文化水平不高，她们的政治参与意识仍处在萌发阶段，政治参与的程度和频率不高，政治参与的动机主要是利益诱致性参与，即妇女大量的政治参与集中在保护自身的具体利益不受损害的层次上，而非政治权利意识真正觉醒，对政治参与缺乏明确的认识，不是把政治参与当作自己的权利和义务，而是往往介入一些被动的、缺乏政治参与自觉性的政治参与，这样就很难避免她们为维护自身利益不受侵犯极易超越制度程序而介入非制度化政治参与中来。此外，妇女整体政治素质和文化水平不高使她们的政治责任感和政治效能感都比较低，作为非制度化政治参与的参与主体很难在结果上满足其诉求，最终多数都导致参与无果；而这种参与无果又会反过来作用于妇女本身，导致妇女的政治效能感降低，形成恶性循环，久而久之，妇女的政治参与积极性必然受到压抑和挫伤。同时，由于我国妇女的文化教育水平还相对比较低，缺乏政治参与的相关知识和技能，没有接受过政治常识的训练和宣传，缺乏相应的政治实践，往往缺乏充分表达权利的渠道、知识以及技巧，她们普遍对现行政治制度和政治参与体系缺乏足够的了解，不知道自己享有哪些政治权利，不明白人大代表的作用，不知道如何和自己选区的人大代表进行联系，不了解除信访部门之外还有哪些渠道可以进行利益表达和权利申述，不清楚自己哪些提议和建议可以被政府决策部门采纳从而影响自己的利益分配等问题，缺少其他有社会影响力的资源的支持网络，因而不能进行正确的政治选择和价值判断。这样就导致妇女政治参与能力相对较低，法制观念淡薄和法律意识的弱化，维权相关知识缺乏，在参与过程中容易情绪化，只能采取非制度化政治参与方式来促进其局部利益的表达。

4. 传统的政治文化长期以来对妇女政治上的排斥，是诱致妇女非制度化政治参与的文化环境因素

传统的"男尊女卑""男主外，女主内"的政治文化长期影响着我国妇女的政治价值判断。阿尔蒙德指出："人们在过去的经历中形成的态度类型对未来的政治行为有着重要的强制作用。……态度类型影响政治生活中正在进行中的活动，构成这些活动的基础"[1]。

---

[1] 〔美〕加里布埃尔·A. 阿尔蒙德、小 G. 宾厄姆·鲍威尔：《比较政治学：体系、过程和政策》，曹沛霖等译，上海译文出版社，1987，第 29 页。

在传统政治文化的影响下，妇女被逐渐强化在以家庭为中心的私人领域范畴之内。这种传统政治文化犹如一张无形而强大的网络，隔离着妇女参与公共事务，将妇女排斥在政治生活之外。妇女长期被排除在主流政治生活之外，受传统性别文化的束缚。由于中国缺乏给妇女表达自身利益的政治文化传统和习惯，女性群体利益表达不畅有其先天性不足。传统的政治文化长期以来对妇女政治上的排斥，是诱致妇女非制度化政治参与的环境诱因。默顿的社会失范理论从功能主义的视角出发，将失范行为看成是社会系统不平衡的产物，很好地解释了那些成功机会非常有限的群体中的失范行为。根据默顿的社会失范理论，反抗者或是因为厌倦已经实现的成功目标而欲建立全新社会秩序的革命者，或是因为采用了制度化手段却没能达到新目标而产生怨恨和不满的人。① 目前，我国妇女虽然还未强大到能建立自己的政治组织，缺乏有组织的利益代表，还不足以想象出一套不同于既有的文化目标的制度规范，但一旦有外部的政治动员和组织，她们有可能成为社会潜在的不安定因素。一旦受到其他人非制度化政治参与的示范效应，这些长期被压抑的弱势群体就会效仿并参与其中。

当前，一些地方政府行为的不规范和不作为也导致大量的非制度化政治参与现象蔓延。如在近年来涉及妇女利益的如征地补偿不到位、房屋拆迁安置问题、外嫁女土地权益、环境污染、城市下岗妇女再就业安置等妇女权益受损问题的出现，她们的权利得不到有效的制度化保障，面对权益受损妇女越级上访或非法聚集时，一些基层部门对这些弱势群体的反映漠然处之，对她们的疾苦缺乏关心，甚至出于个人利益、部门利益、地区利益，一些政府职能部门或工作人员滥用行政权力，不能依法行政，甚至使用暴力手段在群众住房拆迁中实行强制拆迁，基层干部贪污腐败，工作方式简单粗暴，致使一些弱势妇女求告无门，这些都成为诱

---

① 卓惠萍、刘筱红：《基于社会失范理论的农村妇女竞选村委会成员行为分析》，《东南学术》2010 年第 3 期。

发部分妇女非制度化政治参与的直接因素，严重损害了党和国家的权威，造成了恶劣的社会后果。

我们认为，由于当前我国政治体制的弹性不足，长期形成的民主体制还很不完善，短期内无法提供满足公民日益高涨的参与要求的制度化渠道，使公民的各种要求不能通过更加广泛的制度化的利益表达、沟通与协调渠道来满足。在公民和政府之间的博弈中，原子化的个体公民缺乏行动资源和组织性，而政府拥有人、财、物等巨大资源和自上而下强有力的组织系统，这种权力和资源不对称情况下发生的集体抗争，仅限于公民基于利益诉求自发性的抗争；公民精英在集体行动中的动员作用也呈现出"弱组织化"特征，还无法达到奥尔森所强调的专业化的和高度组织化的程度，同时也不具备在背后有着强大的意识形态话语体系作为理论指导力量，更多的是基于群体利益表达而不是政治权利诉求。[①]妇女非制度化政治参与也属于这种类型。

（二）非制度化政治参与的影响和后果

任何事物都有两面性，非制度化政治参与同样不例外。在某一层面来看，非制度化政治参与对政治系统具有一定的积极后果，主要表现在能给政府起到一个预警和"社会安全阀"的作用。因为政治系统是一个输出与输入的过程，当一些非制度化政治参与对政治系统输入时，作为推动政治系统不断完善的一个动力机制，及时发现并引导非制度化政治参与向制度化的转变，从而能更好并有效地维护社会政治的稳定。当然，非制度化政治参与给政治系统带来的消极后果是大于其积极后果的。当前我国无论是显性的非制度化政治参与还是隐性的非制度化政治参与，都正在出现泛化趋势，其带来的消极影响和造成的不良后果都不容忽视。主要表现在以下几个方面。

---

① 付翠莲：《基于利益表达的农民集体行动：以闽西北 L 县的林权纠纷为例》，《中国行政管理》2013 年第 8 期。

1. 非制度化政治参与影响政治和社会稳定

政治参与对于政治稳定的影响是双向的。一方面，广泛的政治参与可能会巩固政治稳定；另一方面，和政治制度不相适应的大量非制度化政治参与一定程度上也可能会导致政治动乱。当前我国非制度化政治参与的泛化直接挑战正式的政治规则，同样也挑战政府的权威和公共决策的权威，损害政府形象，加剧公民对政府的不信任。而当公民对政治统治产生不满和不信任积累到一定程度时，就会用超出政治体系设定尺度的手段来表达不满和不信任。如果任其发展，这种非制度化政治参与将出现进一步泛化，并有诱发大量群体性事件爆发的倾向。虽然这种非制度化政治参与只占当前政治参与的很小部分，但如果任其蔓延而不加遏制，将会严重侵蚀政府的合法性资源，不利于政治社会的发展稳定。

转型期我国社会阶层结构变得多元化、复杂化，政治体系改革的成果还不足以使政治体系的民主性和开放性达到能容纳各种社会利益群体进行广泛政治参与的要求，政府在制定政治参与方式和拓展参与渠道时难免会有顾此失彼的情况，由此带来的政治参与与政治制度化的不对称情况，给我国的政治稳定局面带来了潜在威胁。当前我国各类非制度化政治参与的参与主体通常会利用各种方法和渠道来动员其他人员的加入，这种急剧扩大的非制度化政治参与和相对滞后的政治制度建设之间的矛盾将对我国现有政治体系造成极大威胁。如果我国各阶层政治参与不断扩大，而制度化的政治参与水平不高，政治体系不具有组织和疏导日益扩大的政治参与的机制和能力，现存社会政治制度无法为广大妇女政治参与的扩大提供有效的、正常的渠道进行正常的利益表达，引发妇女对政府的决策产生不满和抵触情绪，她们通过正式途径以外的非制度化政治参与来维护自己的利益及实现自身的政治目的，其消极影响不容忽视。如果妇女的非制度化政治参与泛化，将导致占人口近一半的女性群体利益无法诉求和协调，改革就会失去民间动力，一旦改革停滞，发展就会停止甚至倒退，严重影响社会发展和政治秩序的稳定。

2. 非制度化政治参与侵蚀政治合法性资源

在现代社会中，政治合法性是公民对于政治体系的认可程度，是保证一个国家的政治体系有序、健康运行的重要因素之一。所谓的政治合法性，就是指政府基于被民众认可的原则的基础上实施统治的正当性和合理性。[①] 政治合法性资源主要来自公民对于政府的政策、法规的拥护和信赖程度。只有当一个政治体系得到公众的认可和拥护时，其统治力才更有效。相反，如果这个政治体系的合法性受到质疑，其政府的决策力将会被削弱，甚至可能会引发政治动乱。阿尔蒙德认为："如果大多数公民都确信权威的合法性，法律就能比较容易地和有效地实施，而且为实施法律所需的人力和物力耗费也将减少。……一般说来，如果合法性下降，即使可以用强制手段来迫使许多人服从，政府的作为也会受到妨碍。如果人们就哪一个政权具有合法性的问题发生争论，其结果常常是导致内战或革命"[②]。政治体系的合法性主要来自公民的认可与支持。这种政治体系的合法性主要来自公众，而公众的认可与支持所带来的政治合法性反过来作用于公众。公众通过政府制定的制度化政治参与方式与政治体系互动，对政治决策产生影响来满足自己的需求。这意味着，有效的政治参与是向政治系统输入公众的愿望与要求，使其获得全面、具体、可靠的政治资源，然后按照一定的程序输出相应政治产品以满足不同公众需求的过程。因而，政治参与对加强公民对国家的认同感、归属感与凝聚力，促进和维护政治稳定有重要作用。在任何一个政治体系里，公民要想参与到政治生活当中，该政治体系就要求参与者按照其制定的方式并符合实际地进行参与活动。这样就客观地要求参与主体认同该政治体系，承认其政治合法性。非制度化政治参与是公民通过既定规则程序之外的路径来为政治系统输入信息，即公众采取非程序化、非制度化的方式或方法对政治系统的决策进行

---

① 燕继荣：《论政治合法性的意义和实现途径》，《学海》2004 年第 4 期。
② 〔美〕加里布埃尔·A. 阿尔蒙德、小 G. 宾厄姆·鲍威尔：《比较政治学：体系、过程和政策》，曹沛霖等译，上海译文出版社，1987，第 36～37 页。

影响，表现出公众对现行政治体系的不信任、不满意，甚至是产生怀疑态度。长久以往，这种信任危机就会对政治体系的合法性产生威胁，公众的不满和不信任将会形成大规模的抗议运动，甚至会导致政府的垮台和整个政治体系的全面危机。由于非制度化政治参与是一种突破现存制度框架的行为，因此，非制度化政治参与必然会对现有的政治制度产生冲击，影响现行政治制度的合法性，进而肯定会削弱政治体系的合法性基础。

3. 非制度化政治参与影响政治民主化进程

政治参与思想源于民主理论的进步，是衡量政治系统民主化和现代化程度的最主要的标准之一，政治参与状况能够反映公民政治权利和社会利益的实现程度，推进政治民主化进程。理性、制度化、有序的政治参与有助于拓展协商民主渠道，能够进一步推动社会主义民主政治及政治文明的进程。亨廷顿认为："如果一个社会维系高水平的共同体，政治参与的扩大必须伴随着更强大的，更复杂的和更自治的政治制度的成长"[①]。在我国处于社会主义政治制度和法律体系建设的关键时期，各种非制度化政治参与的不断升级与扩大会破坏我国稳定的社会政治环境，会干扰和影响我国现代化和民主政治的健康发展，将影响和阻碍政治体系的运行和公共秩序，严重阻碍我国的民主化建设的有序推进。总之，推进民主化进程是一个非常艰难的过程，一个国家公民有序的政治参与意识和良性的政治参与文化是民主化进程的非常重要的条件。通过一系列的制度性规定，扩大公民有序政治参与途径，使我国公民能够以有序理性的方式参与国家的政治民主化进程，这将对我国的政治民主化有着重要影响。

三 引导妇女走向制度化和有序的政治参与

扩大公民有序政治参与，正确引导社会各阶层走制度化和有

---

① 〔美〕塞缪尔·亨廷顿：《变化社会中的政治秩序》，王冠华等译，三联书店，1989，第 80 页。

序的政治参与路径，是加快我国民主政治发展、维护现有政治秩序、实现社会良性治理的正确选择。蒲岛郁夫认为，公民政治参与的扩大可以经过通向政治权力的捷径——要求分配经济利益——政府所得再分配政策的程序①，最终实现社会经济利益的平等。通过对妇女非制度化政治参与的原因及影响分析，认识到当前非制度化政治参与的泛化严重影响到政治稳定。因此，要树立正确的稳定观，纾解被堵塞的参与渠道，通过纾解妇女非制度化政治参与的消极影响，构建公平公正的社会分配机制，探索扩大妇女有序的政治参与路径，为广大妇女赢得更多的利益表达话语权，引导妇女走向制度化和有序的政治参与轨道，避免陷入"越维越不稳"的怪圈。具体策略方面，通过奠定妇女有序政治参与的经济基础，优化其有序政治参与的政治环境，探讨妇女有序政治参与的制度供给问题，重塑其有序政治参与的文化底蕴，实现政府和公民之间的良性互动；通过协商民主，在政府和公民之间建立顺畅的利益表达机制，建立政府主导型和社会自主型相结合的妇女有序政治参与模式，促使妇女能力提升及社会性别意识的提升，最终引导妇女走向制度化和有序的政治参与，以预防和避免非制度化政治参与的泛化，进一步促进社会稳定及和谐、协调发展。

（一）优化妇女有序政治参与的政治环境，着力解决制度供给滞后问题

亨廷顿认为："发达国家与不发达国家在政治上最大的区别不在于政府形式，甚至也不在于政治参与的程度，而在于是否达到了足够的制度化水平，建立了有效的社会控制"②。有效的制度安排能够保障社会各阶层有序利益表达，缓和社会各阶层之间的利益冲突，从而使社会矛盾化解于各种有效的体制内，给社会提供

---

① 〔日〕蒲岛郁夫：《政治参与》，解莉莉译，经济日报出版社，1989，第50页。
② 〔美〕塞缪尔·亨廷顿、琼·纳尔逊：《难以抉择——发展中国家的政治参与》，汪晓寿、吴志华等译，华夏出版社，1989，第267页。

良好的政治环境和秩序。因此，在现有的政治制度环境下，深度挖掘制度化参与途径，研究如何提高已有的妇女政治参与的制度化途径的利用程度，着力解决制度供给滞后导致的妇女政治参与缺失现象，以进一步拓展妇女制度化政治参与的路径。

1. 扩大妇女有序参与人大、政协"两会"工作是妇女有序政治参与的基本方式

人民代表大会和政治协商会议"两会"机制是中国健全制度化参政途径的重要增长点。人民代表大会既是我国最高的国家权力机关暨立法机关，也是我国最高层次上的、最具广泛代表性的民选机构。人民代表大会制度作为我国的根本政治制度，既是我国公民政治参与的基本制度，也是我国民主政治的核心内容。人民代表大会作为一个建立在最广泛民意基础上的民意机关，通过人大代表提议案、建议、监督和批评的权利，能够集中反映公民包括广大妇女的意见和要求，能够最好地聚集民意，有效地保障公民政治参与的有序性，避免政治参与的无序化。因此，妇女有序参与人大工作是人民代表大会制度的内在要求和应有之义。中国共产党领导的多党合作和政治协商制度，是我国的一项基本政治制度，各民主党派代表着不同的社会利益群体和不同阶层公民的利益和要求，因此，完善政治协商制度的重点是要提高各民主党派在国家政治生活中的实际地位，加强民主党派的政治协商、民主监督和参政议政功能，通过政协发言和提案增强其对妇女政治参与的支持力度。因为政协委员的提案是政协委员向人民政协组织，并通过政协组织向人民代表大会或人民政府就有关国家或地方大政方针、社会生活等重大问题提出政治意愿和建议的形式，女政协委员利用提案"件件有着落，案案有答复"特点，可以提高女性政治参与的效能感和积极性，使政治协商会议成为妇女更有效政治参与的载体。妇女作为政治生活中的相对弱势群体，更应当积极地参与到"两会"选举工作中，选出能够代表本阶层利益的代表和委员，直接或间接参与各级人民代表大会和各级政治协商会议的工作，通过人大代表和政协委员的提案、建议、发言等形式扩大有序政治参与渠道，使广大妇女能更好地发出自己的声音，产生更实质性的影响，能够提高和锻炼妇女整体的政治参与水平。

第二期中国妇女社会地位的调查数据显示，63.6%的城镇妇女和76.7%的农村妇女都曾参与到地方人大代表的选举活动中。这充分说明当前参与地方人大选举是妇女政治参与的主要渠道之一，是扩大妇女有序政治参与的重要途径。因此，只有在"两会"机制日益完善的过程中，才能扩大妇女有序参与人大、政协等制度内参与途径。一是改善代表结构，增加代表中女代表的比例，要使不同阶层妇女的利益要求都有代表充分表达。要深入探究各级人大和政协中扩大女代表的覆盖面的方法，明确规定女代表的量化比例，积极推动国家层面逐步提高女性在全国和地方各级人大代表以及政协委员中的比例，充分照顾占全国人口近一半的女性群体的利益，让不同阶层的妇女代表都有机会参与国家政治生活，给予不同阶层妇女代表充分表达本阶层利益要求的机会，以形成政治均衡，使人大和政协真正成为广大妇女政治参与的有效方式。二是要真正落实和进一步完善选举制度，要有步骤地扩大直选范围。选举是扩大妇女有序参与人大、政协工作最直接、最有效的形式。鉴于当前我国选举制度仍存在政策性较强、法制化不足、规范化欠缺、直接选举范围狭窄等诸多问题，今后要逐步把直选范围扩大到地市一级，并随着社会经济的发展逐步扩大直选范围，确保广大妇女真正享有选举权和被选举权。此外，《选举法》没有明确妇女代表的确切比例，而是笼统地规定"应当有适当数量的妇女代表"，但为了实现实质上的男女平等，可以以《选举法》的形式明确妇女在各级人大和政协中的比例，如用法律的形式明确规定全国和地方各级人民代表大会代表和政协委员中女性比例不得低于30%。三是要优化女代表素质，提高女代表的参政议政能力。要进一步研究如何提高妇女代表政治参与的专业能力，制订切实的计划和措施，建立切实有效的民主参与培育机制，让更多的妇女能够广泛参与到"两会"各项工作，多提一些有代表性的、有质量的议案。为适应经济国际化、现代化和政治文明建设的需要，切实增加懂法律、财政金融、宏观经济及其管理、社会管理等各种现代知识的女代表、女委员，对她们的知识结构、文化水平、活动能力、参政能力提出必要的要求；建立完善人大代表、政协委员与选民的联系机制，倾听弱势妇女的心声和利益诉求，真正发挥人民代表大会、政协的政治协商、民主监督功能的优越性。

2. 拓宽妇女有效利用听证制度的政治参与渠道，增强妇女利益表达权

利益表达权是公民的基本民主权利，也是政府制定政策、做出决策的基本前提之一。如果弱势群体包括广大妇女的利益表达渠道不通畅，其利益诉求长期得不到有效的表达，就必然会导致民意堵塞，非制度化政治参与则会有泛化风险。如何化解政治梗阻困境是妇女政治参与所必须面对的问题。当前，我国制度化的利益表达渠道种类仍较为单一，传统的除人大、政协外，工会、共青团、妇联等也都是带有官办性质的为数不多的利益表达渠道。在实际的政治生活中，由于人大、政协和工、青、妇等社会团体行政化倾向太强，而弱势妇女由于自身经济力量比较弱，管理能力相对不足，组织化程度较低，往往导致自身的意见、建议很难到达决策中枢，这就在客观上很大程度地限制了这些渠道的表达功能，也未能充分发挥其民意表达的功能。再加上这些受官方性质决定的社会团体在利益表达中自身所具有的一些局限性，使其难以充分或完全地发挥广大基层民众利益表达代表的功能。因此，要引入协商民主，深入研究听证制度、信访制度，以及民主恳谈会、政策公示参与、政务信息网络参与等制度性直接参与途径，建立公平、开放、多向度的利益表达机制，为不同阶层的公民包括女性群体提供公平表达利益诉求的制度性平台，使广大妇女的意愿、要求、心声能够顺畅地表达出来。

作为西方国家政治架构内一种基本的民情民意的传输媒介，听证最初适用于司法领域，被称为"司法听证"，后来又逐渐适用于立法领域，被称为"立法听证"。在我国，直到 20 世纪晚期听证制度才正式运用到行政领域，并获得长足发展。行政层面上的听证制度的含义一般是指行政机关在做出影响行政相对人合法权益的决定前，由行政机关告知决定理由和听证权利，行政相对人有表达意见、提供证据以及行政机关听取意见、接纳证据的程序所构成的一种法律制度。① 我国听证制度最早出现于 20 世纪 90 年代后期，是在国家经济发展和社会变迁、利益分化和利益多元化的大背景下，我国政府制定政策的背景、理念、方式发生了重大变化，在做出直接涉及公众利益的公共决策时，听取利害关系人和社会各方意见，以实现社会良性治理的规范性程序设计。公共事务应当是在利益相关人的共同参与下决定的，因为在利益多元化时代，各利益主体通过各种方式试图影响公共政策的意愿越来越强烈，各利益主体间的博弈明显会影响政府政策的制定，在这种"倒逼"情势下，政府公共政策被利益主体"挟持""俘获"的可能性也大大增加，使公共政策成为各方相互妥协的产物。因此，听证制度是为了扩大公民更广泛的民主参与，收集更为真实的民意，更好地给公民提供利益表达途径，使利益相关的公民通过参与来影响政府的决策，维护和争取自身的利益。听证制度为公民和各种利益主体参与公共政策的制定提供了参与的可能，体现了政府制定政策的过程能够成为各方面利益与意愿充分表达协商的过程，体现出协商民主的优越性。但目前听证制度随意性过强，缺乏规范性，听证制度体系还没有完全建立起来，听证范围比较小，主要局限在价格听证方面，而其他如征地补偿、拆迁安置、涉及环保项目的引进等密切关系到公共利益的公共决策领域，却没有相应的听证制度来保证公众利益表达，缺乏实施的细则，缺乏科学性和合理性。目前我国听证制度仍然是传统的政府单方面决策，国家机关对利益相关人意见重视及回应度不够，导致了

---

① 　姜明安:《行政法与行政诉讼法》，北京大学出版社、高等教育出版社，1999，第 269 页。

决策出台的随意性和主观性，影响了听证制度的公信力，容易引发社会矛盾和不稳定事件的发生。

扩大妇女有序政治参与，是进一步畅通民主渠道、主动引导妇女依法、理性、自主的、适度的政治参与，其最大的政治功能和价值在于通过影响政府的行政和决策，使国家政治体系的运作避免或减少对"公意"的可能的偏离。因此，要尽快完善听证制度的程序规定，进一步使听证制度达到规范化运作，在关系公民包括广大妇女切身利益的政策和决策形成前，如立法听证、司法听证、物价听证、环保听证、监督听证等涉及妇女公共权益保障方面，都应举行听证会，用听证方式引导妇女有序、直接政治参与；同时，就妇女如何获得听证资格、听证重大事项的范围、是否可以发表意见，以及在审议和决定中如何体现旁听人意见都应做出制度性安排，使听证制度具有较强的可操作性，便于执行；提高妇女依照程序听证的观念，树立程序法治观念，促使行政机关在行使职权时达到公开、公正和民主、高效。

3. 进一步改革信访制度，使信访成为妇女权利救济和补偿的有效机制

信访制度这一具有中国特色的政治表达制度，是法律赋予公民的一项民主权利，它是公民表达政治诉求、进行政治参与的重要表现形式。公民通过信访制度与国家进行沟通，政府通过对来访群众反映的问题调整政策。因此，信访制度在政府了解民情、化解矛盾等方面发挥着重要的作用。信访制度是指公民个人或群体以书信、电子邮件、走访、电话、传真等参与形式与国家的政党、政府、社团、人大、司法、政协、社区、企事业单位负责信访工作的机构或人员反映情况，表达自身意见，或投诉请求解决问题，有关信访工作机构或人员依法采用一定的方式进行处理的一种制度。新中国成立以来，我国的信访制度实质上已经建立起来，国家法律赋予公民信访权，各级政府都设立了专门的信访局，为公民行使这一权利提供了畅通的渠道，信访机构在很大程度上充当了政府机关与普通公民间传递信息的载体。信访制度具有利益表达与维护功能、监督政府功能、法治救济功能，其在群众中的认同度和接受度较高，公民通过信访表达利益诉求成本、门槛相对较低，容易缓和社会矛盾，能够在一定程度上起到社会减压阀的作用。然而，当前我国的信访现状不容乐观，越来越多的公民不按照规定的程序和形式进行上访，而是采取非制度化的越级上访方式来表达自己的利益诉求，各地频发的越级上访呈现出扩大的趋势。

作为一种最直接的利益表达方式，信访参与的主体较为广泛，既包括农民、工人、城市拆迁户、机关分流人员、私营企业主等信访群体，也包括残疾人员、丧失劳动能力者、利益受损的底层妇女等社会弱势群体，还包括军转干部、复退军人等特殊群体，其中不乏大量的知识分子。随着信访的功能由最初的反映民情转向当前的解决实际问题，信访成为公民优先选择的纠纷解决方式，大量社会问题和矛盾涌向信访渠道，涌向中央机关，远远超出了中央机关的接待能力和承受能力。闹访、缠访、群体性上访等事件不仅给各级党政信访部门造成沉重的负担，而且不断冲击着转型期中国社会的稳定，信访参与也陷入了种种困境。实际上，近年来，由于受"维稳"思维影响，实际上已经堵死了信访渠道。从妇女信访情况看，近年来，广大妇女的自我保护意识和维权意识已经有了很大程度的提高，在遭遇不公平时大多能自觉拿起法律武器走法律途径保护自己的权益，出现了有着多种诉求的女性上访群体。当前我国妇女群体尤其是农村妇女权益受损主要集中在妇女土地权益保护问题、婚姻家庭、劳动和社保权利以及人身权利方面。特别是随着女性土地权益受损状况的日益严重，土地权益逐渐成为女性维权上访的新焦点。但由于部分妇女对有关法律政策和政府职能不了解，出现了不会访、盲目访、越级访现象，对社会稳定造成一定影响。

要改革信访制度，从利益表达的角度来考察当下大量发生的妇女维权上访事件与国家信访制度安排之间的关系，反思信访制度遭遇困境的原因，使信访制度真正成为妇女利益表达的重要方式。一是要通过整合各种社会矛盾调处机构，规范信访部门的职能权力，重新构架信访机构，适当扩展其职能，形成"大信访"格局，以源头维权、社会化维权、实事化维权为着力点，以让广大妇女群众普受惠、得实惠为目标，将维护妇女权益与参与社会治理、促进和谐稳定相结合，协调、推动社会各界共同做好妇女权益保障工作，使妇女维权与促进妇女有序政治参与取得长足进步，使信访部门真正做到想群众所想，急群众所急，切实为广大妇女服务。二是要使信访制度成为民意表达的"启动—监督机制"。即对于民众合法的利益诉求，信访部门不应直接介入，而应以转交、督办方式及时启动其他解纷机制和程序解决；而对于由信访部门转交督办的案件，信访部门还应全程审查、监督。三是要将信访制度的功能定位为公民权利救济的"补充—过滤机制"。即把未列入司法救济、行政救济等其他权利救济方式的案件纳入信访渠道。一方面，信访制度应当成为弥补其他权利救济方式的不足的权利救济机制；另一方面，对于明确属于其他权利救济机制管辖范畴的案件，信访机制应当发挥其过滤机制的功能，将权利人合法的权利诉求引导至最适当的权利救济渠道，而对于不合法的诉求则及时加以过滤、消解和排除，以实现社会资源的合理配置。四是"信访代理"开启妇女维权新格局。妇女信访代理是按照自愿原则，信访妇女与信访代理员达成协议，由代理员代替本人反映问题的妇女维权模式。根据代理信访事项的性质，妇女信访代理可分为主导代理、协作代理和疏导代理三种方式，有效地解决妇女信访问题。其中，主导代理是一种着力解决涉及妇女权益的个性案件的代理形式。协作代理是一种破解涉及妇女权益的共性问题的代理形式，主要针对妇女土地权益、劳动权益、经济权益等政策性强、涉及群体利益诉求的信访事项，通过代理帮助信访妇女与有关方面进行协调沟通，共同解决问题。疏导代理是一种有效化解影响社会稳定的信访事项的代理形式；重点是从拆违拆迁等引发的矛盾、基层的一些苗头性问题和影响稳定的越级访、集体访三个层面，与信访妇女进行沟通和疏导，协助政府控制事态，从而解决问题。妇女信访代理可以引导基层信访妇女依法、有序、合理地表达诉求，使矛盾纠纷化解在最基层，使妇女信访代理起到"减压阀"和"稳定剂"的作用。

4. 引入协商民主，完善基层民主自治制度，为妇女政治参与提供最大的实践场所

协商民主作为当代民主理论的新思维，是指政治共同体的自由、平等的公民和团体，通过协商或公共协商而参与立法和决策等政治过程，以对话、讨论、辩论、审议等具体形式而达成政治共识，赋予立法和决策以合法性的治理形式。[①] 协商民主的基本主体是公民、政党、政府、利益集团，通过各政治主体之间的互动，强调在公共利益的框架下，在法律、制度或政治惯例的保障下，互相提供信息、交流意见，增进理解，实现利益表达，其特点是在全社会范围内由公民平等地参与公共政策的决策，通过座谈会或者论坛等平台进行广泛的讨论和对话，形成共识或找到最大的共同点即共同利益，做出具有集体约束力的决策，实现各方利益的均衡。

我国的基层民主自治制度主要包括农村村民自治制度和城市社区自治制度，基层妇女的政治参与在增强妇女的政治效能感的同时，也使妇女具备了更强的政治热情与信心。引入协商民主，完善基层民主自治制度可以从以下几方面来考虑：一是要进一步加强基层民主制度建设，为基层弱势群体利益诉求的实现提供政治支持，打造社会下层的能量释放空间。二是要根据当前我国基层妇女的社会参与程度和教育程度来设定科学合理的比例指标，确保在"村两委"、城市社区居委会及业主委员会中有一定数量的女性，要修订并完善基层社区组织总性别比例政策的相关内容，使其具有可操作性。三是完善性别职务保护政策，解决基层民主

---

① 杨光斌主编《政治学导论》，中国人民大学出版社，2007，第 342～343 页。

参与中的职务性别化问题，强化性别比例政策执行力度，提高运作绩效，在推进公开、平等、竞争、择优的干部选拔任用机制的同时，完善优先选拔女性领导的适度倾斜政策。四是要通过发展基层民主自治制度，健全民主机制，进一步提高基层妇女的民主观念和民主素质，丰富其民主实践，推动全社会的民主法治和政治文明进程；鼓励妇女积极参与竞争、选举和民主管理，建立和完善丰富的基层群众性自治组织，使她们通过这些组织进行民主选举、民主决策、民主管理和民主监督来实现自己的利益要求，在有效的法律制度保障下，使妇女的参与有法可依，从而保障基层妇女的政治参与权，变动员式政治参与为主动式政治参与，变无序政治参方式为有序政治参与，确保基层能够为妇女政治参与提供最大的实践场所。

5. 挖掘网络参与的制度性空间，引导和规范妇女通过自媒体网络方式进行政治参与

妇女利益表达既是市场经济条件下利益多元化的必然产物，也是政府合法性资源积累的途径和保证社会公正的条件。挖掘网络参与的制度性空间，研究妇女的网络政治参与行为，挖掘类似微博、微信这样的自媒体网络政治参与方式的制度性空间，引导和规范妇女通过自媒体网络方式进行政治参与。要进一步加强新闻媒体对妇女利益表达的作用，使弱势群体的声音能够发出，使她们的合理诉求得到尊重和满足，使其成为女性进行政治参与的一个新的制度化途径，这对社会的和谐稳定起着至关重要的作用。因此，要疏通制度内利益诉求渠道，充分发挥新闻媒体"第四权力"的舆论监督作用，增强大众传媒的代表性，将新闻媒体建设成利益表达多维度、多层次、多渠道的网络体系，可以有效地避免因渠道堵塞造成妇女采取静坐、示威甚至是直接冲击政府的非制度化方式来进行利益表达。各地妇联也充分发挥好妇联组织网络优势，在妇联内部设立妇女利益表达的支持性机构和监督性机构。通过官民互动及地方政府与社会广泛互动的方式，有助于党和政府能够及时了解民情民意，有效地调动了民间智力资源，实现政治参与领域的增量民主。

　　此外，近年来党和政府部门为了扩大公民有序政治参与，在制度建设方面进行了诸多探索和创新，如人民建议制度、政策公示参与、政务信息网络参与等制度性直接参与途径，为公民提供了一个利益与诉求得到表达和被听取的途径，让公民参与到政府决策中来。有的政府部门网站还设立了留言板、领导人信箱、电子邮件等征询民意的电子方式。今后要根据我国的实际情况，因地制宜，设立妇女政治参与的监督观察机构。通过对我国各项保障妇女政治参与政策制度和法律法规的监督，确保各项条款的实施，对违法者和不执行者进行严厉的制裁，同时接受妇女个人和妇女组织对违反相关条例的部门、单位和个人进行投诉和举报，维护妇女应有的权益。另外，由于我国妇女有序政治参与起步较晚，至今在各方面仍存在一些问题，政策制度和法律法规也还不够完善，为此，在全国范围内成立监督观察机构，由相关专家、政府人员和非政府成员等组成，具有相对的独立性，不受其他机构的干涉和领导，机构的主要工作是监督妇女是否积极主动地进行政治参与，观察妇女有序政治参与的现状，并进行研究分析，发现其中存在的问题和法律法规上的弊端，及时向政府提出建议和议案修改意见，并根据自身在实践中掌握的资料和情况，对相关的立法条文或行政条例草案发表具有实际可操作性的意见。今后要进一步提高政府对公民的诉求和政治意愿的"回应"能力，保持和提高公民包括广大妇女建言献策的积极性，注重落实和解决妇女反映的实际问题，引导广大妇女走制度化政治参与路径。

　　（二）奠定妇女有序政治参与的经济基础，建立公平公正的社会分配机制

　　唯物辩证法主张经济基础决定上层建筑。离开了一定的经济基础，不可能有高度发展的民主政治。一个社会的政治参与水平同它的经济发展水平之间有着密切的内在联系。亨廷顿认为，"高

水平的政治参与总是与更高水平的发展相伴随，而且社会和经济更发达的社会，也趋向于赋予政治参与更高的价值"[①]。亨廷顿指出："社会经济发展促进政治参与的扩大，造就参与基础的多样化，并导致自动参与代替动员参与"[②]。近年来，非制度化政治参与的发生并显示出泛化的趋势主要是社会利益分配机制失衡、弱势群体的自身利益受侵害引起人们的不满导致的。因此，进一步发展社会生产力，让更多的人分享改革开放以来所取得的成果，建立公平公正的社会分配机制，减少因贫富之间的差距而产生的社会矛盾，是缓解非制度化政治参与现象的有效途径。

随着改革开放的继续深化，一些社会问题诸如贫富两极分化严重、城乡差距越来越大、贪污腐败愈演愈烈、弱势群体缺乏话语权等社会矛盾与冲突凸显。20 世纪 90 年代起中国进入社会转型的新阶段，社会结构断裂和社会权利失衡导致弱势群体并没有分享到改革开放所带来的成果，"先富"起来的部分成员并没有带动社会其他成员共同富裕，不同阶层的人群贫富差距不断拉大，人们的利益表达权与话语权的不均衡使整个社会结构失衡、社会冲突加剧。利益集团对社会资源的垄断使弱势群体的利益受损，而广大的工人和农民则被排斥在社会的底层成为弱势群体，由此形成了特有的二元社会结构，"贫富悬殊的背后是不同群体在表达和追求自己利益的能力上失衡的结果。而不同群体在表达和追求自己利益能力上的失衡又是他们之间社会权利失衡的结果"[③]。

妇女的非制度化政治参与的扩大与长期以来处于边缘化的经济、政治地位，在权力场域长期缺席有极大的关系。长期以来女性在劳动力市场、社会保障体制被边缘化的地位直接导致妇女处于享受改革开放成果的最末端，由于经济的、政治的、社会的、

---

① 〔美〕塞缪尔·亨廷顿、琼·纳尔逊：《难以抉择——发展中国家的政治参与》，汪晓寿、吴志华等译，华夏出版社，1989，第 174 页。

② 〔美〕塞缪尔·亨廷顿：《变化社会中的政治秩序》，王冠华等译，三联书店，1989，第 106 页。

③ 孙立平：《失衡：断裂社会的运作逻辑》，社会科学文献出版社，2004，第 6 页。

文化的、心理的诸方面的长期匮乏，弱势妇女长期以来面临被边缘化或被隔离的多重社会排挤，缺乏话语权和正常的利益表达渠道。经济地位的低下导致弱势的妇女群体在有限的政治参与渠道内集体失语。这种二元社会结构的扩大，使群体间利益的失衡状况更加强化，长期缺乏利益表达和诉求渠道的妇女只能通过非制度化政治参与的方式表达利益诉求，容易导致占人口一半的女性群体对改革进行错误评价，降低对改革的认同感，社会公正原则受到挑战甚至严重的侵蚀，社会整合度降低，对社会稳定造成不利影响。为此，在推进改革和发展进程的同时，必须注意使广大社会成员尤其是弱势妇女群体不断受益，提高弱势妇女的生活水平，改善她们的生活境遇，使她们具备一定的维护自己权益的能力。佩特曼曾经谈到关于女性政治"准入权"的问题，她认为，经济的不平等对政治平等起到了一个相反的作用力，处于经济谱系底端的公民持续地关注于反抗贫困的斗争，根本无暇去理会政治参与活动，即使法律赋予其政治权利以行使公民的责任，这种法定权利也将在现实的经济压力面前成为空中楼阁般冗长乏味的叙述。① 因此，为了在整体上提高我国妇女的政治参与程度，具体的策略方面要做到以下几点：一是要缩小城乡、地区之间妇女政治参与水平的差距，大力发展社会主义市场经济，提高落后地区的经济实力和生产力水平，使妇女能够在同等经济条件下进行政治参与，使广大妇女能够拥有更多政治参与机会的经济能力。二是要从减轻妇女家庭和工作之间的双重压力入手，确保妇女在经济上的独立地位，建立妇女就业服务中心，解决妇女下岗和失业问题，必须要解决好妇女的就业、创业和再就业问题。政府应加大对解决妇女就业问题的资金支持和政策扶持，一方面，成立就业中介机构，免费为失业妇女提供更多的就业信息和就业机会；要增设妇女再就业的岗位培训机构，免费提高失业妇女的技能，

---

① 参见刘笑言《女性群体内部政治参与的非制度性障碍分析》，《河南社会科学》2010 年第 2 期。

为妇女再就业进行技能培训。另一方面，要加大对失业妇女进行创业的信贷支持，鼓励银行放低对失业妇女借款的门槛，降低失业妇女贷款的利息和分期还款的金额，为妇女进行创业提供资金支持。三是深化分配机制改革，建立科学合理、公平公正的社会收入分配体系。要逐步提高居民收入在国民收入分配中的比重，提高劳动报酬在初次分配中的比重，调整二次分配比例，初次分配要注重公平，再分配更加注重公平。要着力提高低收入者收入，逐步提高扶贫标准和最低工资标准，要让不同阶层的妇女群体的利益诉求能同等地进入利益协调和利益整合的政府系统中，在弱势妇女群体利益集团化方面应给予某些特权和照顾，并进行非对称处理，在体制内为底层妇女建立合法的利益诉求机制和需求表达渠道。只要妇女群体的制度化利益诉求能获得比非制度化利益诉求更多的利益，她们毫无疑问会选择制度化的表达渠道。

（三）重塑妇女有序政治参与的文化底蕴，逐步消解传统性别政治排斥

人们在考察人类政治发展的历史过程中发现，一定时期特定政治体系中的政治制度和行为具有自身的特点，除了取决于经济社会发展水平和结构外，该政治体系中的社会风俗、习惯、价值取向和思维方式等文化因素有重要的影响。即人们政治行为模式受政治文化的影响。政治文化主要是指社会成员在长期的政治社会化和政治实践过程中形成的政治心理、政治价值观和政治思想，能够直接影响人们的政治行为。政治文化以政治权力为中心内容和价值取向，一方面，政治文化反映着政治权力的本质、内容、特点、运行和发展状况；另一方面，政治文化依附着社会政治权力，特定的政治文化为特定的社会政治权力服务。[1] 历来我国传统政治权力和政治资源都掌握在男性手中，几千年来形成的官场政治文化也必然以男权为中心并为男权服务。这种围绕男权为中心的官

① 王浦劬主编《政治学基础》，北京大学出版社，1995，第223页。

场政治文化形成了一道无形的屏障，将妇女排除出权力中心场域，长期以来造成了妇女社会政治资本的累积劣势，制度内政治参与渠道的长期堵塞迫使妇女通过非制度化政治参与渠道进行利益表达。

因此，政府要完善政治参与制度，拓宽制度化参与渠道，必须注重文化教育，打造有利于妇女政治参与的政治文化环境，培养理性公民，鼓励并不断扩大妇女有序政治参与，逐渐减少妇女的非制度化政治参与的文化诱因。主要从以下几方面着手：一是要加强社会性别培训，为妇女政治参与创造和谐的政治舆论环境。要加强领导干部和社会成员的社会性别意识培训和宣传教育，使性别平等意识成为社会提倡的价值观、思维方式和生活方式，让妇女政治参与获得深厚的群众基础，消除传统性别文化对妇女政治参与能力的质疑和偏见，改造以男权为中心的官场政治文化，在各级党政部门乃至全社会创造有利于女干部成长的政治舆论环境。二是要培育新型政治文化，增强妇女弱势群体的主体意识、权利意识和法制意识。要向广大妇女传授相关法律知识和政治技能，强化依法参与理性参与的观念，提高知政、议政、参政的能力，增加政治参与的效能感，打破传统文化中的权威崇拜。三是要充分发挥城市妇女经济文化组织等调动妇女政治参与的重要作用。组建各类会员制女性社团作为外围组织加以扩展，力求让妇女群众都能加入身边的组织。积极组建公益服务、行业协会、联谊活动等类型的女性社团，丰富广大妇女的文化生活。四是要通过文娱方式来激发农村妇女政治参与的意识。如组织农村妇女排演关于妇女有序参与政治的小品或者话剧、举办关于农村妇女参选参政的歌唱比赛等活动，使广大妇女能够切身参与其中，让更多的农村妇女在意识上觉醒，在一定程度上能够激发她们的参政热情，提高参与村务和选举投票的积极性，[①] 逐步培养农村妇女有序政治参与意识和行为。

———————

① 付翠莲：《村庄女性化格局下妇女政治参与困境及其消解》，《长白学刊》2013年第 6 期。

（四）培育妇女社会组织的参与力度，推进政府与社会多元化整合模式

扩大我国公民有序政治参与，是指在完善现有的政治参与方式的基础上，要不断探索出新的政治参与途径和政治参与形式，扩大政治参与的客体，增加政治参与主体。[1] 当前，构建中国利益表达机制，在利益表达主体方面，侧重点应该放在"谁来表达"方面，即只能是社会组织，不能定位在原子化的个人。因为"一般而言，公民以团体组织为中介来表达自己的利益要求，要比分散的个人行为更能达到目的。对政府而言，与合法的组织进行磋商，更有利于掌握和了解民众的意愿，而且其政治效率要大于同千差万别的个人之间的艰难沟通"[2]。社会组织强调除政府和企业之外的组织形式，即除政府组织和营利性私营部门之外所有独立公益性组织，具体指非政府组织、非营利组织、第三部门、民间组织等各类组织。因此，加大妇女非政府组织的参与力度，主要应着眼于第三部门、各种市场组织与非政府组织以及广大公众的协同和参与的作用，从而使社会组织在高度自律和有序的状态下得到充分的发展，最终达到化解社会矛盾与利益冲突，维护社会公正、社会秩序和社会稳定的良性目标。[3]

社会组织作为社会自我管理的主体，在现代社会中是市场配置资源方式的有益补充，是经济社会协调发展、社会交融的黏合剂和助推器，也是政府凝聚社会资源、提供社会服务的有力帮手。社会组织在为妇女服务方面，一般是通过项目实施了解妇女的需要，能将妇女的意愿、利益综合起来，系统地进行总结概括并转达给政府或决策者。而社会组织作为一种利益的表达或传播的媒介，加强了妇女群体与政府决策者的沟通，使政府决策时更容易

---

① 王维国：《公民有序政治参与的途径》，人民出版社，2007，第 177～178 页。

② 王中汝：《利益表达与当代中国的政治发展》，《科学社会主义》2004 年第 5 期。

③ 付翠莲：《结构耦合：以基层党建创新引领社会管理创新》，人大复印报刊资料《中国共产党》2013 年第 1 期。

考虑到妇女的存在及利益。这样，妇女参与社会组织，能够借助社会组织参与主体的广泛性，协助政府参与管理国家和社会事务，通过交流信息，妇女将自身的利益诉求通过社会组织来转达给政府，而政府通过社会组织向妇女转达对其诉求的相关决策和处理意见，使社会组织在政府与广大妇女之间搭建起一座相互沟通的重要桥梁，这样既能够减轻政府的政治成本，又能体现民意，激发妇女的政治参与热情。妇女参与社会组织，使广大妇女能够进一步扩大社会关系网络，获取更多政治社会资本以影响政府决策。通过加强对妇女参与社会组织的培育、引导、服务，使社会组织在政府委托、妇女需要、市场缺位的结合点上充分发挥作用。因此，社会组织特别是非政府组织是实现妇女参与的一条有效途径，它常常比分散的妇女个人有更强的社会谈判力，甚至在特定情况下有影响决策层决策的作用。尤其是妇女非政府组织受其组织目标和成员性别身份所决定，能动员广大妇女认识自身的潜质、能力和处境，自己掌握和运用自己的资源，决定自己的命运。大量以性别平等为目标的非政府组织的有效工作，可以使女性参与不仅成为一个过程、手段和工具，还可成为一种理念，它可以使更多的有识之士认识到一个没有性别歧视、男女平等社会对人类进步的重要性。[1]

①　庄平：《非政府组织与妇女发展》，《山东大学学报》（哲学社会科学版）2004年第2期。

第六章 探索和构建我国妇女政治
参与的评价指标体系

妇女政治参与的广度和深度体现出妇女的政治地位的高低，而妇女的政治地位是妇女地位高低的集中表现，妇女的政治地位的获得是妇女解放过程的深层目标和体现。从概念上看，妇女政治地位是指妇女在社会政治活动过程中所取得政治权力和政治地位的机会上的大小，以及对国家和社会事务实施民主参与、民主监督的程度高低。而妇女参政指标体系，就是从众多的社会指标中选择出具有代表性的重要指标组成的、用科学的计算方法来评价妇女参政各个侧面及整体发展的体系。① 本书按照国际上和国内通用的"性别平等指数"来构建妇女政治参与指标体系，以进一步反映妇女的政治地位。因为妇女参与政治活动，应得到与男性平等的权利；从计算各种政治参与形式的性别构成量化指标上，才能对比分析得出男女政治地位是否平等。按照中国妇女政治参与的基本状况构建妇女政治参与的评价指标体系，进一步量化和监测妇女政治地位的高低，有利于国家和政府相关部门对妇女政治地位做出正确的判断和科学的决策。

一 国际性别平等监测评估指标体系

从国际上对妇女政治参与指标体系的测量指标来看，国际社

---

① 郭砾：《建立中国妇女参政指标体系的构想》，《学术交流》2001 年第 6 期。

会一般用参与率（机会）、参与结构、参与质量三方面指标来衡量妇女政治参与的水平和实质，能够客观地反映出妇女的政治地位或性别平等状况。

（一）联合国人类发展报告中的指标体系

1991年联合国出版了《世界妇女状况：趋势和统计数据》，这是首次反映全球范围的妇女状况的综合数据。此后，一些反映妇女状况的指标和指标体系陆续出现。在1995年世界妇女大会前后，构建国际性的妇女参政监测评估指标体系就引起了国内外妇女研究者的广泛关注。但由于世界各国妇女发展情况很不平衡，这项工作迄今没有一个统一的衡量标准。但目前针对男女平等的指标体系渐趋完善：联合国人口与发展委员会提出了三个方面的指标，联合国提出了含有四个方面内容的21个指标，1995年世界妇女大会通过了"行动纲领"12个领域的指标。[①] 在众多的指标体系中，目前国际上比较有代表性的综合性别平等发展指标最先是由联合国开发计划署1995年发布的《人类发展报告》中提出、1997年由尼尔森确立的性别发展指数 GDI（Gender-related Development Index）和性别赋权指数 GEM（Gender Empowerment Measure）两大综合测量指数，客观地说明了男女两性生存质量和地位等级的不同。

联合国人类发展报告从1991年开始设计了性别发展指数 GDI这套指标，它是衡量人类发展水平的指标的人类发展指数 HDI（Human Development Index）在性别不平等问题上的加权处理，对男性和女性在预期寿命、知识、收入三方面分别进行计算，得出男女各自的寿命指数、教育指数和收入指数，每个方面计算一个性别平等分布指数，再分别得出三方面的平均分布指数，用等权方法合成一个综合的 GDI指数，分值越接近于1，表明人类基本能

---

① 周长鲜：《妇女参政：新中国60年的制度演进（1949~2009）》，中国社会科学出版社，2009，第170页。

力发展中的性别差异越小，男女能力平等发展的程度越高。GDI 这套指标体系侧重于测量人类基本能力的不平等。

从 1995 年始，联合国人类发展报告增加了性别赋权指数 GEM 这套指标，它是度量女性在一个国家内部在政治、经济、职业以及生活上的状况，如女性在议会中所占的议席比例，在诸如行政类、管理类以及职业技术职位中所占的比例，同时还包括女性的就业和工资状况。GEM 这套指标体系重在反映男女在政治、经济决策参与上的不平等状况。如用女性和男性分别拥有议会席位比例来衡量其政治参与和决策权；用女性和男性的立法者、高级政府官员和管理者的比例指标和专业技术人员中男性和女性的比例指标来衡量其经济参与和决策权；用女性和男性估计的收入指标来衡量其对经济资源的支配权，分别得出男女各自的政治参与决策指数、经济参与决策指数和收入支配指数后，再分别得出三方面的平均分布指数。联合国发布的 2005 年人类发展报告 HDI、GDI、GEM 见表 6 - 1。

表 6 - 1　HDI、GDI、GEM 的计算指标、计算过程比较

人类发展指数（HDI）		
内容层次	健康且长寿的生命	知识	体面的生活
指标	出生时的预期寿命	成人识字率 小学、中学、大学的总入学率	人均国民收入，以购买力平价指数衡量
各层指数	预期寿命指数	教育指数	国民生产总值指数
性别发展指数（GDI）		
内容层次	健康且长寿的生命	知识	体面的生活
指标	男女两性各自出生时的预期寿命	男女两性各自的成人识字率 男女两性小学、中学、大学的总入学率	男女两性大约的收入，以购买力平价指数衡量
各层指数	男女两性分别的预期寿命指数	男女两性分别的教育指数	男女两性分别的收入指数
两性平均分布指数	平均分布预期寿命指数	平均分布教育指数	平均分布收入指数

续表

	性别赋权指数（GEM）		
内容层次	政治参与和决策	经济参与和决策	支配经济资源的权力
指标	男女两性分别拥有的议会席位比例，男女两性在立法者、高级官员和管理者中分别占有的比例	男女两性在专业技术人员中分别占有的比重	男女两性分别的估计收入
两性平均分布的相应百分比	议会参议的相应百分比	经济参与的相应百分比	收入的相应百分比

资料来源：《性别平等指标体系构建表》，参见汪力斌、姜绍静《性别平等指标体系研究》，《中国农业大学学报》（社会科学版）2006 年第 2 期。

根据 1995 年联合国《人类发展报告》，我国的性别发展指数（GDI）排在世界第 71 位，比我国的人类发展指数（HDI）在世界上的排名高了 7 个位次，而性别赋权指数（GEM）排在世界第 23 位，远远高于当年我国的人类发展指数的排名。从这里可以看出 20 世纪 90 年代中期我国的性别平等水平是高于我国的人类发展水平的。虽然中国的 GDI 和 GEM 值在提高，但近年来受市场化竞争的影响，女性就业率下降、两性收入差距拉大、女性高层参政者减少等现象在一定程度上影响了我国男女平等的进程。2000 年中国性别发展指数为 0.700，低于世界（0.706）和中等收入国家（0.743）的平均水平，也低于东亚平均水平（0.710）。在 2006 年性别发展指数的排序中，中国性别发展指数为 0.765，位列世界 177 个国家和地区的第 64 位。[①] 2002 年《人类发展报告》显示，我国 GDI 值高于 1995 年，但排名却下降 6 位；由于数据的缺乏，该报告无法体现中国 GEM 的排名，但对构成性别赋权指数三个指标之一——"各国议会女议员比例"的分析评估可见，中国 GEM

---

① 联合国开发计划署：《2006 年人类发展报告》，http：//news.qq.com/a/20061114/002146.htm，访问日期：2014 年 6 月 8 日。

排名由 1994 年第 12 位下降到 2003 年的第 38 位。[1]

性别赋权指数 GEM 着重于妇女的机会而不是能力。从表 6 - 2 《2009 年人类发展报告：性别赋权测量指数及构成》、表 6 - 3 《2001 ~ 2009 年中国性别赋权测量指数及构成》可以看出：2009 年中国的人类发展指数 HDI 在全球排的位次是第 92 位，性别赋权测量指数 GEM 位于第 72 位（见表 6 - 2、表 6 - 3），同年瑞典性别赋权测量指数名列第 1 位，妇女在议会中的席位比例已经达到了 47%，瑞典比中国性别赋权测量指数值高 0.376；挪威部长级女性的比例占 56%，中国部长级女性的比例占 9%，二者此项相差 47 个百分点，两国性别赋权测量指数值相差 0.373；美国女性在立法委员、高级官员和管理人员的比例占 43%，中国女性在立法委员、高级官员和管理人员的比例占 17%，二者此项相差 26 个百分点，两国性别赋权测量指数值相差 0.234。此外，中国女性在政府中任高级职务的比例与其他许多国家相比也较低。据统计，截至 2010 年年初，有 47 个国家的女性正部长比例在 25% 以上，其中芬兰的女部长比例最高，为 63.2%，中国排在第 61 位，26 位部长中仅有 3 名女性，占 11.5%。[2] 这充分说明中国妇女在权力领域政治参与明显滞后，在世界上与其他国家还存在一定差距。

由于 GDI 和 GEM 对男性和女性的收入估计方法所反映的女性状况受社会经济发展水平的影响，并不完全是对社会性别状况的评估，导致这两个指标体系存在缺陷。近年来，联合国开发计划署用性别不平等指数（Gender Inequity Index）GII 反映女性和男性在生殖健康、赋权和劳动力市场三个维度的不平等成就的综合度量指标。计算的指标包括：孕产妇死亡比率、未成年人生育率、国家议会中的女性席位比率、接受过中等教育的性别比率、劳动力市场参与度性别比率、避孕率、产前检查等生殖健康参数以及总

① 周长鲜：《妇女参政：新中国 60 年的制度演进（1949 ~ 2009）》，中国社会科学出版社，2009，第 172 ~ 173 页。

② 全国妇联妇女研究所编《研究信息简报》2011 年 3 月 20 日；参见史界《新时期中国妇女解放理论与实践研究》，新疆大学博士学位论文，2012，第 119 页。

表 6-2　2009 年人类发展报告：性别赋权测量指数及构成

HDI 位次	性别赋权测量指数（GEM）		妇女在国会议会中的席位（占总席位百分比%）a	女性立法委员、高级官员和管理人员b（占总人数的百分比%）	女性专业和科技工作者b（占总人数的百分比%）	女性和男性所得收入估计数之比与	女性获得以下权利的年份d		妇女首次被选入议会或占有席位的年份e	部长级女性的比例f（占总人数的百分比%）
	排名	指数值					选举权	被选举权		
1 挪威	2	0.906	36g	31	51	0.77	1913	1907,1913	1993	56
2 澳大利亚	7	0.870	30g	37	57	0.70	1902,1962	1902,1962	1987	24
7 瑞典	1	0.909	47g	32	51	0.67	1919,1921	1919,1921	1991	48
8 法国	17	0.779	20g	38	48	0.61	1944	1944	..	47
10 日本	57	0.567	12	9h	46h	0.45	1945,1947	1945,1947	1993	12
13 美国	18	0.767	17g	43	56	0.62	1920,1965	1788j	2007	24
21 英国	15	0.790	20g	34	47	0.67	1918,1928	1918,1928	1992	23
22 德国	9	0.852	31g	38	50	0.59	1918	1918	1972	33
92 中国	72	0.533	21g	17	52	0.68	1949	1949	1949	9

资料来源：联合国开发计划署《2009 年人类发展报告（跨越障碍：人员流动与发展）》，刘民权、王素霞、夏君译，中国财政经济出版社，2009，第 186～189 页；参见史界《新时期中国妇女解放理论与实践研究》，新疆大学 2012 年博士学位论文，第 118 页。

a 为数据截至 2009 年 2 月 28 日。

b 为 1999～2007 年间可获得的最近年份的数据。

c 根据第 10 列和第 11 列的数据计算。

d 所指所获得选举权和被选举权利的年份是基于被普遍承认和平等的基础上。在该列可看到有两个年份，其中第一个是指首次部分承认获得这些权利的时间。在一些国家女性被赋予选举权利前，在当地有选举和被选举权。

e 数据是指在国家议会历史上，女性成为议会议员或占有席位的时间。2009 年 5 月，在 269 位议会议员或占有席位的人中仅有 12.6% 的女性。

f 是 2008 年 1 月的数据。

g 指已建立了女性配额体系的国家。配额体系致力于确保至少保证女性占到 30%～40%。现在世界上女性仅占议员总人数的 16%。

j 没有关于妇女参与选举资格的信息。因为国家的宪法并没有规定其他性别构成。

.. 表示数据无法获得。

h 根据 ISCO—1968 分类得出的数据。

表6-3 2001~2009年中国性别赋权测量指数及构成

中国年份	HDI位次	性别赋权测量指数（GEM）		妇女在议会中的席位 a（占总席位的百分比%）	女性立法委员、高级官员和管理人 b（占总人数的百分比%）	女性专业和科技工作者 b（占总人数的百分比%）	女性和男性所得收入估计数之比 c（百分比%）	女性获得以下权利的年份 d		妇女首次被选入或有议会席位的年份 e	部长级女性的比例 f（占女性总人数的百分比%）
		排名	指数值					选举权	被选举权		
2001	87	…	…	21.8	…	…	0.34				
2002	96			21.8							
2003	104			11.1							
2004	94			20.2			0.66				
2005	85			20.2			0.66				
2006	81			20.3			0.64				
2009	92	72	0.533	21.3	17	52	0.68	1949	1949	…	9

资料来源：联合国开发计划署《2009年人类发展报告（跨越障碍：人员流动与发展）》，刘民权、王素霞、夏君泽，中国财政经济出版社，2009，第186~189页；参见史界《新时期中国妇女解放理论与实践研究》，新疆大学2012年博士学位论文，第119页。

生育率等。① GII 是一个评估因性别不同而导致男女在生殖健康、赋权和劳动力市场参与率这三个维度的不平等成就的实验性综合指标（见下表 6-4）。该指标指数较高，表明性别不平等现象较严重，得分越低，说明排名越高，旨在为政策分析与宣传工作提供实证基础。2013 年联合国《人类发展报告》显示，2012 年中国大陆的性别不平等指数（GII）为 0.213，世界平均值为 0.463，我国的 GII 排在世界第 35 位。② 2014 年联合国《人类发展报告》显示，2013 年中国大陆的性别不平等指数（GII）为 0.202，我国的 GII 排在世界第 37 位。这说明我国距男女实质上平等还有很大上升空间。

表 6-4　GII 的计算指标

性别不平等指数 GII				
内容层次	生殖健康		赋权		劳动力市场参与率
指标	孕产妇死亡比率	未成年人生育率	国家议会中的女性席位比例	至少接受过中等教育的性别比例	劳动力市场参与度性别比率

资料来源：根据 2013 年联合国《人类发展报告》修正、翻译。

从 2006 年开始，世界经济论坛已经发布了七期年度的《全球性别差距报告》，旨在通过调查和统计，针对各个国家健康、教育、政治参与和经济平等四个领域的性别差距缩小能力进行综合评估。2013 年《全球性别差距报告》显示，在全球接受调查，涵盖了全球 93% 以上人口的 136 个国家的性别差距指数综合排名中，冰岛在女性教育和政治赋权方面的总体分值最高，连续五年蝉联第一。中国在经济地位方面由于女性劳动力参与方面得分较高；在政治参与方面的四个衡量指标里，国会（在中国等同于全国人民代表大会）中女性的比例、国家部长级长官女性比例、过

① 贾茹：《2014 性别不平等指数排名中国高于美国》，中国妇女研究网，http://www.wsic.ac.cn/academicnews/86015.htm，访问日期：2014 年 7 月 29 日。

② 联合国开发计划署：《2013 年人类发展报告》，http://www.un.org/zh/development/hdr/2013/pdf/HDR_2013_CH.pdf，访问日期：2014 年 6 月 10 日。

去 50 年女省长比例这几个衡量指标综合政治参与方面排名为第59 位。这份报告显示，中国在全球性别差距指数综合得分为0.6908，总体排名只位列第 69 位。[①] 可以看出，中国在政治参与这一项近年来在世界排名中属中等水平（见表 6 - 5），且呈逐年下降趋势，说明我国男女两性在政治参与方面性别差距仍然很大。

表 6 - 5　2006 ~ 2013 年中国性别差距指数及排名

年份		2006	2007	2008	2009	2010	2011	2012	2013
性别差距指数总排名	得分	0.6560	0.6643	0.6878	0.6907	0.6881	0.6866	0.6853	0.6908
	排名	63	73	57	60	61	61	69	69
政治参与排名		52	59	54	60	56	57	58	59

资料来源：根据 2006 ~ 2013 年《全球性别差距报告》数据整理。

（二）国际组织的性别公平指数

国际组织"社会观察"发布"性别公平指数"的评估指标体系，主要从教育、经济和政治赋权三个方面来衡量性别之间的差距。性别公平指数从低到高共分为五个等级：严重、很低、低、中等和可接受，得分越高排名越高，主要是测量教育、经济和政治赋权这三方面不平等的平均数。如在教育方面，主要考察各级别的学校在录取（入学）上存在的性别差距；在经济参与方面，主要考察收入和就业方面的性别差距；政治赋权衡量的是议会和高级行政主管等高职位的工作状况。2012 年全球 154 个被调查的国家中，性别公平指数中没有一个国家达到或超过 90 分，也就是把性别差距缩小到"可接受"的程度。2012 年教育方面的世界总体指数是71，是五级中的"低"；经济参与的指数仅为 42，是"很低"；而政

---

① 《世界经济论坛发布〈全球性别差距报告〉》，http：//www3. weforum. org/docs/WEF_GenderGap_Report_2013. pdf，访问日期：2014 年 8 月 1 日。

治赋权更是低到只有 17，是最差的一个级别："严重"。① 挪威得最高分 89 分，排名第一，中国得分 64 分，排在第 80 位。联合国官员透露，按照中国国家统计局上报联合国的数据，2013 年中国大陆的社会性别平等指数在全球各国和地区中排名第 72 位，低于日本（第 56 位）、韩国（第 61 位）。②

此外，其他一些国家也构建了适合本国的性别发展指标，如瑞典的 RWS 指标，挪威的 SIGE 指标和加拿大的性别敏感指标（gender sensitive indicator），等等。虽然瑞典的 RWS 指标和挪威的 SIGE 指标也基本上是以 GDI 和 GEM 为基础，也都涉及了经济、政治、文化教育和环境等方面的两性参与指标，但两国设计的指标都更突出本国的特点，由于瑞典和挪威两国性别平等状况处于世界上最高的水平，它们的指标不能完全用于衡量其他国家和地区的性别平等状况。

（三）　国际上各类评价指标体系反映的性别不平等状况

从上述各种衡量指标可以看出，目前全球妇女的赋权状况仍受到严重制约。由于国际上使用的这些性别指标体系基本上是从性别平等的角度来衡量妇女发展的，目前国际上单独的性别权力的测量指标体系主要包括女性占有国会席次比例，在立法者、高级官员和管理者中占有的比例，在行政、管理、专业性、技术性工作中的比例，支配经济资源的权力比例等。一般来讲，各国考察妇女参政的主要指标有以下几项：妇女作为国家领导人的比例、妇女在议会中的比例、妇女在政府中的比例（主要是部长级）、妇女担任领导岗位主管领域的比例等。根据国际议会联盟数据，2012 年国际上妇女担任国家元首、正部长、议员的比例都有不同程度的提高。数据显示，截至 2012 年

---

① 何佩群：《性别平等的指标体系》，群学网，http：//www. qunxue. net/Article/TypeArticle. asp？ModeID = 1&ID = 9209，访问日期：2013 年 01 月 01 日。

② 俞陶然：《我国性别平等指数低于日、韩》，解放网 – 新闻晚报，http：//news. hexun. com/2013 – 01 – 28/150657108. html，访问日期：2013 年 1 月 28 日。

1月1日，女性担任国家元首或政府首脑的国家达到17个。152个国家元首（总统）中女性有8位，占5.3%；193个政府首脑（总理）中女性有14位，占7.3%。女部长比例在30%以上的国家有26个，其中挪威的女部长比例最高，为52.6%。[①] 在271个议会中有41位女议长，女性占议长总数的15.1%，与2010年相比，增加了2.1个百分点。女议员比例在30%以上的国家有33个。此外，还有15个国家的女议员比例为25%~29.9%。但从全球范围来看，在对政治决策和社会发展进程产生重大影响的、拥有实权的决策部门（如交通、国防、经济、外交等）中妇女担任重要职位的人数仍不足。据统计，妇女在188个国家中担任1065个部长级职位，主要集中在所谓"适合妇女工作"的社会事务、家庭、儿童、青年、残疾人、老年人以及与性别平等和妇女事务等相关的职位上。[②]

此外，国际上关于妇女政治参与的测量指标体系还包括写信给政府官员、签署请愿书、因为政治理由而捐款、捐款给特定一位候选人、投书报社谈论政治议题等具体指标，每个项目代表类似程度的政治积极面，可以以累加的方式来建立指数。积极参与政治的程度主要从投票、捐款、助选、竞选四个方面来衡量，每个项目的政治参与程度不同，量表涵盖的项目也有强弱之别，如竞选的强度比只是去投票的强度要强；参与强度大的项目，就会参与其他的项目。当然国际上的性别平等指标体系在计算方法、指标的选择和数据可靠性方面还有许多值得研究的问题，不具有普适性，各国应该根据本国自身的状况来构建适合本国性别平等状况的妇女政治参与的指标体系。

---

① 王春霞：《2012 国际妇女参政状况及启示》，《中国妇女报》2013 年 2 月 26 日，第 B02 版。
② 王春霞：《2012 国际妇女参政状况及启示》，《中国妇女报》2013 年 2 月 26 日，第 B02 版。

二　我国现有的妇女政治参与
指标体系及其分类

从 20 世纪 80 年代中后期以来，受国际女权主义思潮的影响，在我国政府和学界推动下，相关研究机构及研究人员积极参与国际妇女人权领域的活动。以 1995 年第四次世界妇女大会的召开和对《北京行动纲领》的监测评估为契机，特别是近年来以全面建设小康社会的指标体系建设为契机，我国针对妇女社会地位、经济地位、政治地位、家庭生活地位等性别统计工作有了长足的发展。国内一些学者对其中的社会性别平等核心指标、妇女地位调查数据以及妇女发展纲要评估指标进行了深入研究，并提出了初步的性别平等指标体系构想。但总体上看，目前针对性别平等指标体系的构建及妇女政治参与测量指标的工作还处于初步探索阶段。目前国内现有性别平等指标体系及妇女政治参与评价指标体系主要有以下三类。

（一）从知政、议政、参政、执政层面构建的指标体系

从概念内涵层面讲，政治参与可分为民主参与和权力参与，民主参与包含知政、议政，权力参与包含参政、执政。这种划分方法主要是基于妇女政治参与的层次不同，而对各个内涵范围的不同界定。在知政、议政、参政、执政四个系统的每一个子系统中，选择出若干个能够比较综合地反映每一个子系统所包括的妇女政治参与各个侧面的实际情况的代表性的指标，构成妇女政治参与指标体系的指标评价层。周长鲜将妇女政治参与的这四个层面的指标体系列出一表（见表 6 – 6）。①

---

① 周长鲜：《妇女参政：新中国 60 年的制度演进（1949～2009）》，中国社会科学出版社，2009，第 175～176 页。

表 6 - 6　妇女参政的指标体系

指标名称	指标内容
知政层面	对女性社会地位的主观感受程度，认为男女法律地位平等、经济地位平等、受教育权利平等和婚姻家庭地位平等等方面的情况
议政层面	1. 对国内外主要领导人知晓情况
	2. 通过经常收听收看新闻，通过阅读各类报刊等了解党的方针政策
	3. 经常与家人、朋友、同事谈论国家的政治经济形势，谈论国内外重大事项
	4. 经常关注并热心单位或社区事务，对所从事的工作及身边的管理主动提出自己的意见或建议
	5. 妇女参与各级各类选举情况
	6. 妇女选举人大代表、基层政权机构及某些领导班子的情况
参政层面	1. 妇女参政基本状况
	2. 妇女干部受教育状况
	3. 女领导干部职业层次、部门结构状况
	4. 女领导干部的年龄结构
	5. 女干部婚姻家庭状况
	6. 人大代表和政协委员、特邀人员中的妇女比例
执政层面	1. 全国人大代表性别比例
	2. 全国人大常委性别比例
	3. 全国政协委员性别比例
	4. 全国政协常委性别比例
	5. 中共中央委员性别比例
	6. 中共中央政治局委员性别比例
	7. 正副部长性别比例
	8. 正副省长性别比例
	9. 正副市长性别比例
	10. 国家机关、党群组织、企事业单位负责人性别比例

资料来源：周长鲜《妇女参政：新中国 60 年的制度演进（1949～2009）》，中国社会科学出版社，2009。

　　上述分类从知政、议政、参政、执政四个层面对妇女政治参与的指标体系进行了划分，也借鉴国外 GDI、GEM 指标的计算方法，考虑到《中国妇女发展纲要》中涉及的研究领域的划分，对我国妇女政治参与的发展状况进行了初步常识性评估，有一定的理论和实践意义。但这一指标体系更多的是从概念阐释的角度而引申出若干指标，并对应于不同层次的划分，相对而言比较粗略，在指标内容上划分得不细，如在"议政层面各级各类选举情况"这一指数，可以对应于省级、县级、乡级等；特别是没有从主客观两个层面对妇女政治参与的状况进行衡量。

（二）综合考虑妇女政治参与主客观因素的指标体系

鉴于我国各地区经济、政治和文化发展严重不平衡，阻碍妇女参政的结构性和文化性因素诸多，郭砾从妇女参政与执政层面进行划分，并对参政方面的指标从主观指标和客观指标两方面做了区分，涵盖了46个考察指标。[①]

1. 在妇女参政层面上可以选择的客观指标

（1）中国妇女参政基本状况，包括九个层面的指标：女干部占干部总数的比例；中共党员中女党员的比例，民主党派中女成员的比例；各级国家机关、党群组织、企事业单位女领导干部比例；各级人大代表中女性比例；各级政协委员中女性比例；司法机构中女性比例；立法、执法机构中女领导干部比例；县（市）、省直厅局和中央各部委女后备干部储备比例；享有选举权的女性在政权选举中的公民投票率、村委会选举中女性投票率。

（2）妇女干部受教育状况，包括四个层面的指标：女干部中大专及以上文化程度所占比例；女领导干部中大专及以上文化程度所占比例；获得学位的女干部比例、获得学位的女领导干部比例；女干部中接受继续教育者比例。

（3）女领导干部职业层次、部门结构状况，包括四个层面的指标：各行业负责人性别比；女领导干部行业分布众值；正职岗位上女领导干部比例；权力、决策部门女领导干部比例。

（4）女领导干部的年龄结构，划分为三个层面：20～35岁女领导干部比例；35～45岁女领导干部比例；45～60岁女领导干部比例。

---

① 郭砾：《建立中国妇女参政指标体系的构想》，《学术交流》2001年第6期。

（5）女干部婚姻家庭状况，划分为四个层面：30 及 30 岁以上女干部未婚比例；离婚的女领导干部占已婚女干部比例；丧偶的女领导干部占已婚女干部比例；女干部中遭受家庭暴力者比例。

2. 在妇女参政层面上可以选择的主观指标

（1）对女性社会地位的主观感受程度。主要有认为男女法律地位平等、经济地位平等、政治地位平等、受教育权利平等和婚姻家庭地位平等五个层面各自的性别比例。

（2）自我认知状况。主要有对国内外主要领导人知晓情况的性别比例；通过经常收听收看新闻，通过阅读各类报刊等，了解党的方针政策的性别比例；经常与家人、朋友、同事谈论国家的政治经济形势，谈论国内外重大事项的性别比例；经常关注并热心单位或社区事务，对所从事的工作和身边的管理主动提出自己的意见或建议的性别比例；自我性别期望，即妇女中愿为女性者比例；参与意识，即就业意愿、向往当人大代表者比例、赞同男主外女主内的性别比例；成就感，即希望在成就上超过同等资历异性的比例、感到有能力担任更高职位工作的性别比例。

3. 妇女执政层面的主要指标

在妇女执政层面主要有十个层面的指标：全国人大代表性别比例；全国人大常委性别比例；全国政协委员性别比例；全国政协常委性别比例；中共中央委员性别比例；中共中央政治局委员性别比例；正副部长性别比例；正副省长性别比例；正副市长性别比例；国家机关、党群组织、企事业单位负责人性别比例。

上述指标体系的构建主要是基于妇女参政与执政两个层面的考量，比较详尽地从主客观方面对妇女参政进行了细分。但这一指标体系用来衡量妇女政治参与状况时没有从民主参与、权力参与两个层面作区分，而把民主参与中的知政、议政笼统地归纳到妇女参政层面的"对女性社会地位的主观感受程度"和"自我认知状况"两个一级指标里面，没有进一步细分，对执政层面的主观指标也没有列出。另外，指标虽然详尽，但许多指标在运用到现实中时较难操作。这些缺陷还有待于研究者们作进一步深入探讨。

（三）侧重于妇女政治参与指标框架及其权重的指标体系

陈方等在测量和评估女性参与政治和决策的程度考虑到权力参与和民主参与的分类法，参照国际社会通用的相关指标和指数，总结多年来中国妇女参与政治和决策的经验和教训，并根据中国公民参与政治和决策的情况，在测量和评价中国妇女政治参与和决策方面分为4个维度：参与党和政府管理的指标、参与立法机构的指标、参与政治协商的指标和参与基层管理的指标，具体细分为12个指标（见表6-7）。[①]

表6-7　政治与决策领域妇女参与指标框架及其权重

一级指标	权重	二级指标	权重	数据来源
参与党和政府管理	0.3	中央委员/省委委员中的女性比例	0.10	中共中央组织部年报
		政府省/部级以上领导干部中的女性比例	0.20	
		党政机关地厅级领导干部中的女性比例	0.25	
		公务员中的女性比例	0.30	
		中国共产党党员中的女性比例	0.15	
参与立法机构	0.3	人大代表中的女性比例	0.60	全国人大常委会办公厅
		人大常委中的女性比例	0.40	
参与政治协商	0.15	政协委员中的女性比例	0.40	全国政协办公厅
		政协常委中的女性比例	0.30	
		各民主党派中央委员中的女性比例	0.30	中共中央组织部
参与基层管理	0.25	社区居民委员会成员中的女性比例	0.50	民政部统计年鉴
		村民委员会成员中的女性比例	0.50	

　　资料来源：陈方、吴爱梅《中国妇女参与政治和决策指标研究与应用》，《妇女研究论丛》2006年第2期。

上述指标体系从四个层面分别由上至下逐级反映妇女参与党和政府管理的情况，并从分布在中国社会政治与决策的不同部门按层级顺序设计指标框架，并分别计算出权重，符合国际相关性别平等

[①]　陈方、吴爱梅：《中国妇女参与政治和决策指标研究与应用》，《妇女研究论丛》2006年第2期。

指标体系，显示出较强的性别敏感性；此外，数据来源都是从中共中央组织部、全国人大常委会、全国政协和民政部的年报统计表中获取，这些基本数据来源可靠并易于获得。不足之处是只局限于妇女权力参与状况的统计，没有对妇女民主参与的测量标准。

（四）侧重于妇女政治地位平等的指标体系

崔凤垣等在《妇女社会地位评价指标体系研究》中设计了"妇女政治地位平等指标"，采用两种形式：一种形式是：平等指数 =（女性/男女总人数）/（男性/男女总人数）= 女性占总人数的比例/男性占总人数的比例；另一种形式是：平等指数 =（女性/女性总人数）/（男性/男性总人数）= 参与女性占女性的比例/参与男性占男性的比例。[1] 这种指标体系的设计又分为主要指标和参考指标，把能够反映妇女地位长期发展、资料具有权威性和可靠性的指标作为主要指标，其他的作为参考指标。崔凤垣根据我国政府制定并颁布的《中国妇女发展纲要（2001~2010年）》，研究了妇女社会地位评价指标体系的框架，该指标体系涉及政治、法律、经济、文化教育、婚姻家庭、健康6个领域共37个主要指标和支持性指标。这一指标体系遵循了"确定指标领域——划分具体指标——选取核心指标——赋予权重来计算综合指标"这个逻辑。但这种测评方式还仅仅局限于妇女，没有涉及男女对比的内容，本质上还停留在"妇女参与发展"（WID）的发展思路中。

（五）借鉴性别与发展实践的妇女社会地位评价指标

单艺斌在构建性别平等指标过程中应用了参照性原则，也就是说在评价性别平等状况时，把男性群体作为参照系，并且采用性别比较的方法，以对比的方式反映在一定性别关系和结构中，女性相对于男性的位置和差别的情况。这种指标体系的每个指标

---

[1] 崔凤垣、张琪：《妇女社会地位评价指标体系研究》，中国妇女出版社，2003，第19页。

都采用了比率的形式，从政治平等、经济平等、文化教育平等、婚姻家庭平等、健康平等和发展平等6个层面进行分层研究，并在每个层面选取了3个指标进行衡量，在赋予每个指标一定的权重后计算出每个分层的平等指数，最后再把6个层面的平等指数进行平均，最终得出性别平等综合评价分值。该指标体系认为两性政治平等是指两性在政治生活中和法律体系上的价值平等、机会平等、结果平等、权利平等和义务平等（见表6－8）。①

表6－8　性别平等分层指数与综合评价分值

分层	指标	权重	指标	权重	指标	权重
政治平等	中央委员性别比率	0.40	党政机关人数性别比率	0.35	负责人性别比率	0.25
	政治平等指数 = 0.40 × 中央委员性别比率 + 0.35 × 党政机关人数性别比率 + 0.25 × 负责人性别比率 = $0.40A_1 + 0.35A_2 + 0.25A_3$					

资料来源：单艺斌、叶苏平《性别平等的评价指标体系构建》，《统计与决策》2005年第2期。

上述测量性别平等的指标体系对中央委员性别比率，国家机关、党政机关和社会团体人数性别比率，以及国家机关、党群组织、企事业单位负责人性别比率三方面按照重要性赋权并进行综合，得到表6－8各层指数和综合评价分值。但这一指标体系具体的分层方式和各指标的权重可以进一步调查和权衡其科学性。

（六）针对公民政治参与对政府的影响及政府回应性的指标体系

魏星河在《当代中国公民有序政治参与研究》一书中从公民政治参与的广度、深度和效度三个维度间的关系，检验公民政治参与对政府的影响及政府回应性。其中，公民政治参与的广度是指公民政治参与的数量问题，主要反映的是公民政治参与行为中可以量化

①　单艺斌、叶苏平：《性别平等的评价指标体系构建》，《统计与决策》2005年第2期。

或是可视的状态，主要包括公民政治参与的范围、形式、制度供给及参与人群等方面。公民政治参与的深度是指公民对参与事务了解的多少，有没有掌握足够使公民自主做出判断的背景材料以支持公民的行为，或是说公民参与有没有充分的信息对称，当公民主体性条件不能符合公民社会需要时，公民参与的深度不可信。公民政治参与的效度是指公民政治参与的正面作用，主要表现为公民对政府的满意度、政府对公民的回应度两个方面（见表6-9）。①

表6-9　中国公民政治参与评价体系总体框架

一级指标	二级指标	三级指标
广　度	公民参政需求	公民参政的目的 公民参政的层次 公民参与的手段
	社会组织发育	民间组织数量 活动方式 社会地位
	国家制度供给	法律制度 实施细则 其他参与渠道
深　度	公民政治文化	法律意识 契约精神 独立人格
	公民政治权利	维权意识 参政频率 参政效果
	政府运行机制	与民间组织、公民关系 政务公开状况
效　度	公民对政府的满意度	对政府工作评价 与政府接触方式
	政府对公民需求的回应度	接受公民意见的反馈速度 接受公民意见的反馈方式 公民对政府决策的影响力
	公民冷漠度	公民冷漠的原因 公民冷漠的比例

资料来源：魏星河《当代中国公民有序政治参与研究》，人民出版社，2007。

---

① 魏星河：《当代中国公民有序政治参与研究》，人民出版社，2007，第248~251页。

通过上述三个维度可以看出，公民有序政治参与是政治系统与公民良性互动关系的反映，是特定社会背景下公民与国家的博弈过程。这一指标体系的建立，对评价现有我国公民政治参与状况，对今后从技术上扩大我国公民有序政治参与具有一定的参考意义。同时，这一指标体系在公民政治参与评估体系中还具体化出多个二级指标，其中许多指标具有导向意义，对构建我国妇女政治参与的评价指标体系有很强的借鉴意义。当然，该指标体系虽然内部结构设计得比较完备，但进一步量化、可操作化方面仍需深入探究。

三　构建我国妇女政治参与的评价指标体系

测定妇女政治参与的指标体系，是由多种指标要素构成的、有一定结构形式的科学的指标系统。从上述国内外的妇女政治参与各类指标体系可看出，西方妇女政治参与一般把妇女政治精英的参政排除在外，而我国的妇女政治参与则包含妇女精英的参政，这是中国的本土特色。据笔者掌握的资料来看，目前在我国还没有独立的反映妇女政治参与的指标体系，尚缺乏一套完整、科学、系统的评价方法，难以对妇女政治参与状况进行纵向与横向比较研究；另外，现有评价方法中对指标的利用和选择明显地缺乏系统性和完整性，缺乏内在的联系，缺乏实用价值；某些指标从名称到含义在西方和其他发展国家可能适用，但在我国有的不符合中国国情。因此，我国建立自己的妇女政治参与指标体系时必须参照和借鉴国际社会多年来形成的反映性别平等与妇女发展的国际常用指标，也尽量避免国际上性别平等衡量指标的固有缺陷，既要用科学的方法进行国际比较和地区之间的比较，同时也要综合考虑目前已有的衡量指标体系，构建符合中国国情的妇女政治参与指标体系。

（一）确立妇女政治参与指标体系的基本要求

确立妇女政治参与指标体系是为了衡量妇女政治地位的高低，

也是检验男女两性是否平等的重要条件。因此，确立妇女政治参与指标体系应遵循以下基本要求。

1. 要注意指标体系的系统性

目前理论界把妇女政治参与分为民主参与和权力参与两大类，而民主参与主要包括知政、议政，权力参与主要包括参政和执政，在设立指标体系时要紧紧围绕这一分类法，要充分了解各个层级女干部占干部总数的比例、各个层级领导班子中女干部的配备率，切实把握妇女在各个层级国家和社会事务的决策和管理中所占的比例及参与的广度和幅度，充分了解基层各项社会管理中女性代表所占的比重。要了解女性知政议政状况，要掌握女性的社会参与意识和参与方式，了解女性的自我认知情况，进一步掌握妇女政治权利的享有和被尊重程度。这些统一构成妇女政治参与的整体系统。

2. 要注意各指标内容的完整性和相关性

妇女政治参与状况衡量指标不仅要注意指标的系统性，同时还要注意各指标要素所包含内容的完整性，使各指标要素既要反映出妇女政治权利的享有和被尊重程度，也要反映出女性在国家及社会事务管理中的比例和幅度，避免忽视妇女政治参与的某个侧面。另外，要注意各指标要素所包含内容的内在联系性，以及各指标间的相互关系。

3. 要注意运用对比的方法，参照男性群体这个参照系

衡量妇女政治参与状况时，要采用性别比较的方法，从两性对比中认识女性的政治地位，反映一定性别关系和结构中女性相对于男性的位置和差别。在进行各个指标的具体测算时，除少量指标外，多数指标都应是与男性相比较而得出所谓的性别比率，以便女性更清醒地认清自身的优势和弱点，以进一步优化两性关系，提高妇女的政治地位。此外，还可以运用横向比较法，如中外比较、城乡比较以及对不同群体、不同地域间的妇女政治参与展开全方位的比较分析，以显示妇女之间的不同地位和不同特点；运用纵向比较方法，用同一指标历史数据的变化来反映妇女政治地位的变化等。

在掌握上述主要情况的前提下，才能对妇女参政的主要指标进行定量评价和监测，运用科学的方法进行国际比较和地区之间的比较，以便采取对策，进一步促进妇女有序政治参与。

（二）确立妇女政治参与指标体系的基本原则

妇女政治参与指标体系是从众多的社会指标中选择出具有代表性的重要指标，通过科学的计算方法来评价妇女政治参与各个侧面及整体发展的体系。确立妇女政治参与指标体系的基本原则，必须是根据我国国情，制定出具有可操作性的、开放动态的指标体系。

1. 符合中国国情，坚持实事求是的原则

我国"男主外、女主内"传统思想观念根深蒂固，加上干部培养选拔机制的不健全以及社会文化的偏见，致使在漫长的历史长河中，政治领域一直是男人竞逐的游戏场地，女性无从置喙，甚至没有身份地位。这就导致广大妇女政治参与意识不强，群体性政治参与态度冷漠，在政治领域长期处于缺席和边缘化的状态。因此，在构建妇女政治参与的指标体系时，要充分考虑到中国的国情和政治文化传统，而不能照搬西方女权主义的某些主张。在权力参与方面，既要遵守对国际社会"采取具体措施，实现担任决策职务的人员中有 30% 是女性这一短期、基本的目标，长期目标是 50%"的政府承诺，又要注意中国地区发展的不平衡性，各地区、各部门、各行业在构建妇女参政指标体系时要从实际出发，[①] 坚持实事求是的原则，不能只是追求表面的数据上的平等，要从妇女政治参与结构、参与质量上得出性别平等的结论。如从数据上来看，我国高等教育目前虽然实现了"机会均等"，即女大学生的比例自 2000 年起逐步赶上并超过男生，但并不意味着我国高等教育领域实现了男女平等，还存在过程中的不平等和结果上

---

① 郭砾：《建立中国妇女参政指标体系的构想》，《学术交流》2001 年第 6 期。

的不平等。这就要求我们不断寻找和改进评价指标，从度量"机会平等"逐步发展到度量"结果平等"和"实质平等"，即强调的不仅是参与的机会，更重视的是参政的结果和立法决策制度方案落实的情况。[①] 在民主参与方面，制定指标时要充分考虑广大妇女对自身社会地位的主观感受程度、自我认知状况，从自身的性别期望、参与意识、成就感等各方面综合考量。

2. 注重评价指标体系的科学性和准确性，体现出层次性的原则

评价性别平等及妇女政治参与的指标体系必须有一套明确的量化指标，必须遵循客观规律，必须以科学态度、采用科学的方法和手段选取指标。指标的数据要准确可靠、切合实际，以增加指标的可信度，保证结果的准确性和适用性。因此，被选取的指标应该能直观、客观地反映妇女在民主参与和权力参与方面的基本情况；应有准确、可靠、连续的统计数据来源。同时，选取指标时要明确各指标的评级标准，应遵循层次性原则，即所选取的指标应尽可能从不同的侧面、不同的层次上反映妇女政治参与的整体情况。

3. 具有开放性和动态性，确保评价指标体系的可行性

妇女政治参与的状况衡量标准随着时代的发展和变化而改变，因此，作为反映妇女政治参与的衡量指标体系应具有开放性和动态性。在确立妇女政治参与的指标体系时，应充分考虑社会发展状况的变化，须因时因地制宜性地反映这种动态性变化，所确定的相应数值也应该做相应的调整。此外，我国妇女政治参与受主客观条件及传统政治文化的影响，与受西方三百多年女权主义启蒙和民主氛围所熏陶而具有明确权利意识与法治精神的西方女性有较大差别，在政治参与内容、参与方式、参与维度及参与效度等方面存在明显不同。因此，在构建指标体系时既要借鉴国外建构妇女政治参与评价指标体系的有益经验，同时还要吸取国内已

---

① 刘伯红：《简析三期中国妇女社会地位调查》，《山东女子学院学报》2013 年第 4 期。

有的研究成果，要从现有的我国各个部门社会统计基础出发，充分开发利用现有社会统计信息系统和资源，目的是促进广大妇女有序政治参与，也便于向基层单位普及推广，所以，制定的指标体系和权重必须具有可操作性，所采取的方法要科学、简便且易行。

（三）构建我国妇女政治参与的评价指标体系

建立一套妇女政治参与的指标体系不是一项容易的工作，但为了更好地评价女性政治参与的深度和效果，我们根据上述确立妇女政治参与指标体系的基本要求和基本原则，尝试构建我国妇女政治参与的评价指标框架。

构建我国妇女政治参与指标体系，资料来源既可从全国人大、全国政协、民政部、组织部、妇联、统计局等各个部门现有年报统计报表中取得，也可以从《中国妇女发展纲要》中获取资料，还可通过典型调查或问卷调查取得。从 1995 年中国政府制定和颁布了《中国妇女发展纲要（1995～2000 年)》至今，中国政府陆续于 2001 年颁布了《中国妇女发展纲要（2001～2010 年)》、2011年颁布了《中国妇女发展纲要（2011～2020 年)》，借鉴世界上其他国家制定妇女发展规划的做法，制定了妇女在各个领域发展的主要目标与策略措施。关于妇女在政治参与这一块，纲要中设立了"妇女参与决策和管理"这一领域。

根据当代中国政治发展状况、妇女发展纲要的目标和策略措施的要求，从政治发展的趋势出发，我们确立了妇女政治参与评价体系的框架与指标，用量化的指标对目标做出描述。这一套妇女政治参与效度评价体系由一级和二级指标构成，在广泛参考相关资料和展开调研的基础上，我们确立了 12 个一级指标和 44 个二级指标（见表 6-10），以进一步保证指标体系的全面性和科学性，既可以兼顾和保障妇女政治权益的阶段性目标，又可以实现妇女政治发展的长远目标，以利于对目标实现状况做出判断。

"政治参与的影响因素""政治参与方式""政治参与目标导向"6个一级指标，21个二级指标。基于所包含的内容非常广泛，直接分析判断多个指标的权重非常困难，而且亦不准确。虽然像权力参与的二级指标可以量化，但由于民主参与的大部分指标都是定性指标，获取基础数据需要做大量调查研究，需要运用大量的数理方法进行测度，且也无法做到科学合理，所以设计这套指标体系时没有给出指标的权重，也不能结合实际情况对评价过程进行系统的测算，这正是目前政治参与评价体系研究的难点所在。

这套指标体系是衡量妇女政治参与广度、深度、幅度的三维空间综合性的评价体系。妇女政治参与的广度是指妇女政治参与的数量方面的问题，即反映妇女政治参与行为中可以量化或可视的状态，主要包括妇女政治参与的范围、形式、制度供给等方面，一般主要指参与政治活动人数的多少及其政治参与内容的广泛性。从另一层次上可以理解为妇女实际参与某一政治过程在受该政治过程影响的所有成员中所占的比率，侧重于考察参与某一具体政治过程的妇女参与比例，强调参与主体的数量。本指标体系整个一级指标体系的构成中权力参与的6个方面的一级指标反映出各个层级女干部占干部总数的比例、各个层级领导班子中女干部的配备率、妇女参与决策和管理总体状况以及基层各项社会管理中女性代表所占的比重，这些数据来源可以通过中共中央组织部、全国人大、全国政协、国家统计局、民政部以及全国妇联的统计年报中获取，能够反映出妇女在各个层级国家和社会事务的决策和管理中所占的比例及参与的广度。例如在"参与政府行政管理"这个一级指标中，包括政府省/部级以上领导干部中的女性比例，党政机关地厅级领导干部中的女性比例，县（市）、省直厅局和中央各部委女后备干部储备比例（这3个二级指标用来衡量各个级别女干部总数及所占比例情况），女干部占干部总数的比例，公务员中的女性比例，正职岗位上女领导干部比例，各行业负责人性别比，女领导干部行业分布众值（这5个二级指标用来衡量妇女参与决策和管理总体状况）共8个二级指标。在上述权力参与领域中所占的比例及发展变化情况，能够深刻反映出妇女参与决策和管理总体状况的广度。当然，妇女政治参与的人数和所占比例是本评价体系的一个基本要素，但妇女政治参与的数量并不是唯一能够体现其政治参与质量的指标，但对于妇女政治参与不断有序扩大和走向制度化还是一个非常重要的量度。

妇女政治参与的深度是指妇女对参与事务了解的多少，妇女政治参与对政治过程的有效影响程度即影响政府决策的程度及持续性。本指标体系设计关于民主参与领域中"知政议政状况"的一级指标，所反映的就是妇女政治参与深度的问题，包括对国内外主要领导人知晓情况的性别比例；通过经常收听收看新闻、通过阅读各类报刊等了解党的方针政策的性别比例；经常与家人、朋友、同事谈论国家的政治经济形势，谈论国内外重大事项的性别比例；经常关注并热心单位或社区事务，对所从事的工作和身边的管理主动提出自己的意见或建议的性别比例 4 个二级指标，反映出女性知政、议政方面的民主参与的情况，如社会地位的主观感受程度、自我认知状况，以及在政治参与过程中对该政治过程有充分的认识，自己的意见、要求和愿望能够完整准确地得以表达。但如果妇女只是知情一些表面现象而对政治参与事务的本质未能深度参与，这样的参与是没有深度的，只是衡量妇女知政方面的情况。妇女政治参与的深度很大程度上取决于其知情权的保障和落实，反之，妇女政治参与的深度难以保证。公民政治参与的深度还取决于公民政治参与所及的政治权力层次，因为公民政治参与所能达到的权力系统的层次，直接关系到政治参与目的能否实现及实现程度。因此，在本指标体系的设计中，考虑到这一点，设计了高层妇女权力参与状况的一级指标，包括参与政党及群团组织、参与立法机构、参与政治协商 3 个一级指标，包括全国人大代表中的女性比例，全国人大常委中的女性比例，全国政协委员中的女性比例，全国政协常委中的女性比例，中共党员中女党员的比例，中央委员/省委委员中的女性比例，民主党派中女成员的比例，各级国家机关、党群组织、企事业单位女领导干部比例等二级指标。同时还设计了参与基层管理这个一级指标，包括村民委员会成员中的女性比重、社区居民委员会成员中的女性比重、企业职工代表大会中的女性比重、企业董事会和监事会中的女性比重4个二级指标。从基层到高层妇女参政、执政所占比例中，能够反映出妇女政治参与的深度及不足，以便政府进一步采取切实有效的制度保障措施加以纠偏。

妇女政治参与的幅度通常是伴随民主政治发展水平的变化而变化，主要是指妇女政治参与领域的拓展和延伸度，侧重考察政治参与的范围，涉及妇女的参与面，强调参与对象领域的广泛程度。最终的落脚点应是在有序性、制度化基础上的参与。本指标设计中明确了妇女政治参与的广度和幅度的6个一级指标，能够较全面地反映出妇女从高层到基层在党政及社会管理各部门的决策和管理中所占的比例及参与的幅度。此外，在各二级指标下有的指标还可以继续细化，如在"参与政党及群团组织"这个一级指标中的二级指标"各级国家机关、党群组织、企事业单位女领导干部比例"，就包含了非常广泛的内容，如"各级国家机关"这一块，包含各级领导班子中女干部配备率，包含省委党委、省级政府、地级党委、地级政府、县级党委、县级政府等各级领导班子女性干部所占比例等情况；在党群组织这一块，就包含工会、共青团、妇联组织等机构的性别构成情况，等等。在"参与政府行政管理"这个一级指标中所包含的女干部占干部总数的比例、公务员中的女性比例、正职岗位上女领导干部比例、各行业负责人性别比、女领导干部行业分布众值这几个二级指标，都能够切实反映出妇女政治参与的幅度。

此外，本指标体系在设计过程中还从妇女政治参与的影响因素、政治参与方式、政治参与目标导向三个层面来衡量妇女政治参与的内容。其中对妇女政治参与的影响因素这一指标划分了参与动机、组织化程度及妇女受教育状况3个二级指标；妇女政治参与的方式分为"制度化政治参与"和"非制度化政治参与"两个二级指标。其中，制度化政治参与主要指广大妇女通过政权所认

可的并由法律或制度所规定的合法的参与方式；近年来也有不少
妇女通过非制度化的政治参与途径来影响政策制定，非制度化政
治参与主要是指在法律及相关制度规定以外的参与方式或行为；
妇女政治参与目标导向这一指标划分为"牟利性参与""维权性参
与"及"公益性参与"3 个二级指标，主要体现出政治参与的行
为主体特定的利益倾向。这 3 个一级指标主要用于在做广泛的调查
研究时的政治参与深度的测量。

参考文献

经典文献

《马克思恩格斯全集》第1卷，人民出版社，1995。

《马克思恩格斯全集》第20卷，人民出版社，1995。

《马克思恩格斯全集》第32卷，人民出版社，1995。

《马克思恩格斯选集》第2卷，人民出版社，1995。

《马克思恩格斯选集》第4卷，人民出版社，1995。

《列宁选集》第4卷，人民出版社，1972。

《列宁全集》（第二版）第31卷，人民出版社，1985。

《邓小平文选》第3卷，人民出版社，1993。

专　　著

爱自由者金一：《女界钟》，上海大同书局，1903。

鲍晓兰主编《西方女性主义研究评介》，三联书店，1995。

《新中国妇女参政的足迹》编写组编《新中国妇女参政的足迹》，中共党史出版社，1998。

陈剩勇、钟冬生、吴兴智：《让公民来当家：公民有序政治参与和制度创新的浙江经验研究》，中国社会科学出版社，2008。

崔延强：《正义和逻各斯》，泰山出版社，1988。

崔凤垣、张琪主编《妇女社会地位评价指标体系研究》，中国妇女出版社，2003。

丛日云：《西方政治文化传统》，黑龙江人民出版社，2002。

方江山：《非制度化政治参与：以转型期中国农民为对象分析》，人民出版社，2000。

付翠莲：《在平等与差异之间：女性主义对自由主义的批判》，社会科学文献出版社，2013。

郭秋永：《政治参与》，台北联经出版事业公司，2001。

国家统计局人口和社会科技统计司编《中国社会中的女人和男人——事实与数据》，中国统计出版社，2004。

国家统计局社会科技和文化产业统计司编《中国社会中的女人和男人——事实和数据（2012）》，中国统计出版社，2012。

韩强：《程序民主论》，群众出版社，2002。

何清涟：《现代化的陷阱——当代中国的经济社会问题》，今日中国出版社，1998。

康有为：《大同书》，中州古籍出版社，1998。

李小江：《关于女人的答问》，江苏人民出版社，1998。

李银河：《女性权力的崛起》，中国社会科学出版社，1997。

李银河主编《妇女：最漫长的革命——当代西方女权主义理论精选》，三联书店，1997。

李慧英：《社会性别与公共政策》，当代中国出版社，2002。

李晓广：《当代中国性别政治与制度公正》，南京大学出版社，2012。

刘筱红、赵德兴、卓惠萍：《改革开放以来中国农村妇女角色与地位变迁研究——基于新制度主义视角的观察》，中国社会科学出版社，2012。

林尚立：《上海政治文明发展战略研究》，上海人民出版社，2009。

梁旭光：《民主政治进程与妇女参政》，济南出版社，2003。

梁启超：《饮冰室合集、文集》第1册，上海中华书局，1936。

罗志渊：《云五社会科学大辞典·政治学卷》，台湾商务印书馆，1971。

吕美颐、郑永福：《中国妇女运动》（1840~1921），河南人民出版社，1990。

孟军：《寻求发展与稳定的平衡》，中国社会科学出版社，2010。

马振清：《中国公民政治社会化问题研究》，黑龙江人民出版社，2001。

潘小娟、张辰龙编《当代西方政治学新词典》，吉林人民出版社，2001。

邱仁宗主编《中国妇女与女权主义思想》，中国社会科学出版社，1998。

邱仁宗主编《女权主义与公共政策》，中国社会科学出版社，2004。

启良：《西方自由主义传统》，广东人民出版社，2003。

全国妇联妇运史研究室编《中国妇女运动史：新民主主义革命时期》，全国妇联妇运史研究室，1986。

全国妇联妇运史研究室编《中国近代妇女运动历史资料》（1840~1918），中国妇女出版社，1991。

全国妇联妇运史研究室编《中国妇女运动历史资料》（1921~1927），人民出版社，1986。

全国妇联妇运史研究室编《中国妇女运动历史资料》（1927~1937），中国妇女出版社，1991。

师凤莲：《当代中国女性政治参与问题研究》，山东大学出版社，2011。

孙立平：《失衡：断裂社会的运作逻辑》，社会科学文献出版社，2004。

孙晓梅：《中外妇女研究透视》，中国妇女出版社，1998。

孙晓梅编《中外妇女运动简明教程》，天津大学出版社，2008年。

孙关宏：《政治学概论》，复旦大学出版社，2004。

陶东明、陈明明：《当代中国政治参与》，浙江人民出版社，1998。

谭琳主编《1995～2005 年：中国性别平等与妇女发展报告》，社会科学文献出版社，2006。

谭兢常、信春鹰主编《英汉妇女与法律词汇释义》，中国对外翻译出版公司，1995。

魏星河：《当代中国公民有序政治参与研究》，人民出版社，2007。

吴小英：《科学、文化与性别——女性主义的诠释》，中国社会科学出版社，2000。

王浦劬主编《政治学基础》，北京大学出版社，1995。

王邦佐、孙关宏、王沪宁主编《新政治学概要》，复旦大学出版社，1998。

王国敏：《20 世纪的中国妇女》，四川大学出版社，2000。

王维国：《公民有序政治参与的途径》，人民出版社，2007。

王政、杜芳琴主编《社会性别研究选译》，三联书店，1998。

王行娟：《中国妇女参政的行动》，海豚出版社，1995。

王明生主编《当代中国政治参与研究》，南京大学出版社，2012。

王健英编《中国共产党组织史资料汇编——领导机构沿革和成员名录》，红旗出版社，1983。

徐大同、马德普主编《现代西方政治思想》，人民出版社，2003。

许纪霖主编《共和、社群与公民》，江苏人民出版社，2004。

肖巍：《女性主义伦理学》，四川人民出版社，2000。

向警予：《向警予文集》，湖南人民出版社，1985。

薛宁兰：《社会性别与妇女权利》，社会科学文献出版社，2008。

辛世俊：《公民权利意识研究》，郑州大学出版社，2006。

应克复：《西方民主史》，中国社会科学出版社，2003。

杨光斌：《政治学导论》，中国人民大学出版社，2004。

郑新蓉、杜芳琴主编《社会性别与妇女发展》，陕西人民教育出版社，2000。

张再生主编《社会性别与公共管理》，天津大学出版社，2008。

周长鲜：《妇女参政：新中国60年的制度演进（1949～2009）》，中国社会科学出版社，2009。

甄砚主编《中国农村妇女状况调查》，社会科学文献出版社，2008。

朱光磊：《当代中国政府过程》，天津人民出版社，2008。

中华全国妇女联合会编《中国妇女运动重要文献》，人民出版社，1979。

中华全国妇女联合会编《中国妇女运动史》，春秋出版社，1989。

中国大百科全书编辑委员会《政治学》编辑委员会编《中国大百科全书·政治学》，中国大百科全书出版社，1992。

中国妇女社会地位调查课题组编《中国妇女社会地位概观》，中国妇女出版社，1993。

中央档案馆编《中共中央文件选集》第1册，中共中央党校出版社，1982。

中央档案馆编《中共中央文件选集（1921～1925）》，中共中央党校出版社，1982。

中国妇女干部管理学院编《中国妇女运动文献资料汇编（1918～1949）》，中国妇女出版社，1987。

中华全国妇女联合会妇女研究所、陕西省妇女联合会研究室编《中国妇女统计资料》（1949～1989），中国统计出版社，1991。

中国社会科学院世界政治与经济研究所《世界经济与政治》编辑部编《当代世界政治实用百科全书》，中国社会出版社，1993。

译　著

〔美〕阿拉斯戴尔·麦金太尔：《谁之正义？何种合理性?》，万俊人等译，当代中国出版社，1988。

〔古希腊〕柏拉图：《理想国》，郭斌和、张竹明译，商务印书馆，1986。

〔加〕巴巴拉·阿内尔：《政治学与女性主义》，郭夏娟译，东方出版社，2005。

〔英〕戴维·米勒、韦农·波格丹诺编《布莱克维尔政治学百科全书》，邓正来等译，中国政法大学出版社，2002。

〔英〕戴维·赫尔德：《民主与全球秩序：从现代国家到世界主义治理》，胡伟译，上海人民出版社，2003。

〔美〕格林斯坦等主编《非政府的政治学》（政治科学大全第4卷），台湾幼狮文化事业公司，1982。

〔美〕格林斯坦、波尔斯比编《政治学手册精选》（下卷），储复耘译，商务印书馆，1996。

〔德〕哈贝马斯：《公共领域的结构转型》，曹卫东等译，学林出版社，1999。

〔美〕海伦·F. 斯诺：《中国新女性》，康敬贻、姜桂英译，中国新闻出版社，1985。

〔美〕加布里埃尔·A. 阿尔蒙德、西德尼·维巴：《公民文化》，徐湘林等译，华夏出版社，1989。

〔美〕加布里埃尔·A. 阿尔蒙德、小 G. 宾厄姆·鲍威尔：《比较政治学——体系、过程和政策》，曹沛霖等译，上海译文出版社，1987。

〔美〕简·盖洛普：《通过身体思考》，杨莉馨译，江苏人民出版社，2005。

〔英〕简·弗里德曼：《女权主义》，雷艳红译，吉林人民出版社，2007。

〔美〕卡罗尔·佩特曼：《参与和民主理论》，陈尧译，上海世纪出版集团，2006。

〔美〕卡尔·科恩：《论民主》，聂崇信等译，商务印书馆，2005。

〔美〕罗伯特·A.达尔：《现代政治分析》，王沪宁等译，上海译文出版社，1987。

〔美〕罗斯玛丽·帕特南·童：《女性主义思潮导论》，艾晓明等译，华中师范大学出版社，2002。

〔美〕罗丽莎：《另类的现代性：改革开放时代中国性别化的渴望》，黄新译，江苏人民出版社，2006。

〔英〕玛丽·沃斯通克拉夫特/〔英〕约翰·斯图尔特·穆勒：《女权辩护　妇女的屈从地位》，王蓁/汪溪译，商务印书馆，1995。

〔英〕密尔：《代议制政府》，汪瑄译，商务印书馆，1982年版

〔日〕蒲岛郁夫：《政治参与》，解莉莉译，经济日报出版社，1989。

〔美〕塞缪尔·亨廷顿、琼·纳尔逊：《难以抉择——发展中国家的政治参与》，汪晓寿、吴志华等译，华夏出版社，1989。

〔美〕塞缪尔·亨廷顿：《变化社会中的政治秩序》，王冠华等译，三联书店，1989。

〔美〕斯科特：《弱者的武器》，郑广怀等译，译林出版社，2007。

〔法〕托克维尔：《论美国的民主》（下卷），董果良译，商务印书馆，1988。

〔美〕威廉·兰格主编《世界史编年手册》（古代和中世纪部分），刘绪贻等译，三联书店，1981。

〔美〕威廉·F.斯通：《政治心理学》，胡杰译，黑龙江人民出版社，1987。

〔美〕西里尔·E.布莱克：《比较现代化》，杨豫等译，上海

译文出版社，1996。

〔法〕西蒙娜·德·波伏娃：《第二性》，陶铁柱译，中国书籍出版社，1998。

〔古希腊〕亚里士多德：《政治学》，吴寿彭译，商务印书馆，1965。

〔美〕詹姆斯·E. 安德森：《公共决策》，唐亮译，华夏出版社，1990。

论　文

陈方、吴爱梅：《中国妇女参与政治和决策指标研究与应用》，《妇女研究论丛》2006年第2期。

陈林：《政治民主化进程中的欧洲民主社会主义模式之比较》，《经济社会体制比较》1995年第5期。

陈晓运、段然：《游走在家园与社会之间：环境抗争中的都市女性——以G市市民反对垃圾焚烧发电厂建设为例》，《开放时代》2011年第9期。

崔平：《关于近代妇女解放问题的探析》，《理论前沿》2013年第7期。

董丽敏：《"性别"的生产及其政治性危机》，《开放时代》2013年第2期。

董妙玲：《试论中国妇女参政的历史与现状》，《河南大学学报》（社会科学版）1995年第4期。

邓秀华：《长沙、广州两市农民工政治参与问卷调查分析》，《政治学研究》2009年第2期。

第二期中国妇女社会地位调查课题组：《第二期中国社会妇女地位抽样调查主要数据报告》，《妇女研究论丛》2001年第5期。

第三期中国妇女社会地位调查课题组：《第三期中国社会妇女地位抽样调查主要数据报告》，《妇女研究论丛》2011年第6期。

付翠莲：《政治文明视域下农村妇女的有序政治参与》，《内蒙古农业大学学报》（社会科学版）2011 年第 5 期。

付翠莲：《扩大农村妇女有序政治参与的路径思考——以舟山渔农村妇女政治参与为例》，《中华女子学院学报》2011 第 3 期。

付翠莲：《村庄女性化格局下妇女政治参与困境及其消解》，《长白学刊》2013 年第 6 期。

付翠莲：《社会性别视角下女性参政的公共政策分析》，《中共宁波市委党校学报》2008 年第 5 期。

付翠莲：《结构耦合：以基层党建创新引领社会管理创新》，人大复印报刊资料《中国共产党》2013 年第 1 期。

付翠莲：《基于利益表达的农民集体行动：以闽西北 L 县的林权纠纷为例》，《中国行政管理》2013 年第 8 期。

郭砾：《建立中国妇女参政指标体系的构想》，《学术交流》2001 年第 6 期。

郭夏娟、董以红：《女性·财富·政治——温州市女企业家的政治参与的调查》，《中华女子学院学报》2006 年第 2 期。

顾协国：《舟山市农村妇女政治参与问题调查研究》，《浙江海洋学院学报》（人文科学版）2006 年第 1 期。

胡文芬：《我国妇女有序政治参与研究》，《大科技》2010 年第 7 期。

韩贺南：《新中国参政妇女群体结构的变化及其原因与影响》，人大复印报刊资料《妇女研究》1998 年第 4 期。

孔德元：《西方学者政治参与理论述评》，《烟台师范学院学报》（哲学社会科学版）2005 年第 4 期。

李小江：《50 年，我们走到了哪里？——中国妇女解放与发展历程回顾》，《浙江学刊》2000 年第 1 期。

李元书、刘昌雄：《论政治参与制度化》，《江苏社会科学》2001 年第 5 期。

李芬、慈勤萍：《女性政治参与状况的研究》，《社会》2003 年第 12 期。

李元书、刘昌雄：《论政治参与制度化》，《江苏社会科学》

2001 年第 5 期。

李广科、李录堂：《基于利益表达的农民工行为失范的制度解释》，《电子科技大学学报》（社会科学版）2010 年第 1 期。

刘伯红：《简析三期中国妇女社会地位调查》，《山东女子学院学报》2013 年第 4 期。

刘笑言：《女性群体内部政治参与的非制度性障碍分析》，《河南社会科学》2010 年第 2 期。

刘莉、李慧英：《公共政策决策和性别意识》，《山西师范大学学报》（社会科学版）2003 年第 3 期。

林建：《试论农村妇女非正常上访的原因及对策》，《中共福建省委党校学报》2006 年第 9 期。

闵杰：《中国妇女参政尚需大力推进》，《中国新闻周刊》2012 年第 13 期。

麻宝斌、马振清：《新时期中国社会的群体性政治参与》，《政治学研究》2005 年第 2 期。

缪珍南：《关于地方性法规中规定人大代表女性比例的思考》，《四川省情》2008 年第 3 期。

清华大学课题组：《以利益表达制度化实现长治久安》，《学习月刊》2010 年 23 期。

任亚军：《中国女子参政的历史考察与现实启示——兼论中国社会男女参政机会不均衡问题》，《社会科学》1999 年第 8 期。

单艺斌、叶苏平：《性别平等的评价指标体系构建》，《统计与决策》2005 年第 2 期。

孙建娥：《中国妇女参政的历史进程和当代转折》，湖南师范大学硕士学位论文，2001。

史界：《新时期中国妇女解放理论与实践研究》，新疆大学博士学位论文，2012。

唐昊：《诊断"政治冷漠症"》，《中国改革》2004 年第 7 期。

谭琳：《略论先进性别文化的构建》，《中共中央党校学报》

2010 年第 3 期。

王维国：《超越西方政治参与扩大论与限制论》，《经济社会体制比较》2008 年第 2 期。

王小波：《试析中国女性群体的分化与分层》，《妇女研究论丛》2005 年第 5 期。

王瑞芹：《妇女参政与政治文明》，《江西师范大学学报》2005 年第 2 期。

王政：《浅议社会性别学在中国的发展》，《社会学研究》2001 年第 5 期。

王朝科：《性别与环境：研究环境问题的新视角》，《山西财经大学学报》2003 年第 3 期。

王中汝：《利益表达与当代中国的政治发展》，《科学社会主义》2004 年第 5 期。

汪力斌、姜绍静：《性别平等指标体系研究》，《中国农业大学学报》（社会科学版）2006 年第 2 期。

向海英：《论我国政治冷漠现象的成因与对策》，《社会科学论坛》2007 年第 3 期。

向仁富：《近代广东妇女争取参政权述评——以 20 世纪二三十年代为例》，《前沿》2010 年第 8 期。

虞花荣：《中国共产党推进妇女解放的决策路径》，《决策与信息》2011 年第 3 期。

杨光斌：《公民参与和当下中国的治道变革》，《社会科学研究》2009 年第 1 期。

杨根乔：《论当前我国妇女参政的现状、问题及对策》，《当代世界与社会主义》2004 年第 2 期。

杨松：《政党权威与当代中国的政治发展》，《学术界》2001 年第 4 期。

叶利军：《从童养媳当选为全国人大代表说起——湖南省妇女参政权一瞥》，《长沙铁道学院学报》2009 年第 3 期。

燕继荣：《论政治合法性的意义和实现途径》，《学海》2004

年第 4 期。

周长鲜：《扩大妇女有序参与人大》，《人大研究》2008 年第 1 期。

祝平燕：《社会转型期妇女参政的社会支持系统研究》，华中师范大学博士学位论文，2006。

张凤华：《农村妇女在政治参与中存在的问题及改善措施》，《汕头大学学报》2005 年第 5 期。

卓惠萍、刘筱红：《基于社会失范理论的农村妇女竞选村委会成员行为分析》，《东南学术》2010 年第 3 期。

庄平：《非政府组织与妇女发展》，《山东大学学报》（哲学社会科学版）2004 年第 2 期。

〔美〕黛安·罗谢瑞、巴巴拉·托马斯－斯来特：《社会性别与环境：女性主义政治生态学的视野》，胡玉坤译，《妇女研究论丛》2000 年第 4 期。

〔美〕帕特里克·J. 孔奇：《政治参与概念如何形成定义》，《国外政治学》1989 年第 4 期。

英文著作

Croll, Elisabeth. *Changing Identities of Chinese Women: Rhetoric, Experience and Self-perception in Twentieth-century China.* Hong Kong: Hong Kong University Press, 1995.

Bryson, V. *Feminist Political Theory*, The Macmillan Press Ltd. , 1992.

Jacka, Tamara. *Rural Women in Urban China: Gender, Migration, and Social Change.* Trans. Wu Xiaoying. Nanjing: Jiangsu People's Press, 2006.

Philips, A. *Feminism and Politics*, Oxford: Oxford University Press, 1998.

Rofel, Lisa. *Other Modernities: Gender Yearnings in China after Socialism.* Trans. Huang Xin. Nanjing: Jiangsu People's Press, 2006.

英文期刊论文

Arnstein, Sherry. "A Ladder of Citizen Participation," *Journal of American Institute of Planners*, Vol. 35, 1969.

Gilbert, L. A. "Measures of psychological Masculnity and Femininity: A Cornment on gaddy, glass and amkoff," *Journal of Consulting Psychology*, Vol. 32, 1985,

Howell, Jude. "Women's Political Participation in China: in whose Interests Elections?" *Journal of Contemporary China*, Vol. 15, No. 49, 2006.

Parry, G. and Moyser, G. "A Map of Political Participation in Britain," *Government and Opposition*, Vol. 19, 1990.

后　记

本书是 2010 年教育部人文社会科学研究青年基金项目"社会转型期我国妇女有序政治参与研究"（项目批准号：10YJC810011）的最终研究成果。扩大公民有序政治参与是中国政治发展道路必须直面的重大课题之一。我国妇女政治参与状况是公民政治参与中的薄弱环节，是扩大公民有序政治参与的难点。本书从政治学理论中研究核心之一的"政治参与"理论入手，通过研究如何促进妇女的有序政治参与的课题，把坚持党的领导，人民当家做主和依法治国的有机统一作为本课题研究的基本立场和观点，通过推动妇女通过合法的、理性化、有层次的和适度的政治参与，探求妇女制度化的政治参与路径，目的是实现扩大妇女有序的政治参与和推进妇女民主参与进程二者的统一。

由于政治学历来是研究男权的，而对于政治参与的分析缺乏真正全面的女性视角，因此，从政治学角度分析妇女政治参与有不少困难。本书从研究课题的设计到最终书稿的完成中付出的努力与艰辛，笔者是深有体会的。鉴于自身学术水平和掌握材料的局限，本书稿中留下很多仓促和不足。如全书框架结构体系个别章节不严密，部分内容尚需进一步展开和深入，有些地方的表述欠严谨，需要进一步推敲。此外，妇女政治参与的评价体系还需具体和量化，对妇女有序政治参与的制度供给和分析模型的研究需要探究。由于资料有限，妇女政治参与的比较研究，如中外比较，性别比较，城乡比较，不同群体、不同地域间的比较研究等，仍需要在后续的深入调研，积淀更深厚的理论素养中去完成。

　　本课题的立项、研究、完稿和出版得到了浙江海洋学院管理学院和科研处领导、同事的大力支持，研究生倪素红搜集、整理了第三章、第四章个别文字资料，全书其余章节均由付翠莲撰写、修改、统稿，文责自负。社会科学文献出版社责任编辑黄金平老师为本书的出版做了大量校订、修改工作，付出了辛勤的劳动。在此，一并表示由衷的感谢！

　　由于本人研究水平和研究条件所限，书中纰漏错谬之处，恳请各位专家、同人和读者批评指正。

付翠莲

2014 年 8 月 25 日于舟山

图书在版编目（CIP）数据

缺席与在场：当代中国妇女的有序政治参与/付翠莲著.
—北京：社会科学文献出版社，2014.12
ISBN 978 - 7 - 5097 - 6703 - 0

Ⅰ.①缺… Ⅱ.①付… Ⅲ.①妇女 - 参与管理 - 研究 -
中国 Ⅳ.①D442.6

中国版本图书馆 CIP 数据核字（2014）第 263275 号

缺席与在场：当代中国妇女的有序政治参与

著　　者 / 付翠莲

出 版 人 / 谢寿光
项目统筹 / 李　响
责任编辑 / 黄金平

出　　版 / 社会科学文献出版社·社会政法分社 （010）59367156
　　　　　地址：北京市北三环中路甲 29 号院华龙大厦　邮编：100029
　　　　　网址：www.ssap.com.cn
发　　行 / 市场营销中心（010）59367081　59367090
　　　　　读者服务中心（010）59367028
印　　装 / 三河市尚艺印装有限公司

规　　格 / 开　本：787mm × 1092mm　1/20
　　　　　印　张：14.6　字　数：253 千字
版　　次 / 2014 年 12 月第 1 版　2014 年 12 月第 1 次印刷
书　　号 / ISBN 978 - 7 - 5097 - 6703 - 0
定　　价 / 58.00 元